사회법칙

모방과 발명의 사회학

사회법칙

모방과 발명의 사회학

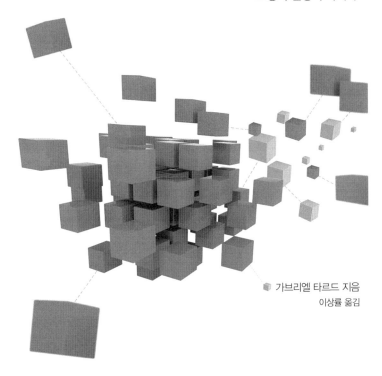

가브리엘 타르드 지음

이상률 옮김

아카넷

▌서문

이 작은 책은 내가 1897년 10월 사회과학 자유대학^{Collège} libre des sciences sociales*에서 행한 여러 강의의 내용을 담고 있다. 나는 이 작은 책에서 일반사회학에 대한 나의 주요 세 저작 —『모방의 법칙^{les Lois de l'imitation}』, 『보편적 대립^{l'Opposition universelle}』, 『사회논리학^{la Logique sociale}』 — 의 요약 내지 진수를 정확하게 제시하려고 했을 뿐만 아니라, 특히 그 세 저작을 연결시키는 내적인 긴밀한 관계도 제시하려고 했다. 그 세 저작의 연관을 독자들은 모르고 그냥 지나칠 수 있었는데, 여기에서는 그 연관이 좀 더 일반적인 수준의 고찰을 통해 밝혀진다. 이 고찰은 하나의 같은 사상이 따로따로 발표된 세 토막, 즉 동일한 사상체의 흩어진 단편들^{membra disjecta}을 동일한 관점에서 파악할 수 있게 해줄 것이다. 어쩌면, 그보다는 내가 세 권의 책으로 나누

---

* 1895년 말 파리에 세워진 사립 고등교육기관.

어 발표한 것을 하나의 체계적인 전체로 제시하면 좋지 않았겠느냐고 말하는 사람도 있을 것이다. 그러나 여러 권으로 된 저작은 어떤 이유로든 오늘날의 독자를 질리게 할 뿐더러, 그처럼 통일된 큰 구성물 즉 완전한 건조물을 수립하려고 애써 보았자 무슨 소용이 있겠는가? 우리를 따라오는 자들은 그 재료를 애용하기 위해서든 아니면 하나의 별관別館을 자기 것으로 삼기 위해서든 그 대형건물을 부수는 것보다 더 급한 일이 없는 만큼, 그들에게 파괴의 수고를 덜어주고 그 사상을 단편으로만 넘겨주는 편이 좋을 것이다. 그렇지만 세상에는 완성된 것을 얻고도 그것을 부수기를 좋아하는 사람들이 있는 것처럼, 단편적인 상태로 주어진 것을 재구성하기를 좋아하는 사람들이 있다. 그런 만큼 이들이 사용할 수 있게끔 내 저작의 흩어져 있는 부분들에 하나의 소묘나 개요를 덧붙여 주는 것도 어쩌면 쓸모없지는 않을 것이다. 그 소묘나 개요는 만일 나에게 그렇게 할 힘이나 용기가 있었다면 기꺼이 하고 싶었던 것의 전체 계획을 나타낸다. 그것이 이 얇은 소책자의 존재이유이다.

가브리엘 타르드

1898년 4월

🔲 차례

일러두기

1. 원저자의 주에는 일련 번호를 부여했으며
   옮긴이 주는 *, †, ‡ 등의 기호로 표시했다.
2. 원서에서 이탤릭체로 강조된 부분은 고딕체로 표기했다.
3. 본문에서 [ ]는 옮긴이가 원서의 내용 이해를 돕기 위해 보충한 것이다.

얼룩덜룩하고 이상한 그림들의 연속인 역사라는 박물관을 대충 훑어보거나 아주 다양하며 가지가지로 변하는 민족들 사이를 여행할 때, 피상적인 관찰자가 얻는 첫 번째 인상은 다음과 같다. 즉 사회생활의 현상이 그 어떤 일반적인 공식이나 과학적인 법칙으로 파악되지 않는다는 것이며, 또한 사회학을 세우려는 생각은 하나의 공상이라는 것이다. 그런데 별이 총총한 하늘을 관찰한 인류 초기의 목동들이나 식물의 생명의 비밀을 알아내려고 한 인류 초기의 농민들도 눈에 확 들어오는 하늘의 무질서, 대기현상의 여러 형태, 식물 형태나 동물 형태의 풍부한 다양성에서 그와 똑같은 인상을 받았을 것이다. 그리고 하늘이나 숲을 천문학이나 생물학이라는 이름하에 논리적으로 연결된 소수의 관념으로 설명하려는 생각이 그들에게 번득일 수 있었다면, 그러한 생각은 그들이 보기에 괴상한 생각의 극치였을 것이다. 사실 대기현상의 세계나 사람 발길이 닿지 않은 숲에도 뒤죽박

죽인 인류역사의 경우 못지않게 실제적인 불규칙성 및 명백한 변덕스러움이라는 복잡함이 존재한다.

그렇다면 하늘의 상태나 숲의 상태, 물리적인 사물이나 생물적인 사물의 이 변덕스러운 다양성에도 불구하고, 사람들은 어떻게 해서 역학이나 생물학의 맹아를 생겨나게 했으며 또 그것을 조금씩 자라나게 할 수 있었는가? 여기에는 세 가지 조건이 있다. 흔히 사용되고 있는 **과학**science이라는 명사와 **과학적**scientifique이라는 형용사가 의미하는 것에 대해서 분명하면서도 완전한 관념을 얻고자 한다면, 이 세 가지 조건을 아주 분명하게 구분해야 한다. 제일 먼저, 사람들은 그러한 차이 속에서 어떤 유사, 즉 그러한 변화 속에서 어떤 **반복**répétitions을 인식하는 것으로 시작하였다. 말하자면 똑같은 기상 상태나 똑같은 계절이 돌아오는 것, 생물에서 청춘기, 장년기, 노년기처럼 나이가 규칙적으로 반복되는 과정, 동일한 종種에 속하는 개체들에게 공통된 특징을 인식하는 것으로 시작하였다. 개체 자체에 대한 과학은 없다. 일반적인 것에 대해서만, 달리 말하면 무한히 반복되거나 반복될 수 있다고 여겨지는 개체에 대해서만 과학이 있다.

과학이란 현상들을 반복 측면에서 본 그 현상들의 질서이다. 그렇다고 해서, 구분하는 것이 과학정신의 본질적인 방법 중 하나가 아니라는 것은 아니다. 구분하는 것도 동일시하는 것과 마찬가지로 과학적인 작업을 하는 것이다. 그러나 이것은 우리가 파악하는 사물이 자연에서 일정한 수의 표본을 얻을 수 있고 심지어는 그 자체가 복제될 수 있는 어느 한 유형인 한에서만 그렇다. 따라서 사람들이 어떤 특수한 유형을 찾아내 분명하게 특징지어도, 그것이 단 하나의 개체만의 특권으로 여겨지고 그 후손에게는 전해질 수 없다고 판단된다면, 그 특수한 유형은 기형적인 것에 대한 호기심에서가 아니라면 결코 과학자의 관심을 끌지 못할 것이다.

반복이란 보존적인 생산을 의미한다. 달리 말하면, 그 어떤 창조도 없는 단순한 기초적인 인과관계를 의미한다. 왜냐하면 반복에서는, 결과가 기본적으로 원인을 재생산하기 때문이다. 한 물체의 운동이 다른 물체로 전달되는 경우나 한 생물체의 생명이 그 생물체에서 생겨난 싹으로 전달되는 경우가 보여주는 것처럼 말이다. 그러나 과학에 중요한 것은 현상의 재생산만이 아니다. 현상의 파괴도 중요하다. 과학이 현실의 어느 영역에 적용되든 간에, 과학은 또한 두 번째로는 그 영역에 존재하는 고유한 대립oppositions을 탐구하지 않으면 안된다. 따라서 과학은 힘의 균형, 형태의 대칭, 생물체의 투쟁, 모든 존재의 싸움을 연구하는 데 몰두해야 할 것이다.

그렇지만 이것이 전부가 아니며 심지어는 본질적인 것도 아니다. 무엇보다도 과학은 현상의 적응adaptations 즉 현상들의 진정으로 창조적인 공동 생산관계를 연구하는 데 몰두해야 한다. 과학자가 하는 일은 그러한 조화를 포착하고 이끌어내 설명하는 것이다. 그 조화를 발견해 내면 과학자는 저 뛰어난 적응, 말하자면 그의 관념이나 공식의 체계와 현실의 내적인 배열의 조화를 만들어내는 데 성공한다.

이처럼 과학은 그 여하한 현실도 세 가지 측면에서 고찰하는 것으로 이루어진다. 그 세 가지 측면이란 반복, 대립, 적응이다. 이 반복, 대립, 적응은 현실에 들어있지만, 많은 변화, 비대칭, 부조화로 인해 보이지 않는다. 실제로 원인과 결과의 관계, 그것만이 과학적인 지식의 고유한 요소는 아니다. 만일 그러하다면, 실제적인 역사학이 과학 중에서 가장 완벽한 견본이 될 것이다. 왜냐하면 실제적인 역사학은 이런 전투나 저런 반란이 이런저런 결과를 낳았다는 것을 언제나 우리에게 가르쳐주는 원인과 결과의 연쇄이기 때문이다. 하지만 우리가 알고 있는 것처럼, 역사학이 과학이 된다면, 이는 역사학이 우리에게 보여주는 인과관계가 반복될 수 있거나 실제로 반복되는 일반적인 원인과 역시 마찬가지로 반복되거나 반복될 수 있는 일반적인 결과 사이에 성립되는 것으로 보이는 한에서 만이다. 또 다른 한편에서, 수학은 결코 우리에게 현실의 인과관계를 보여주지 않는다. 수학은 인과관계를 **함수**fonction라는 이름으로 내세울 때에도, 그 인과관계를 방정식 속에 숨긴다. 그렇지만 수학은 하나의 과학이며 과학의 원형 자체이다. 왜 그러한가? 그 이유는 사물들의 서로 다른 개별적인 측면을 수학만큼 완전히 제거하는 것은 없기 때문이다. 또한 그 사물들의 정확하면서도 명확한 반복과 대칭적인 대립의 모습을 수학보다 더 잘 나타내는 것은 없기 때문이다. 수학의 큰 결함은 현상의 적응을 보지 못하거나 보더라도 제대로 보지 못하는 것이다. 데카르트René Descartes, 콩트Auguste Comte, 쿠르노Antoine Auguste Cournot*같은 철학자들과 심지어는 기하학자들도 매우 생생하게 느끼는 수학의 불충분함은 그 때문이다.

반복, 대립, 적응: 또다시 말하지만, 이것들은 과학이 우주의 비밀을 열기 위해 사용하는 서로 다른 세 개의 열쇠이다. 과학이 탐구하는

---

* 프랑스의 수학자 겸 경제학자이자 철학자(1801~1877). 수리경제학의 창시자. 가브리엘 타르드의 사상적인 스승이다.

것은 바로 원인이 아니라 무엇보다도 현상의 반복의 법칙, 대립의 법칙, 적응의 법칙이다. 이 세 가지 종류의 법칙을 혼동해서는 안 된다. 그렇지만 그 세 가지 종류의 법칙은 별개의 것인 동시에 서로 연관되어 있다. 예를 들어 생물학에서 종種들이 기하급수적으로 증가하는 경향(반복의 법칙)은 생존 경쟁과 선택(대립의 법칙)의 기초이다. 그리고 서로 다른 개별적인 변이, 개별적인 능력이나 조화의 생산은 성장의 상호관계(적응의 법칙)[1]와 함께 그 반복의 법칙과 대립의 법칙이 기능하는 데 필요하다. 그렇지만 이 세 개의 열쇠 중에서 첫 번째 것과 세 번째 것은 두 번째 것보다 훨씬 더 중요하다. 첫 번째 것은 커다란 만능열쇠이다. 세 번째 열쇠는 보다 섬세한데, 이것은 가장 많이 숨겨져 있는 가장 귀중한 보고寶庫를 열어 준다. 그 두 열쇠 사이에 있으며 이 둘보다 하위에 있는 두 번째 열쇠는 우리에게 일시적으로 유용한 충돌과 투쟁을 보여준다. 그것은 결코 완전히 사라지지는 않아도 조금씩 사라질 운명에 있으며 또한 수많은 변화와 완화를 거친 다음에야 비로소 부분적으로라도 없어지게 되어 있는 일종의 중간항이다.

지금까지의 고찰은, 사회학이 과학이라는 이름을 지닐 자격을 갖고 싶다면 어떠한 것이 되어야 하는지 그리고 사회학이 그것에 어울리는 지위를 결정적으로 차지하는 것을 진심으로 보고자 한다면 사회

---

1 퀴비에[Georges Leopold Cuvier[프랑스의 동물학자, 1769~1832]와 그 당시의 박물학자들은 (심지어는 퀴비에의 논적인 라마르크[Jean Baptiste Lamarck[프랑스의 생물학자, 1744~1829]도 포함해서) 주로 적응의 법칙을 탐구한 반면에, 다윈Charles Darwin(1809~1882)과 그의 제자인 진화론자들은 생명현상을 되도록이면 반복과 대립의 측면(맬서스의 법칙과 생존경쟁의 법칙)에서 고찰했다는 사실에 주목해야 할 것이다. 물론 이들도 무엇보다 중요한 생명의 적응에 대한 연구에 몰두했지만 말이다.

학자들이 사회학을 어떤 길로 인도해야 하는지를 지적하는 데 필요하였다. 사회학이 다른 모든 과학과 마찬가지로 과학이 되는 것은, 사회학이 그 자신의 특징을 잘 나타내는 사회학 고유의 반복 영역, 사회학 고유의 대립 영역, 사회학 고유의 적응 영역을 지닐 때뿐이며, 또 그러한 것을 지니고 있다고 의식할 때뿐이다. 사회학이 진보하는 깃은 이전의 다른 모든 과학이 했던 것처럼 사회학이 거짓 반복을 진짜 반복으로, 거짓 대립을 진짜 대립으로, 거짓 조화를 진짜 조화로 대체하려고 노력할 때뿐이며 또한 실제로 있긴 하지만 모호한 반복, 대립, 조화를 점점 더 분명한 반복, 대립, 조화로 대체하려고 노력할 때뿐이다. 이 세 가지 관점을 차례대로 취하면서, 우선 과학 일반의 발전, 개별적으로는 사회학의 발전이 내가 방금은 불완전하게 정의했지만 나중에는 점점 더 정확하게 정의하게 될 방향으로 이루어졌는지 또는 이루어지고 있는지를 검증할 것이다. 그 다음에는 사회발전의 법칙들을 그 각각의 측면에서 제시할 것이다.

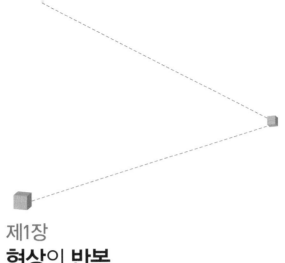

제1장
현상의 반복

별이 총총한 하늘, 바다. 숲, 군중, 도시와 같이 어떤 커다란 대상이 눈앞에 있다고 해보자. 이러한 대상의 모든 부분에서는 미개인의 감각뿐만 아니라 과학자의 감각도 사로잡는 인상이 나온다. 그렇지만 과학자의 경우, 그처럼 다양하고 일관성 없는 감각은 논리적으로 정리된 개념들 즉 일련의 설명방식을 암시한다. 어떻게 해서 그런 감각들이 서서히 개념과 법칙으로 다듬어졌는가? 어떻게 해서 그런 사물들에 대한 지식이 점점 더 과학적이 되었는가? 내가 보기에, 처음에는 사람들이 유사성을 더 많이 발견하면서 그렇게 되었거나 아니면 피상적이며 표면적인 눈속임의 유사성을 보았다고 생각한 곳에서 좀 더 실제적이며 심층적인 유사성을 인식하면서 그렇게 되었던 것 같다. 일반적으로 이것은 복잡하고 혼란스러운 전체적인 유사와 반복에서 세부적인 유사와 반복으로 이행했다는 것을 의미한다. 이때 이 세부적인 유사와 반복은 전체적인 유사와 반복보다 포착하기가 더 어렵지만 더 정확하다. 그리고 그 세부적인 유사와 반복은 기초적인 것이며 아울러 무한히 작은 만큼이나 그 수도 무한히 많다. 그리고 오로지 이 기초적인 유사성을 인식한 다음에야, 보다 폭넓고 복잡하며 모호한 상위의 유사성이 설명될 수 있었으며 또 그러한 유사성에 정당한 가치를 부여할 수 있었다. **독특한 것**sui generis으로 판단한 서로 다른 많은 특징을 유사점들의 조합을 통해 해결할 때마다, 그러한 진보가 이루어졌다. 그렇다고 해서 이것은, 과학이 진보하게 되면 결국 현상의 특성의 비율 즉 현실의 반복되지 않는 측면의 비율이 없어지거나 줄어든다는 것을 의미하지 않는다. 절대로 그렇지 않다. 관찰자의 대단히 날카로운 시선 속에서는, 사실 대략적이며 눈에 보이는 전체적인 고유한 특징이 사라지고, 보다 깊은 곳에 숨어 있는 심층적인 고유한 특징이 나타난다. 게다가 이 심층적인 고유한 특징은 기초적인 유사성과 마찬가지로 무한히 늘어날 것이다.

이것을 별이 총총한 하늘에 적용해 보자. 한가하고 호기심에 가득 찬 목동들이 겉으로 드러나는 천체 운행의 주기성, 즉 별이 뜨고 지는 것, 태양과 달의 순환적인 산책, 그것들이 하늘에서 차지하는 자리의 규칙적인 연속과 복귀를 주목한 순간부터 천문학의 시작이 있었다. 그러나 그때 이 독특하고 장대한 순환적인 공전의 일반성에 몇몇 별은 예외를 나타냈다. 사람들은 몇몇 유성이나 행성은 매순간 그 자신의 궤도에서 벗어나 다른 천체와는 달리 제멋대로 운행한다고 생각했다. 그렇지만 마침내는 그 궤도의 이상異常자체에도 규칙성이 있다는 사실을 알아차렸다. 게다가 사람들은 별똥별을 포함해 항성이나 유성, 중심 항성이나 행성 같은 모든 별 사이에는 유사성이 있다고 판단했으며, 아울러 그런 별들과 태양이나 달 사이에만 뚜렷한 차이가 있다고 생각하였다. 왜냐하면 그들은 태양이나 달만이 하늘의 진짜 독특한 별이라고 여겼기 때문이다.

따라서 천문학은 다음과 같은 두 경우에 진보하였다. 한편으로는 하늘 전체의 저 거대하고 독특한 자전이라는 가상假想이 서로 매우 다르며 결코 동시적이지 않은 무수히 작은 자전 ― 그렇지만 이 각각의 자전은 무한히 반복된다 ― 이라는 실재實在로 대체되었을 때, 천문학이 진보하였다. 또 다른 한편으로는 태양의 독특성이 사라지고 각각의 별의 파악하기 어려운 독특성으로 대체되었을 때, 천문학이 진보하였다. 이때에는 그 각각의 별이 어떤 보이지 않는 천체계의 항성으로, 또는 우리 태양계와 똑같이 공전하는 어떤 행성계의 중심으로 인식되었다.

천문학이 더욱 큰 진보를 한 것은 뉴턴Issac Newton의 만유인력 법칙에 의해 항성들의 인력 사이에 차이가 없다는 것이 밝혀졌을 때이다: 인력의 일반성은 어떤 예외도 없이 속도, 거리 타원성 등에서의 균차均差*를 배제하지 않는다. 이 뉴턴의 만유인력 법칙은 가장 작은 것에서 가장 큰 것에 이르기까지 또 가장 빠른 것에서 가장 느린 것에 이르기까지, 요컨대 항성의 크기나 속도와 상관없이 모든 운동의 주기성을 항상 똑같은 사실의 끊임없는 계속된 반복, 즉 질량에 정비례하고 거리의 제곱에 반비례하는 인력으로 제시하였다. 그리고 이러한 사실 자체를 이번에는 "인력은 에테르 원자들의 압력의 결과이며 이

* 관측값 또는 측정치 등의 실제로 측정된 양과 이론값 또는 계산값의 차이.

압력은 상상할 수 없을 만큼 작고 생각할 수 없을 만큼 많은 원자들의 진동에서 생겨난다"고 하는 대담한 가설로 설명한다면 사정은 더 나아질 것이다: 이 가설은 항상 배척되지만 언제나 머릿속을 떠나지 않는다.

그렇다면 천문학은 언제나 유사와 반복을 연구했다고 말해야 옳지 않은가? 또한 천문학의 진보는 단 하나밖에 없거나 매우 소수의 거대한 표면상의 유사와 반복에서 출발해 무한히 작고 실제적이며 기초적인 무수히 많은 유사와 반복에 도달한 것으로 이루어졌다고 말해야 옳지 않은가? 게다가 전자는 후자에 의해서 설명되었기 때문이다.

그런데 이것은 ― 여담이지만 ― 천문학이 진보하면서 하늘이 생동감을 잃어버렸다고 말하는 것인가? 결코 그렇지 않다. 처음에는 도구가 정밀해지고 관찰이 정확해짐에 따라 천체의 중력에 의한 반복운동에서 전에는 인식하지 못했던 많은 차이가 지각되었으며 거기에서 새로운 발견들(특히 르베리에Urbain Le Verrier*의 발견)이 생겨났다. 그 다음에는 하늘이 나날이 더 확대되었으며, 그 커진 광대함에서 별이나 별 무리의 부피, 속도, 물리적 특성의 차이가 뚜렷해졌다. 성운星雲 형상의 다양성도 늘어났다. 그리고 전대미문의 사물인 분광기分光器†를

---

* 프랑스의 천문학자(1811~1877). 위르뱅 르베리에는 수학적인 방법으로 해왕성의 존재를 예견했다. 그의 요청을 받은 독일의 천문학자 요한 고트프리트 갈레와 하인리히 다레스트는 1846년 9월 23일 밤과 24일 새벽 사이에 베를린 천문대에서 르베리에의 계산에 따라 해왕성을 발견했다. 이 사건은 19세기 과학의 눈부신 성과였으며 뉴턴의 만유인력법칙을 극적으로 확인하는 실례가 되었다. 결국 르베리에는 "펜 끝으로" 행성을 발견한 셈이다.

† 물질이 방출하거나 흡수하는 빛의 스펙트럼을 계측하는 장치.

통해 천체의 화학적 조성을 매우 놀라울 정도로 분석할 수 있게 되었을 때, 그 천체들 간에 차이가 있다는 것을 확인하였으며 이 차이는 또 다시 거기에 가득 차있는 존재들 간의 깊은 차이를 분명하게 보여 줄 기회를 주었다. 마침내 사람들은 지구에서 매우 가까이 있는 별들의 지형을 더 잘 알게 되었다. 만일 그런 별들에 대해 관찰한 다음에 ― 예를 들면 화성의 운하를 연구한 다음에 ― 다른 별들을 판단한다면, 우리 머리 위나 발 밑에서 돌고 있는 수없이 많은 행성에는 제각기 특징적인 지층의 기복, 특수한 지형, 국지적인 특성이 있다고 생각할 수밖에 없다. 그리고 그러한 것들이 우리 지구에서와 마찬가지로 그곳에서도 지면의 모든 구석에 독자적인 매력을 주며, 아울러 그곳에 사는 주민들의 마음속에 ― 그들이 누구이든 간에 ― 애향심을 주리라는 것은 의심할 바 없다.

내 생각에는 이것이 전부는 아니다. 그러나 나는 형이상학을 만들어낸다는 심각한 비난을 받을까봐 이 말을 아주 낮은 목소리로 말한다 … 화학자들에게는 너무나도 소중한 가설, 즉 원자요소들이 완전히 유사하다는 가설로는(이러한 점에서는 화학자들은 진실로 형이상학자인데) 내가 말하고 있는 차이를 설명할 수 없다고 나는 생각한다. 내가 말하는 그 차이란 공간에서의 물질의 불균등한 위치와 변덕스러운 분포에 지나지 않는 것이지만 말이다. 내가 생각하기에, 소위 동질적인 것은 불안정하다l'instabilité de l'homogène고 하는 스펜서Herbert Spencer*의 법칙으로는 아무 것 설명하지 못한다. 따라서 현상들의 표면에 넘

---

* 영국의 사회학자이자 철학자(1820~1903). 사회진화론을 확립한 영국 사회학의 창시자로 사회유기체론을 제시하였다.

처흐르는 다양성의 개화開花를 설명하는 유일한 방법은 사물의 근저에서 혼란스러울 정도로 제각기 특징을 지닌 많은 요소를 인정하는 것이다. 이렇게 해서, 전체적인 유사가 세부적인 유사로 분해된 것처럼 대략적이며 눈에 잘 보이는 전체적인 차이도 무한히 미세한 차이로 변했다. 그리고 세부적인 유사만이 전체의 유사를 설명할 수 있는 것처럼, 세부적인 차이 즉 내가 추측하기에는 그 기초적이며 눈에 보이지 않는 독특성만이 겉으로 나타나는 방대한 차이 즉 눈에 보이는 우주의 생동감을 설명할 수 있다.

이상은 물리계에 대한 것이다. 생물계의 경우에도 사정은 다르지 않을 것이다. 원시인처럼 숲 한가운데에 자리를 잡아보자. 그곳에는 한 지역의 모든 동물상과 식물상이 있다. 그리고 오늘날 우리가 알기로는, 다양한 식물과 동물이 나타내는 매우 상이한 현상들은 근본적으로 생물학의 법칙으로 요약되는 많은 무한소의 사실로 분해된다. 이때 동물생물학이냐 식물생물학이냐는 중요하지 않다. 현재 그 둘은 융합되기 때문이다. 그러나 처음에는 사람들이 현재의 우리가 동일시하는 것을 구분했으며, 반면에 그들은 우리가 구분하는 많은 것을 동일시하였다. 당시의 사람들이 알아차린 유사와 반복은 피상적이며 눈을 속이는 것이었다. 유기체에 대해 이제 막 싹트기 시작한 과학은 그러한 유사와 반복에서 커나갔지만 말이다. 당시의 사람들은 서로 간에 유연관계類緣關係*가 없는 식물들을 잎 모양과 그 식물의 일반적인 형태가 어렴풋이 비슷하다는 이유로 동일시한 반면에, 동일한 종에

---

* 생물의 분류에서, 발생 계통 가운데 어느 정도 가까운가를 나타내는 관계.

속하는 식물들을 형태와 크기가 아주 다르다는 이유로 완전히 구분하였다. 식물학은 특징들의 종속관계를 알았을 때 진보하였다. 그러한 특징들 중 가장 중요한 것, 다시 말해서 가장 많이 반복되고 가장 많이 의미있는 것은 다른 온갖 종류의 유사를 동반하는데, 이때 그 가장 중요한 특징은 눈에 가장 잘 띄는 것이 아니라 그 반대로 가장 잘 감춰지고 가장 자그마한 것이다. 말하자면 생식기관에서 끄집어낸 특징, 예를 들어 떡잎이 하나인지 둘인지 아니면 떡잎이 없는지 하는 사실이다.

그리고 동물학과 식물학의 종합인 **생물학**은 세포이론이 다음과 같은 사실을 보여준 날 나타났다. 즉 동물에서나 식물에서나 무한히 반복되는 요소는 세포, 무엇보다도 난세포이며, 다른 모든 세포는 거기에서 유래한다는 사실이다. 기초적인 생명현상이란 각 세포의 무한히 반복되는 영양섭취, 활동, 성장, 증식인데, 각 세포는 이 영양섭취방식, 활동방식, 성장방식, 증식방식이라는 전통적인 자산을 유산으로 물려받아 그것을 후손에게 충실히 전해준다. 선행자와의 이러한 일치를 사람들은 습관 또는 유전이라고 부르는데, 여기에서는 한 마디로 유전이라고 하자. 습관은 내적인 유전에 불과하고 유전은 외면화된 습관에 지나지 않기 때문이다. 어쨌든 선행자와의 그러한 일치는 반복의 진실로 생물적인 형태이다. 파동 또는 일반적인 주기운동이 반복의 물리적인 형태이고, 또 우리가 나중에 보게 되는 바와 같이 모방이 반복의 사회적인 형태인 것처럼 말이다.

따라서 우리가 보는 바와 같이, 생물과학의 진보는 생물의 유사와 반복에 관한 모든 장벽을 점차 무너뜨리는 결과를 낳았다. 아울러 여기에서도 대략적이고 표면적이며 크기와 관련된 소수의 유사가 무수히 많고 무한히 작은 매우 정밀한 유사로 대체되는 결과를 초래하였다: 후자만이 전자를 설명해주기 때문이다. 그러나 이와 동시에 많은 차이가 나타났다. 각 유기체의 개체적인 독특성이 더 분명하게 드러났을 뿐만 아니라, 세포의 독특성 무엇보다도 난세포의 독특성 역시 인정하지 않을 수 없게 되었다. 왜냐하면 두 개의 난세포만큼 겉모습은 유사해도 실제로 그 내용이 다른 것은 없기 때문이다. 종의 유사성, 후손, 진화는 이론의 여지없이 확실하지만, 종의 기원에 대해 다윈이나 라마르크가 시도한 설명의 불충분함을 알게 된 이상, 종의 진정한 원인이 세포의 비밀 — 말하자면 특별히 풍부한 독특성을 지닌 최초의 어떤 난세포의 발명 — 이라는 사실을 인정하지 않으면 안 된다.

이제는 숲이나 하늘 대신에 도시, 군중, 군대 등을 생각한다면, 지금까지의 고찰이 천문학이나 생물학에서처럼 사회과학에도 적용된다고 나는 주장한다. 여기에서도 마찬가지로, 무의미하고 부자연스러우며 거창하고 착각하게 하는 유추에 근거한 성급한 일반화에서 비교적 명확하고 정밀한 유사성을 지닌 다수의 비슷한 작은 사실들에 의지한 일반화로 이행하였다.

이미 오래전부터 사회학은 만들어지려고 애썼다. 사회학이 그 최초의 말더듬는 소리를 지른 것은, 사회적 사실들의 어수선한 혼란 속에서 사람들이 어떤 주기적이고 규칙적인 것을 밝혔을 때였거나 또는 그렇게 했다고 믿었을 때였다. 사회계에서도 자연계의 경우와 마찬가지로 모든 것이 일정한 긴 세월을 주기로 해서 똑같은 순서로 재생된다는 고대 관념은 이미 최초의 사회학적인 더듬기^{tâtonnement}였다. 이

거짓된 단 한 번의 전체 반복을 플라톤의 공상적인 재능은 받아들였는데, 아리스토텔레스에 의해 세부의 반복이 그 뒤를 이었다. 이 세부의 반복은 종종 사실이긴 하지만 언제나 매우 모호하며 자세하게 파악하기 어렵다. 아리스토텔레스는 『정치학Politique』에서, 사회생활에서 가장 표면적인 것, 또는 가장 깊이 있지 않은 것, 즉 통치형태의 연속에 대해 이야기할 때 그러한 반복을 정식화했다. 그때 멈추었던 사회학의 진화는 근대에 와서야 처음부터ab ovo 다시 시작하였다. 비코Giambattista Vico*가 주창한 문화의 나선형적 발전설ricorsi은 공상이 줄어들긴 했지만 고대 순환론의 재개이자 한 단면이다. 이 명제도 소위 동일한 기후조건에서 피어난 문명들은 유사하다는 몽테스키외Charles de Montesquieu†의 명제와 마찬가지로 피상적이거나 착각하게 하는 반복과 유사의 두 가지 좋은 예이다. 사회과학은 보다 실질적인 자양분을 찾기 전에는 그러한 예들로 커나갈 수밖에 없었다. 샤토브리앙François René de Chateaubriand‡은 『혁명론Essai sur les révolutions』에서 영국 혁명과 프랑스 혁명을 길게 비교하였는데, 그는 아주 피상적인 대조를 하며 헛

* 이탈리아의 철학자이자 법학자(1668~1744). 근대 사회학 및 역사철학의 시조. 비코에 따르면, 역사 속에는 세 시기 즉 원시적이며 신적인 시기, 시적이며 영웅적인 시기, 시민적이고 참다운 인간적인 시기가 있으며, 이 세 시기가 계속해서 번갈아가며 출현한다.
† 프랑스의 계몽주의 사상가(1689~1755). 몽테스키외는 1748년에 출간한 『법의 정신』에서, 한 국민의 사고방식과 법의 정신에 지리적 요인이 결정적인 영향을 미친다고 생각해 기후와 지형에 관한 이론을 세웠다.
‡ 프랑스 낭만주의의 초기 작가이자 외교관(1768~1848). 1792년 반혁명군에 참가하였다가 부상을 입고 1793년 영국으로 망명하였다. 이때부터 7년 동안 망명귀족으로 생활하면서 세계사를 개관한 『혁명론』을 쓰기 시작해 1797년 출간하였다.

되이 시간을 보냈다. 다른 사람들은 카르타고의 정신과 영국의 정신 간에, 또는 로마제국과 대영제국 간에 헛된 유추를 행하면서 중대한 이론적 주장을 펼쳤다 … 사회적 사실들을 발전 공식 속에 가두려는 이러한 의도는 지금까지 사회학의 환상이었다. 발전 공식은 그 사회적 사실들에 무의미한 변화만을 갖게 할 뿐 선제적으로는 반복되게 하기 때문이다. 이때 그 환상의 형태는 헤겔Georg Wilhelm Friedrich Hegel이 사회학에 그의 일련의 3인조*와 함께 부여한 이미 더 정밀한 형태를 취한 경우도 있고, 아니면 사회학이 현대진화론자들에게서 받아들인 보다 과학적이고 정밀하면서도 진실로부터 멀리 떨어지지 않은 형태를 취한 경우도 있다. 진화론자들은 법의 변화, 특히 가족제도와 소유제도의 변화에 대해서 ─ 그리고 언어, 종교, 산업, 예술에 대해서 ─ 어느 정도 분명한 일반적인 법칙을 과감하게 만들었다. 이 법칙에 따르면, 사회의 진행은 그 다양한 측면에서 보아도 똑같은 연속적인 단계의 길을 지나간다는 것이다. 그 연속적인 단계가 자의적으로 세워진 것임에도 말이다. 그렇지만 소위 그러한 규칙들이 예외 때문에 괴로워한다는 것을 인정할 수 밖에 없었으며, 또한 언어, 법, 종교, 정치, 경제, 예술, 도덕의 발전은 그 길이 하나밖에 없는 것이 아니라 교차로가 많은 길들의 연결망이라는 것을 인정하지 않으면 안 되었다.

다행히도 이 야심찬 일반화의 그늘과 보호 하에서 신중한 연구자들은 훨씬 더 견고한 세부적인 법칙을 지적하려고 노력하였으며 또, 많은 성공을 거두었다. 그들은 언어학자, 신화학자, 특히 경제학자였다. 이 사회학의 전문가들은 연속적인 사실들 또는 동시에 일어나

* 헤겔의 변증법을 도식화한 정반합正反合을 말한다.

는 사실들 사이에서 수많은 흥미로운 관계를 보았다. 그 관계란 그들이 연구하는 작은 영역의 범위 안에서 매순간 재생되는 관계이다. 아담 스미스Adam Smith의 『국부론Richesse des nations』, 보프Franz Bopp*의 『인도유럽어의 비교문법Grammaire comparée des langues indo-européenes』, 디츠 Freidrich Christian Diez†의 저작에서 ─ 이 세 권의 책만 이용하면 ─ 이러한 종류의 통찰을 많이 볼 수 있다. 그러한 통찰에서는 몇몇 자음이나 모음의 발음, 매매, 일정한 물품의 생산과 소비 등에 관한 수많은 인간행위의 유사가 표현되고 있다. 언어학자나 경제학자가 유사를 법칙으로 표현하려고 했을 때, 그 유사 자체가 가장 빈번히 일어나는 사실plerumque fit에 관해서 불완전한 법칙을 낳은 것은 사실이다. 그런데 그렇게 된 이유는, 그 부분적인 진실 속에서 그것에 함축되어 있는 진짜 일반적인 진실을 끌어내기 전에 그 불완전한 법칙을 너무 성급하게 발표했기 때문이다. 이때 그 부분적인 진실 속에 함축되어 있는 진짜 일반적인 진실이란 사회학이 아직도 어둠 속에서 추구하고 있는 기초적인 사회적 사실인데, 사회학이 꽃을 피우려면 그것에 도달하지 않으면 안 된다.

그런데 경제학, 언어학, 신화학 또는 그 밖의 학문의 법칙이나 유사법칙에 대한 일반적인 설명은 심리학에 요구하는 것이 적절하다는 예감을 사람들은 종종 지녔다. 이것을 스튜어트 밀John Stuart Mill만큼

---

* 독일의 언어학자(1791~1867). 독일어 원서명은 『산스크리트어, 젠드어, 그리스어, 라틴어, 리투아니아어, 고대슬라브어, 고트어, 독일어의 비교문법Vergleichende Grammatik des Sanskrit, Zend, Griechischen, Lateinischen, Litthauischen, Altslawischen, Gotischen und Deutschen』(1833~1852)이다.

† 독일의 언어학자(1794~1876).

강하고 분명하게 깨달은 사람은 없었다. 그는 『논리학*Logique*』* 끝부분에서 사회학을 응용심리학으로 인식하고 있다. 불행하게도 그는 자기 생각을 분명하게 말하지 못하였다. 아울러 그가 사회현상의 열쇠를 지녔다고 본 심리학은 단순한 개인심리학이었다. 즉 하나의 뇌 안에서 인상들이나 이미지들 간의 내적인 관계를 연구하고, 그 영역 안에 있는 모든 것을 그 내적인 요소들의 연합법칙lois de l'association†으로 설명하려고 하는 심리학이었다. 이렇게 인식되는 한, 사회학은 일종의 확대되고 외면화된 영국의 연합관념론이 되었으며 그 고유한 독특성을 잃어버렸다. 기초적인 사회적 사실을 구해야 하는 곳은 바로 또는 오로지 뇌내intra-cérébrale 심리학에서가 아니라, 무엇보다도 뇌간inter-cérérbale 심리학, 즉 여러 개인 간의 의식관계, 우선은 두 개인 간의 의식관계를 연구하는 심리학에서다. 그러한 기초적인 사회적 사실들의 다양한 결합이나 조합이 특별한 사회과학 즉 사회학의 소위 단순한 대상을 이룬다. 한 정신과 다른 정신의 접촉은 실제로 그 각각의 삶에서 아주 특별한 하나의 사건이다. 왜냐하면 이 사건은 나머지 세계와의 그들의 접촉 전체에서 급히 빠져나와, 생리학적 심리학으로는 예견할 수도 설명할 수도 없는 정신상태를 일으키기 때문이다.[1]

어떤 주체가 어떤 대상과 맺는 관계는 그 대상 자체도 하나의 주체

---

* 영어 원서명은 『논리학 체계*A System of Logic*』(1843)이다. 존 스튜어트 밀은 영국의 철학자이자 경제학자이다(1806~1873).
† 감각이나 인상처럼 가장 단순한 심리적 요소가 결합해 복잡한 인식이나 고도의 사고가 생겨난다는 사고방식(연합주의)에 기초한 법칙으로, 일반적으로는 관념연합법칙이라 불린다. 이것은 존 로크, 데이비드 흄에서 존 스튜어트 밀에 이르기까지 영국 경험론의 기본적인 입장이다.

이기 때문에, 그 지각되는 대상과 전혀 다른 지각이 아니다. 또한 그렇기 때문에, 회의적인 관념론자로 하여금 그 지각되는 대상의 실재성을 의심하게 할 수 있는 지각도 아니다. 그 관계는 스스로 느끼는 능력을 지닌 사물에 대한 감각, 스스로 의욕하는 능력을 지닌 사물에 대한 의욕, 스스로 믿는 능력을 지닌 사물에 대한 믿음이다. 한 마디로 말해서, 그 관계는 한 인격에 대한 감각, 의욕, 믿음이다. 따라서 지각하는 인격은 그 지각되는 인격에 자신을 반영하기 때문에 자신을 부정할 수 없는 한 그 대상도 부정할 수 없다. 한 의식에 대한 이러한 의식은 데카르트가 추구하였지만 개인의 자아에서는 찾을 수 없

---

1 최면 상태에서의 암시와 각성 상태에서의 암시에 대해 행해진 실험은 뇌간 심리학을 구성하는 데 풍부한 자료를 마련해 주었다. 아직은 맹아 상태에 있는 이 심리학을 나는 내 모든 저작에서 활용하려고 시도했기 때문에, 독자는 다음과 같은 것을 참조하기 바란다. 특히 『모방의 법칙』(1890)의 「사회란 무엇인가?」라는 제목의 장 (이것은 1884년 11월 《철학평론》에 발표했다), 『형사철학Philosophie pénale』(1890) 중에서 범죄 군중의 형성에 대한 몇몇 쪽 (범죄에 대한 장, 324쪽 이하, 제1판), 1892년 8월 브뤼셀의 범죄인류학 대회에서 논의된 「군중의 범죄Crime des foules」라는 제목의 보고서, 「군중과 분파Foules et Sectes」라는 제목으로 1893년 12월 《두 세계 평론》에 발표된 논문을 참조하기 바란다. 마지막의 두 논문은 수정 없이 나의 『사회학 논문집Essais et mélanges sociologiques』(Storck et Masson, Paris-Lyon, 1895)에 재수록 되었다. 여담이지만, 앞에서 거론한 『형사철학』의 그 대목에는 군중현상에 대한 설명이 실질적으로 매우 분명하게 들어 있다. 마찬가지로 거론한 『모방의 법칙』의 그 장에는 군중현상에 대한 설명이 없지만, 『형사철학』의 그 대목은 『모방의 법칙』의 그 장에서 파생되는 필연적인 귀결에 불과하다. 어쨌든 군중현상에 대한 설명은 나중에 다른 두 연구에서 발전되었다. 그리고 그 대목은 군중심리에 대해 외국이나 프랑스에서 출간된 흥미로운 연구들보다 먼저 나왔다. 내가 이것을 말하는 이유는 그것들의 가치를 떨어뜨리기 위해서가 아니라, 어떤 비방에 대답하기 위해서이다. 게다가 나는 다른 곳에서 그 비방에 대해 반박한 바 있다. [외국이나 프랑스에서 출간된 흥미로운 연구들이란 이탈리아의 스키피오 시겔레Scipio Sighele의 저작 『범죄군중』(1891)과 프랑스의 귀스타브 르봉Gustave Le Bon의 『군중심리』(1895)를 가리킨다.]

었던 부동의 본성l'inconcussum quid이다. 게다가 이 기이한 관계는 물리적인 자극을 주거나 받는 것, 즉 주체에서 생명 없는 대상으로 동력을 전달하는 것 — 능동적인 상태냐 수동적인 상태냐에 따라 그 반대도 될 수 있다 — 이 아니다. 그 기이한 관계는 내적인 어떤 것의 전달이다. 이때 이상한 것은 그 정신적인 것이 두 주체 중 한쪽에서 다른 쪽으로 전달되어도, 그 전달하는 주체에게서는 그것이 조금도 없어지지도 줄어들지도 않는다는 사실이다. 그렇다면 이 심리적인 관계를 통해 한 정신에서 다른 정신으로 전해질 수 있는 것은 무엇인가? 그들의 감각이나 그들의 정동적情動的 상태인가? 그렇지 않다. 이러한 것은 본질적으로 전해질 수 없다. 두 주체가 서로 전달한다는 의식을 지니면서 서로 전달할 수 있으며 또 그렇게 함으로써 자신들이 보다 더 일치하며 비슷하다고 느낄 수 있는 것은 그들의 관념, 의지, 판단, 의도이다. 이러한 것들은 그들 간에 내용이 다르더라도 형식은 똑같은 것으로서, 그 어떤 감각신호에 대해서도 거의 구분없이 행해지는 정신적인 가공加工의 산물이다. 또한 이 정신적 가공도 시각이 뛰어난 사람과 청각이 뛰어난 사람이나 운동능력이 뛰어난 사람 간에 두드러진 차이가 없다. 이는 태어나면서부터 장님인 사람의 기하학적인 관념이 시력을 타고난 기하학자들의 기하학적 관념과 동일한 것과 같으며, 아울러 성 잘 내고 침울한 기질을 지닌 장군이 활달하고 다혈질적인 장군들에게 또는 침착하고 참을성 많은 기질의 장군들에게 암시한 작전계획이 완전히 똑같은 것과 같다. 그러기 위해서는 그 작전이 동일한 일련의 군사행동과 관계있는 것으로 충분하며, 또 다른 한편으로는 그들 각자에게 욕망하도록 부추기는 감수성은 아주 특별하고 개별적임에도 불구하고 그들이 똑같이 그 작전을 바라는 것으로 충분하다. 내가 욕망le désir이라고 부르는 심리적 경향의 에너지, 즉 정신적 갈망의 에너지는 내가 믿음la croyance이라고 부르는 지적 파악의 에너지, 즉 정신적인 지지나 수축의 에너지와 마찬가지로 동질적이며 연속된 하나의 흐름이다. 이 흐름은 각각의 정신에 고유한 감성의 색조가 변하면서 때로는 분산되어 흩어지기도 하고 때로는 집중되기도 하지만 어쨌든 동일하게 흐른다. 그리고 그 흐름은 한 사람에서 다른 사람으로 또는 그 각각의 사람 안에서 하나의 지각에서 다른 지각으로 전해질 때에도 변하지 않는다.

　나는 모든 진정한 과학은 그 고유의 무수히 많고 무한히 작은 기초적인 반복 영역에 도달한다고 말하였는데, 이 말은 모든 진정한 과학은 그 특유의 성질에 기초를 두고 있다는 것을 뜻한다. 사실, 양Quantité이란 무한히 작은 유사와 반복으로 이루어지는 무한 계열의 가능성이다. 따라서 나는 다른 곳에서* 두 정신적 에너지의 양적인 성격을 강조했는데, 이 두 정신적 에너지는 갈라지는 두 개의 강처럼 자아의 두 비탈, 즉 지적 활동과 의지적 활동을 적셔준다. 이러한 성격을 부정한다면, 사회학이 불가능하다고 선언하는 것이 된다. 그러나 명백한 사실을 거부하지 않는 한, 그 성격을 부정할 수 없다. 그리고 그 두 정신적 에너지의 양이 진실로 사회적이라는 증거는 다음과 같은 사실이다. 즉 그 두 정신적 에너지는 인간집단에서 대중의 믿음이나 열정의 흐름, 전통적인 확신이나 관습적인 완고함의 형태로 나타나는

* 타르드가 1880년에 발표한 논문 『믿음과 욕망: 그것들의 측정가능성La croyance et le désir : la possibilité de leur mesure』(Revue Philosophique)을 가리킨다.

데, 그 집단의 규모가 크면 클수록 그 두 정신적 에너지의 양적인 성질은 더 잘 나타나 인간의 정신을 그만큼 더 생생하고 분명하게 알려준다는 것이다. 집단이 커질수록, 여론의 상승 또는 하락 즉 어느 주어진 대상에 대해서 긍정하거나 부정하는 국민의 믿음이나 바람의 상승 또는 하락 — 특히 증권거래소의 시세표가 나타내는 상승 또는 하락 — 은 더 잘 측정될 수 있으며, 아울러 기온이나 기압의 움직임에 또는 폭포의 살아있는 힘에 비할 만한 것이 된다. 국가가 크면 클수록 통계학이 점점 더 쉽게 발전하는 것은 그 때문이다. 통계학의 진정한 목적은 뒤죽박죽 뒤얽혀 있는 사회적 사실들에서 진정한 양을 연구하고 밝혀내는 것인데, 통계학이 인간행위들을 더하고 또 그렇게 계산한 인간행위들을 통해 근본적으로 믿음과 욕망의 합을 측정하려고 애쓸수록 통계학은 더 잘 성공한다. 주가의 통계는 이런저런 기업의 성공이나 이런저런 채무국가의 지불능력에 대해서 일반대중이 지니는 신뢰의 변화를 표현하며, 또한 그런 부채나 기업에 만족해하는 일반대중의 욕망이나 이익의 변화를 표현한다. 산업통계나 농업통계는 이런저런 물품의 생산을 요구하는 일반적인 욕구의 크기를 표현하거나, 아니면 그 욕구를 만족시키는 수단이 어느 정도 적합한지를 표현한다. 소송이나 범죄의 수치를 조사하면, 사법통계 자체가 흥미로운 것은 오직 다음과 같은 이유 때문이다. 즉 그 기록을 통해서 소송이나 범죄와 관련된 일반대중의 욕망의 비율, 예를 들면 이혼경향이나 절도경향의 비율과 특정한 소송이나 특정범죄 쪽으로 기울어진 일반대중의 희망의 비율이 해마다 증가하거나 감소한다는 것을 읽을 수 있기 때문이다. 인구통계 자체도 그것이 사회학적인 것인 한 — 왜냐하면 다른 측면에서는 그것이 생물학적인 것에 불과하며 종의 번식과 관계있지만, 동시에 그것은 사회제도의 지속이나 진보와 관계있기 때문이다 — 부모가 되고 싶은 욕망 즉 결혼하고 싶은 욕망의 증가나 감소, 결혼해 자녀를 낳고 가정을 이루는 것이 행복이라고 하는 일반적인 확신의 증가나 감소를 표현한다.

　그렇지만 서로 다른 개인들에게 축적된 믿음과 욕망의 힘은 어떤 조건에서 정당하게 더해질 수 있는가? 그 조건은 똑같은 대상을 갖고 있다는 것, 똑같은 관념을 대상으로 해서 주장하고 똑같은 행위를 대상으로 해서 실행한다는 것이다. 그런데 개개인의 에너지에 하나의 사회적인 전체를 형성할 수 있도록 하는 이러한 방향의 일치는 어떻게 해서 생겨났는가? 우연한 일치나 일종의 예정된 조화에 의해서 자연발생적으로 생겨났는가? 아주 드문 경우를 제외하면 그렇지 않다. 그리고 그 분명한 예외조차 시간을 갖고서 철저하게 연구한다면, 그 예외도 규칙을 확증시켜줄 것이다. 아무리 혼란스러운 시대라도 정신들 간의 또 의지들 간의 이 세세한 일치가 사회생활의 기초를 이루고 있다. 어느 한 주어진 순간에 볼 때, 한 사회의 모든 정신과 의지에서 그토록 많은 분명한 관념, 그토록 많은 분명한 목적이나 수단이 이처럼 동시에 존재한다는 것은 — 내 생각으로는 — 사람들을 서로 상당히 비슷하게 태어나게 한 생물적 유전의 결과도 아니고, 사람들의 거의 비슷한 능력에 거의 똑같은 자원을 준 지리적 환경의 결과도 아니다. 그것은 바로 어떤 관념이나 행위의 최초 창조자로부터 그 예를 점점 퍼뜨린 암시모방suggestion-imitation의 결과이다. 유기체적 욕구와 정신적 경향은 우리 안에서는 잠재적인 상태로만 존재한다. 이 잠재적인 상태는 처음에는 모호한 유사성에도 불구하고 대단히 다양한 형태로 실현될 수 있다. 그리고 그 가능태의 실현들 중에서 어느 것이 선택되느냐는 어떤 최초의 창시자를 모방하는가에 따라 정해진다.

따라서 사회의 기초가 되는 한 쌍couple으로 돌아가 보자. 이에 대해서는 내가 방금 전에 말했지만, 이 한 쌍이란 서로 사랑하는 남녀 한 쌍이 아니다. 이러한 한 쌍은 성적性的인 것인 한에서는 순전히 생물학적이다. 내가 말하는 한 쌍은 그들의 성별이 무엇이든 간에, 한 사람이 다른 사람에게 정신적으로 영향을 미치는 두 사람이라는 의미의 한 쌍이다. 내 생각에는, 이 두 사람의 관계가 사회생활의 유일한 필수적인 요소이며, 그 관계는 언제나 처음에는 한쪽이 다른 쪽을 모방하는 것으로 이루어진다. 그렇지만 무의미하고 피상적인 반론에 희생당하지 않으려면 이것을 잘 이해해야 한다. 무엇을 말하든 행하든 생각하든 간에 사회생활에 일단 들어가면, 우리는 매순간 다른 사람을 모방한다. 우리가 혁신하지 않는 한에서는 말이다. 사실, 혁신하는 경우는 드물다. 이러한 나의 생각에 대해서는 반론을 제기할 수 없을 것이다. 그런데 우리의 혁신이 대부분 이전의 예들의 조합이라는 것도 쉽게 증명할 수 있다. 하지만 그 혁신은 모방되지 않는 한 사회생활과 무관한 상태에 있다. 지금은 우리가 무의식적으로 하는 말도 처음에는 아주 먼 과거에 기원을 둔 발음에다가 우리 자신의 환경에 고유한 억양을 더해 의식적으로 또는 의도적으로 낸 소리를 재현하는 것이다. 우리가 행하는 종교의식, 성호를 긋는 것, 성상聖像에의 입맞춤, 기도도 전통적인 ― 말하자면 조상에 대한 모방으로 형성된 ― 몸짓이나 방식을 재현하는 것이다. 우리가 수행하는 그 어떤 군사적 명령이나 민간생활에서의 명령, 우리가 행하는 직업상의 그 어떤 행위도 우리가 배운 것이거나 살아있는 본보기를 본뜬 것이다. 화가의 붓질이나 시인의 시구도 그가 속한 유파의 습관이나 운율법에 따른 것이다. 그리고 그의 독창성 자체도 그 동안 축적된 진부함으로 이루어져 있으며, 그것은 또 다시 진부해지기를 바라고 있다.

이와 같이, 어떤 사회적 사실이든 간에 사회적 사실의 변함없는 성격은 바로 모방적이라는 것이다. 그리고 이러한 성격은 사회적 사실들에게 전적으로 고유하다. 그런데 이 점에 대해 기딩스Franklin Henry Giddings* 씨는 그럴듯한 반론을 제기하였다. 주목할 만한 재능을 지닌 그는 나의 사회학적 관점을 꽤 자주 지지했었는데 말이다. 어쨌든 그는 다음과 같이 말한다: 사람들은 어느 사회에 속하든 서로 모방한다. 적敵끼리도 서로 모방하며, 심지어는 무기, 전술, 직업상의 비결도 서로 빌려온다. 따라서 모방성의 영역은 **사회성**socialité의 영역을 넘어서기 때문에 사회성의 특징이 될 수 없을 것이다.[2] 그런데 나를 놀라게 한 것은 이러한 반론이 "사회 간의 투쟁은 나중에 더 큰 사회로 결

---

* 미국의 사회학자(1855~1931). 『모방의 법칙』 영역판(1903)에 소개의 글을 썼다.

2 프린스턴 대학교(미국)의 심리학 교수인 볼드윈James Mark Baldwin 씨는 『아동의 정신 발달Développement mental chez l'enfant』이라는 최근에 출간된 이미 유명한 책에서 모방에 매우 넓은 의미를 부여하고 있다. 이 매우 넓은 의미를 **모방**이라는 말에 적용할 경우, 모방은 사회생활이나 심리생활에서뿐만 아니라 유기체 생명에서도 기초적인 사실이라고 말할 수 있을 것이다. 이때 유기체 생명에서는 모방이 습관과 유전의 조건이 될 것이다. 그런데 사실 이 명민한 심리학자의 명제는 내 것과 모순되기는커녕 내 명제를 가장 인상적으로 예증하고 확증한다. 내가 말하는 인간에서 인간으로의 모방은 동일 인간 안에서 한 상태에서 다른 상태로의 모방의 연장이다. 이 내적인 모방을 나 자신은 이미 습관이라고 불렀으며, 그것에는 아주 분명한 특징이 있기 때문에 나로서는 그

합시키는 사회화의 강력한 동인이며 그 결합은 투쟁 자체에 의해 달성된다"고 주장하는 저자 쪽에서 나왔다는 것이다. 그런데 사실, 서로 경쟁하든 적대적이든 간에 민족들이 서로의 제도를 자기들 것으로 만들수록 그들이 융합되는 경향이 있는 것은 분명하지 않은가? 그러므로 다음과 같은 것은 확실하다. 즉 각각의 새로운 모방행위는 이미 결합되어 있는 개인들 사이에서 사회적 유대를 보존하거나 강화하는 경향이 있을 뿐만 아니라, 아직 결합되어 있지 않은 개인들 사이에서도 내일의 결합을 준비한다는 것이다. 말하자면, 나중에야 분명한 유대가 되는 것을 이미 눈에 보이지 않는 실로 짠다는 것이다.

나에게 행해진 그 밖의 반론은 내 생각을 매우 불완전하게 이해한데서 생겨나는 것이기 때문에, 나는 그러한 반론에 대해서는 신경 쓰지 않겠다. 그러한 반론은 나의 관점을 분명하게 이해한 사람들이 보기에도 스스로 무너지고 있다. 이 점에 대해서는 나의 저작들을 참조하기 바란다.

그러나 모든 사회현상의 이 모방적 성격을 인정하는 것으로는 결

것들을 혼동하지 않았다. 볼드윈 씨는 무엇보다도 생리심리학자이기 때문에 모방의 유기체적 발생이나 정신적 발생을 매우 잘 설명하고 있다. 그리고 그의 역할은 심리사회학자 역할이 시작하는 순간에 바로 끝난다. 그의 책이 내 책 『모방의 법칙』보다 먼저 나오지 않은 것은 유감스러운 일이다. 『모방의 법칙』이 그의 분석을 이용했을 텐데 말이다. 그렇지만 그의 분석이 나에게 내 책에서 발표한 법칙과 고찰을 수정할 필요를 전혀 느끼게 하지 않았다.

어쨌든 그의 책은 **모방**이라는 말의 의미를 너무 확대했다고 나를 비난한 사람들에게 내가 할 수 있는 가장 좋은 대답이다. 볼드윈 씨는 그 의미를 훨씬 더 확장해도 아무 문제가 없다는 것을 증명하고 있다. 나는 이 책의 교정쇄를 고치면서, 볼드윈 씨가 최근 그의 생각을 사회학에 적용했고 또 독립된 길을 통해 그가 나의 『모방의 법칙』에서 자세히 말한 것과 매우 비슷한 관점에 동시에 도달했다는 사실을 알게 되었다.

코 충분하지 않다. 게다가 내 생각에, 본래 이 모방관계는 한 개인과 불특정 다수의 인간 사이에는 존재하지 않았다. 이러한 관계는 대부분 나중에 생겨났다. 그 모방관계는 두 개인 사이에만 존재했다: 한 사람은 아이로서 사회생활에 들어가며, 또 한 사람은 이미 오래전부터 사회화된 어른으로서 그 아이에게 개인적인 본보기 역할을 한다. 사회생활이 깊어지면서 우리는 종종 집단적이고 비개인적이며 동시에 보통 무의식적인 본보기를 본받는다. 그러나 일반 사람들on이 우리 세계에서 말하는 대로 말하기 전에 일반 사람들이 생각하는 대로 생각하기 전에, 일반 사람들이 행동하는 대로 행동하기 전에 우리는 그 남자il나 그 여자elle가 말하는 대로 말하기 시작했고, 생각하는 대로 생각하기 시작했으며, 행동하는 대로 행동하기 시작했다. 그리고 이 그 남자나 그 여자는 자신과 가까이 지내는 사람들 중의 이런저런 사람이다. 일반 사람들의 속을 잘 살펴보면, 우리는 그 수가 늘어날수록 혼란스러워지고 구분이 잘 안 되는 일정한 수의 그 남자들ils 이나 그 여자들elles 이외에는 어느 것도 찾아볼 수 없을 것이다. 이 구분이 아무리 단순하다 하더라도, 그 여하한 제도나 사회적 산물에서 개인의 창의가 창조적인 역할을 한다는 것을 인정하지 않는 사람들은 그러한 구분을 잊고 있다. 그러한 사람들은 예를 들면 언어와 종교가 집단의 산물이며, 군중 ─ 그것도 지도자가 전혀 없는 군중 ─ 이 그리스어, 산스크리트어, 히브리어, 불교, 기독교를 만들었다고 가르치면서 대단한 것을 말한다고 생각한다. 마침내 그들에 따르면, 사회의 형성과 변화는 잘난 사람이든 못난 사람이든 언제나 본보기를 본받거나 그에 굴복한 개인에 대한 집합체의 강제적인 영향으로 설명될 수 있는 것이지, 결코 엘리트 개인들이 집합체에 미치는 암시적이며 전염적인 영향으로 설명될 수 있는 것이 아니다. 사실은, 그러한 설명은 헛된 것이다. 그리고 그러한 설명을 하는 장본인들은 집합적인 힘, 즉 몇몇 관계에서 수백만 명의 사람이 동시에 유사한 것을 그런 식으로 전제하면서 자신들이 주요한 난제, 즉 그러한 일반적인 동화가 어떻게 일어날 수 있었는가 하는 문제를 교묘히 피한다는 것을 알아차리지 못하고 있다.

이 문제에 정확하게 대답하기 위해서는, 내가 이끌고 간 지점, 즉 두 정신의 뇌간inter-cérébrale 관계, 한쪽에 의한 다른 한쪽의 반영으로까지 분석을 밀고 올라가야 한다. 그럴 때에만 우리는 그 부분적인 일치, 마음 간의 협력, 정신 간의 교감을 이해할 수 있을 것이다. 이러한 것들은 일단 형성되어 전통 즉 조상모방을 통해 영속화 되면 개인에게 압력을 가한다. 이 압력은 종종 저항할 수 없는 것이긴 하지만 그래도 많은 경우에는 유익하다.[3] 그러므로 사회학자는 이 관계에 몰두해야 한다. 천문학자가 끌어당기고 끌려오는 두 물체의 관계에 몰두하는 것처럼 말이다. 사회학자는 사회라는 비밀의 열쇠, 즉 보편적으로 타당한 몇 가지 단순한 법칙의 공식을 그 관계에서 구해야 한다. 왜냐하면 그 법칙들은 겉보기에는 혼란스러운 역사와 인간생활의 한가운데서 밝혀질 수 있기 때문이다.

---

3 인간은 언제나 어릴 적부터 사회생활에 들어간다는 아주 단순한 이 언급을 잊어서는 안 된다. 그런데 꽃이 태양 쪽을 향하듯이 어린이는 타인을 향하는데, 어린이는 그의 가족환경에서 구속보다는 끄는 힘을 더 많이 느낀다. 따라서 평생 동안 그는 다른 사람의 예를 열심히 받아들일 것이다.

내가 지금 지적하고 싶은 것은 이렇게 이해되는 사회학은 이 사회학이라는 이름으로 널리 퍼져 있는 종래의 관념과 다르다는 것이다. 현대인의 천문학이 그리스인의 천문학과 다르고, 세포이론 이후 생물학이 예전의 박물학과 다른 것처럼 말이다.[4] 달리 말하면, 내가 생각하는 사회학은 그 수가 무한히 많고 대단히 정확하며 기초적인 진정한 유사와 반복이라는 원칙에 입각해 있다. 왜냐하면 그러한 유사와 반복이 과학적인 연구의 첫 번째 재료로서, 거짓되거나 모호하며 우리 눈을 속이는 매우 소수의 유추를 대신했기 때문이다. 그리고 내가 덧붙여 말하고 싶은 것은, 이러한 대체를 통해 사회들 간의 유사한 측면이 넓이와 깊이에서 늘어났다고 해도 그 사회들 간의 차이를 나타내는 측면이 줄어들지는 않았다는 것이다. 아마도 이제부터는, 연이어 나타나는 민족들 ― 즉 하나의 거대한 드라마에서 그 각각이 섭리에 의한 역할을 하는 일종의 주요인물들 ― 사이에 『역사철학』이 확립한 부자연스러운 차이를 버리지 않으면 안 될 것이다. 따라서 지금까지 그토록 남용해온 **국민성**이나 **민족성**이라는 표현도, 르낭Joseph Ernest Renan*이나 텐Hippolyte Taine†같은 우리의 몇몇 선인이 쓴

---

* 프랑스의 언어학자, 종교사가이자 철학자(1823~1892).

---

4 이러한 관념은 요컨대 단선적인 **진화론자들**의 관념이나 뒤르케임 씨의 관념과도 거의 정반대이다. 나는 전체 현상을 재생산하도록, 즉 일정한 순서대로 동일하게 반복하도록 하는 소위 진화법칙을 강요해 **전체**를 설명하지 않으며, 또한 작은 것le petit을 큰 것le grand으로, 세부적인 것le détail을 많은 부분le gros으로도 설명하지 않는다. 오히려 나는 전체의 유사를 기초적인 작은 행위들의 축적으로, 큰 것을 작은 것으로, 많은 부분을 세부적인 것으로 설명한다. 이러한 관점은 미분법의 도입이 수학에서 일으킨 것과 똑같은 변화를 사회학에서 일으킬 것이다.

언어정신, 종교정신이라는 표현도 더 이상 사용해서는 안 된다. 형이상학적인 실체이거나 우상인 이 집합정신에 사람들은 가공架空의 독특성을 부여하였다. 그것을 제대로 정의하지도 못한 채 말이다. 사람들은 특정한 문법유형, 종교관념, 통치형태라는 집합정신에는 소위 저항할 수 없는 일정한 성향이 있다고 보았다. 그렇지만 이와 반대로 사람들은 그 집합정신에는 자신들과 경쟁하는 이런저런 민족에게서 빌려온 관념이나 제도와는 절대로 양립할 수 없는 일정한 성향도 있다고 전제하였다. 예를 들면, 셈족*의 정신은 다신교, 근대언어의 분석적인 체계, 의회정치에는 완전히 둔감한 것으로 여겨졌다. 그리고 그리스인의 정신은 일신교에 둔감한 것으로, 중국인의 정신과 일본인의 정신은 일반적으로 유럽의 모든 제도나 관념에 둔감한 것으로 간주되었다 … 이러한 존재론적 이론을 반박하는 사실들이 있다 하더라도, 사람들은 그 사실들을 왜곡해서 그 이론을 입증하도록 하였다. 포교에 열 올리는 종교, 언어, 예를 들면 배심원 같은 제도는 그것이 생겨난 민족이나 인종의 경계를 넘어, 다른 국민정신이나 인종정신의 완강한 방해에도 불구하고 퍼져나가면서 깊은 변화를 겪었다는 것을 그 이론가들에게 지적해도 소용없었다. 그들은 생각을 바꿔 다음과 같이 대답하였다. 즉 그들은 발명 재능이 있는 고귀한 인종, 즉 발명 능력과 그 발명품을 전파할 수 있는 재능을 타고난 유일한 인종과 이러한

---

† 프랑스의 문예비평가이자 심리학자(1828~1893). 만년에 『근대 프랑스의 기원』(6권. 1876~1894)에 착수했지만, 완성을 보지 못했다. 이 저작은 타르드의 군중관에 큰 영향을 미쳤다.

* 기독교의 성경에 나오는 노아의 맏아들인 셈의 자손이라 전해지며 아시리아인, 아라비아인, 바빌로니아인, 페니키아인, 유대인 등이 여기에 속한다.

인종에서 빌려왔거나 빌려온 것 같은 언어, 종교, 사상에 대해 아무런 이해력이 없는 천성적으로 굴종적인 인종을 구분하였다. 게다가 그들은 어떤 문명에서 다른 문명으로, 어떤 국민성에서 다른 국민성으로 퍼지는 이 정복적인 포교열기가 일정한 경계를 넘을 수 있는 가능성, 특히 중국과 일본을 유럽화 할 가능성을 부정하였다. 일본의 경우에는 반대증거가 제시되었고, 중화제국의 경우에도 곧 반대증거가 제시될 것이다.

결국에는 증거에 눈을 떠 다음과 같은 사실을 인정하게 될 것이다. 즉 국민성이나 민족성은 그것의 일시적인 파생물이나 표출로 간주된 개인정신을 지배하는 우월한 요소이기는커녕, 단지 그 개인적인 독특성들에 주어진 편리한 명찰이거나 그것들의 익명적인 종합에 불과하다는 사실을 말이다. 왜냐하면 이 무수한 개인적인 독특성만이 진정한 것으로서 매순간 작용하고 활동하며, 아울러 이웃사회에서 본보기를 끊임없이 빌려오고 또 유익하게 교환해 각각의 사회 한가운데서 그 개인적인 독특성이 계속 발효하기 때문이다. 그러므로 집합적이고 비개인적인 정신은 무수히 많은 개인정신의 **함수**fonction이지 그 요인 facteur이 아니다. 이 집합적이고 비개인적인 정신은 개인정신들의 합성사진이므로, 그것들의 가면이 되어서는 안 된다. 그리고 감수성이 예민한 역사가의 관심을 끌기에 적합한 사회의 생동감에 대해서, 우리는 전혀 아쉬워할 필요가 없을 것이다. 이집트, 로마, 아테네 등 소위 역사상의 조금 특징적인 몇몇 위대한 배우가 펼친 이 주마등같은 광경, 즉 주의가 산만하기 보다는 오히려 더 환하게 드러난 광경을 통해 우리는 제각기 독특한 수많은 혁신적인 개인들을 식별할 수 있기 때문이다. 이들은 서로 자기 고유의 도장자국을 남겼기 때문에 그 수많은 것 중에서도 알아볼 수 있다.

따라서 나는 다시 한번 다음과 같은 결론을 내릴 수 있다. 즉 이러한 사회학적 관점을 도입함으로써 우리는 발전 중에 있는 다른 모든 과학이 하는 것과 똑같이 소수의 거짓되거나 모호한 유사와 차이를 수많은 진짜 정확한 유사와 차이로 대체하게 되었다는 것이다. 이것은 예술가와 과학자 양쪽에 유익하며, 특히 철학자에게 유익하다. 철학자는 어떻게든 두각을 나타내기 위해서는 그 예술가와 과학자를 종합하지 않으면 안되기 때문이다.

몇 마디 더 해보자. 뉴턴의 법칙에 따른 인력이나 적어도 타원궤도를 그리는 인력 같은 기초적인 천문학적 사실을 발견하기 전에는, 달에 대한 과학 즉 **월학**sélénologie이나 태양에 대한 과학 즉 **태양학**héliologie 등처럼 이질적인 천문학적 지식들은 있었지만 천문학은 없었다. 기초적인 화학적 사실(친화력, 일정한 비율로의 조성)을 알기 전에는, 화학지식들 즉 철, 주석, 구리 등에 대한 특수화학들은 있었지만 화학 **자체**는 없었다. 분자운동의 파동전달이라는 본질적인 물리학적 사실을 발견하기 전에는, 광학, 음향학, 열학, 전기학이라는 물리학적 지식들은 있었지만 물리학 **자체**는 없었다. 그리고 물리학이 물리**화학**la physico-chimie 즉 무기적인 자연 전체에 대한 과학이 된 것은, 모든 것을 역학의 기본법칙으로 설명할 수 있는 가능성을 엿보았을 때이다. 말하자면 무기물의 기초적인 사실로서 작용과 반작용이 똑같다는 것, 에너지가 보존된다는 것, 모든 힘이 운동으로 환원된다는 것, 열, 전기, 빛이 **역학적으로 등가**等價라는 것 등을 발견했다고 생각하였을 때이다. 마지막으로 생식관점에서 동물과 식물 사이에 존재하는 유사를 발견하기 전에는, 하나의 동물학과 하나의 식물학이 없었고 여러 동물학과 여러 식물학이 있었다. 말하자면 마학馬學, 견학犬學 등이 있었다. 그러나 생식에서의 유사성의 발견은 이 흩어져 있는 모든 과학 즉 미래의 생물학의 분열된 사지四肢에 매우 부분적인 통일성을 주었을 뿐이다. 실제로 생물학이 탄생한 것은 세포이론이 세포(또는 조직학적 요소)의 기능과 그 증식(이 증식은 그 자신이 세포인 난자에 의해 계속된다)이라는 생물의 기초적인 사실을 보여주었을 때였다. 그렇게 해서 영양섭취와 생식이 동일한 관점에서 파악되었다.

그러므로 이제는 마찬가지로 여러 사회과학 다음에 사회과학 자체를 만드는 것이 중요하다. 사회학의 싹 자체가 있기 훨씬 전부터, 적어도 맹아 형태로라도 여러 사회과학 즉 초기단계의 정치학, 언어학, 비교신화학, 미학, 도덕학, 그리고 상당히 발전된 정치경제학이 실제로 있었다. 사회학이라는 것은 기초적인 사회적 사실을 전제한다. 사회학이 그 기초적인 사회적 사실을 미처 발견하지 못했을 때에도 — 이러한 표현을 해도 될지 모르겠는데, 그러한 사실을 발견하지 못한 이유는 아마도 그것이 너무나도 명백했기 때문일 것이다 — 사회학은 그러한 것을 꿈꾸었을 정도로 매우 확실하게 그 기초적인 사회적 사실을 전제하고 있다. 사실, 사회학은 지금은 모든 과학의 요람을 가득 채워 혼란스럽게 하는 저 헛된 가공의 유사 중 한 형태를 그 기초적인 사회적 사실이라고 생각했다. 그러고는 사회학은 사회를 하나의 큰 유기체로, 개인(또는 다른 사람들에 따르면 가족)을 사회의 세포로, 사회적 행위의 모든 형식을 소위 세포의 기능으로 인식하면서 대단히 시사적인 뭔가를 말한다고 생각하였다. 이미 나는 이제 막 싹트기 시작한 과학에서 이 방해가 되는 관념을 제거하려고 대부분의 사회학자와 함께 대단히 많은 노력을 하였다. 그렇지만 이에 대해서는 한 마디 더 하고 싶다.

과학적인 지식은 무엇보다 유사와 반복에 근거하고 싶은 욕구를 매우 잘 느끼기 때문에, 그러한 것이 수중에 없을 때는 — 반복해서 말하지만 — 진정한 유사와 반복을 기다리면서 가공의 유사와 반복을 만들어낸다. 이러한 관점에서 보면, 사회유기체라는 유명한 은유도 똑같이 일시적인 유용성을 지니는 그 밖의 많은 상징적인 관념으로 분류해야 한다. 모든 문학의 기원의 경우와 마찬가지로 모든 과학의 기원에서도 비유allégorie는 막대한 역할을 하였다. 수학에서도 아르키메데스Archimède의 확고한 일반화 이전에는 피타고라스Pythagore와 플라톤Platon의 비유적인 몽상이 있었다. 천문학의 입구인 점성술과 화학의 초보단계인 주술은 보편적 유추l'universelle analogie라는 전제에 근거하기 보다는 보편적 비유l'universelle allégorie라는 전제에 근거하고 있다. 점성술과 주술은 몇몇 행성의 위치와 몇몇 인간의 운명 사이에, 어느 흉내낸 행위와 어느 실제적인 행위 사이에, 어떤 화학물질의 성질과 그 화학물질의 이름이 유래하는 천체의 성질 사이 등에 예정된 조화가 있다고 인정한다. 원시적인 소송, 즉 로마법에서의 법률소송actions de la loi의 상징적인 성격도 잊어서는 안 될 것이다. 그것은 법학의 오래전의 더듬기이다. 또한 — 법학과 마찬가지로 신학도 우리 선조의 과학이었기 때문에 — 아주 오래전의 신학자들이 성서 이야기에 부여한 비유적 의미의 남용도 주목해야 한다. 왜냐하면 그들은 야곱Jacob 이야기*를 그리스도 이야기의 전조로 보거나, 그리스도와 그의 교회에 대한 사랑을 「아가雅歌」에서의 부부애로 상징했기 때문이다. 근대문학이 『장미이야기Roman de la Rose』†로 시작한 것처럼 중세 신학도 그렇게 시작하였다. 이러한 관념에서 토마스 아퀴나스Thomas d'Aquin의 『신학대전Somme』까지는 먼 길이 있었다. 금세기에도 우리는 이 상징적인 신비주의의 마지막 흔적을 저 훌륭한 그라트리Alphonse Gratry‡신부의 저작들에서 찾아볼 수 있다. 그의 저작들은 지금은 상당히 잊혔지만 페늘롱François de Salignac de la Mothe Fénelon‡ 풍의 문체 때문에 재평가할 가치가 있다. 그라트리 신부는 영혼과 신의 연속적인 관계가 태양계로 상징된다고 생각했다. 그에 따르면, 영혼이 신의 주위를 돌고 있다. 또한 그에게 있어서는 원과 타원이 모든 도덕을 상징하며, 이 도덕은 원추곡선 속에 상형문자처럼 새겨져 있다.

물론 나는 콩트 이후 허버트 스펜서가, 아주 최근에는 르네 웜스 René Worms 씨와 노비코프Jacques Novicow 씨가 사회유기체론에 부여한 ― 부분적으로는 항상 진지한 ― 연구를 그러한 엉뚱함에 비하고 싶지 않다. 나는 그들의 저작을 비판할 때에도 일시적인 장점과 유용성

---

* 이삭의 쌍둥이 아들 중 동생인 야곱이 형 에서를 두려워하여 도망갔다가 귀향하는 이야기로 소유와 사회적 위치를 둘러싼 형제 간의 갈등과 경쟁이 그 주된 내용이다.

† 프랑스 중세의 운문. 작가를 달리하는 전·후편으로 이루어졌다. 전반 4020행은 기욤 드 로리스에 의해서 1237년경에, 후반 1만 7722행은 장 드 묑에 의해서 1275~80년경에 쓰였다. 작품은 작가가 본 꿈을 이야기하는 형태를 취했다.

‡ 프랑스의 철학자(1805~1872). 당시의 헤겔 신학으로 대표되는 범신론적 연역적 방법에 반대하고 수학적 사고방식으로 기독교 신앙을 얻을 수 있다고 주장하였다.

‡ 프랑스의 종교가이자 소설가. 페늘롱의 문체는 독창성보다는 순수함, 평이함, 친밀감을 풍기는 것으로 알려져 있다.

을 대단히 높게 평가한다. 그렇지만 앞에서 말한 것을 일반화하면, 다음과 같은 명제를 말할 권리가 있다고 나는 생각한다: 과학의 진보는 외적인 유사와 반복을 내적인 유사와 반복으로 대체하는 데 있다. 말하자면 그 과학에 고유한 대상과 다른 대상들을 비교하는 것을, 그 과학에 고유한 대상을 그 수많은 예에서 또 여러 측면에서 고찰해 비교하는 것으로 대체하는 데 있다. 국민을 하나의 식물이나 동물로 생각하는 사회유기체론에 대응하는 것이 식물이나 동물을 하나의 기계로 간주하는 생물역학론이다. 그러나 생물학이 진보한 것은 생물체와 기계 간의 오랫동안 깊이 파고든 비교 때문이 아니라, 식물 간의 비교, 동물 간의 비교, 생물체 간의 비교 때문이다.[5] 그리고 사회학이 지금까지 이미 큰 발전을 했고 앞으로도 더 크게 발전하게 되는 것은 사회와 유기체를 비교해서가 아니다. 그것은 사회들을 서로 비교해서이다. 즉 언어, 법, 종교, 산업, 예술, 습속의 관점에서 서로 다른 국민들의 발전 간에 수많은 일치를 찾아내는 것을 통해서이다. 특히 인간에서 인간으로의 모방에 주목하는 것을 통해서이다. 왜냐하면 이 모방이 사실 전체에 대해서 분석적인 설명을 제시하기 때문이다.

이 긴 예비단계 다음에는, 모방을 통한 반복을 지배하는 일반적인 법칙을 설명해야 한다. 이 일반적인 법칙은 생물학에서는 습성과 유전의 법칙이. 천문학에서는 인력의 법칙이, 물리학에서는 파동의 법

---

5 마찬가지로 수학을 진전시킨 것은 피타고라스가 행한 바와 같은 수학과 다른 과학의 비교가 아니다. 이러한 비교는 비생산적이었던 데 반해, 데카르트의 손에 의한 수학의 두 분야 즉 기하학과 대수학의 비교는 생산적이었다. 그리고 미적분법이 발명되고, 분해할 수 없는 수학적 요소로까지 내려가 그 요소의 무한한 반복이 모든 것을 설명할 때 비로소 수학의 유용성이 완전히 나타났다.

칙이 차지하는 것과 똑같은 위치를 사회학에서 차지하고 있다. 그러나 나는 이 주제를 나의 저작 중 하나인『모방의 법칙』에서 많이 다루었다. 이 문제에 관심있는 사람은 이 책을 참조하기 바란다. 그렇지만 나는 그 책에서 충분히 설명하지 못한 것을 뚜렷하게 보여주고 싶다. 즉 그것은 근본적으로 그 모든 법칙이 더 높은 원리에서 유래한다는 것이다: 어떤 예가 특정한 사회집단 안에 주어지면, 그 예는 그 집단이 동질적일 경우 기하급수적으로 퍼지는 경향이 있다. 그런데 이 **경향**tendance이라는 말에는 신비적인 의미가 전혀 없다. 이 말은 아주 단순한 것을 의미한다. 예를 들면 어떤 집단에서 새로운 관념을 새로운 말로 표현하고 싶은 욕구가 느껴질 때, 그 욕구를 만족시키기에 적합한 생기있는 표현을 생각해내는 첫 번째 사람은 그 표현을 입 밖에 내기만 하면 된다. 그러면 점차 그 표현은 문제의 집단에 속한 모든 사람의 입을 통해 곧바로 전해지고, 나중에는 이웃집단에도 그 표현이 퍼진다. 이 말은 결코 그 표현에 그것을 그처럼 전파시키는 혼이 있다는 것을 뜻하지 않는다. 이는 물리학자가 음파는 공기 속에서 퍼지는 경향이 있다고 말한다고 해서, 음파라는 그 단순한 형식에 야심이나 갈망 같은 특유한 힘을 부여하는 것은 아닌 것과 같다.[6] 오히려 그것은 다음과 같은 사실을 말하는 방식이다. 즉 한 경우에는 공기 분자에 내재하는 원동력이 그 파동적 반복에서 흐름의 길을 찾았다

---

6 또한 이것은, 박물학자가 하나의 종種은 기하급수적으로 증가하는 경향이 있다고 말하더라도 그 역시 이 기준형forme typique이 태양, 화학적 친화력, 모든 물리적인 힘 — 그 기준형은 그 통로에 불과하다 — 과 상관없이 독립된 에너지와 갈망을 스스로 갖고 있다고 간주하지 않는 것과 같다.

는 것이며, 다른 경우에는 문제의 집단 안의 여러 개인에게 내재하는 특수한 욕구가 발명하려고 애쓰는 수고를 덜고 싶은 게으름(이것은 물질에서 관성과 유사하다) 때문에 모방적 반복을 통해 만족되는 길을 찾았다는 것이다. 어쨌든 문제의 기하급수적 확대 경향은 의심할 여지가 없다. 하지만 이 확대는 대부분의 경우 다양한 종류의 방해물에 의해 저지된다. 따라서 새로운 산업 발명이 일반 대중에게 퍼지는 것에 관한 통계 그래프가 그 꾸준한 확대를 보여주는 경우는 드물다. 아주 드문 것은 아니지만 말이다. 그러한 방해물은 어떠한 것인가? 기후와 인종의 차이에서 유래하는 것들이 있지만, 이러한 것들은 가장 강력한 방해물이 아니다. 어떤 사회적 혁신이 확대되는 것과 그 혁신이 전통적인 관습으로 공고해지는 것을 막는 주요한 방해물은 마찬가지로 확대되고 있는 어떤 또 다른 혁신이다. 이 또 다른 혁신이 그 혁신과 도중에 만나, 물리학의 비유를 사용하면 그것에 간섭하기 때문이다. 실제로 우리 각자가 두 개의 말하는 방식 사이에서, 두 개의 관념 사이에서, 두 개의 믿음 사이에서, 두 개의 행동방식 사이에서 망설일 때마다 정신에서는 모방 방사의 간섭이 일어난다. 이 모방 방사란 종종 공간이나 시간에서 서로 대단히 멀리 떨어져 있는 여러 발생원, 말하자면 발명자나 처음 모방한 개인에서 우리 각자에게까지 퍼지는 것을 말한다. 그때 그러한 망설임은 어떻게 해소되는가? 우리 각자에게 결정하게끔 하는 영향은 어떠한 것인가? 그 영향에는 두 가지 종류가 있다고 나는 말한 바 있다: 하나는 논리적 영향이고, 또 하나는 논리 외적인 영향이다. 이 논리 외적인 영향 자체도 어떤 의미에서는 논리적이라는 것을 나는 부언하고 싶다. 왜냐하면 두 예 사이에서 평민이 맹목적으로 귀족의 예를 선택하고, 농촌 사람이 도시인의 예를 선택하며, 지방 사람이 파리인의 예를 선택할 때 (나는 이것을 사회계층의 위에서 아래로의 모방의 폭포라고 불렀다), 모방은 ― 그것이 아무리 맹목적인 것이었다 해도 ― 결국 자기가 보기에 사회적 권위가 있다고 여겨지는 본보기의 예에 우월성이 있다고 추측하는 데서 생겨난 것이기 때문이다. 조상의 예와 외국의 혁신자의 예 사이에서 원시인이 자기 생각에 오류가 없다고 여겨지는 조상의 예를 주저없이 선택할 때도 사정은 똑같다. 이와 반대로 현대도시인이 마찬가지로 어찌해야 할 지 모르는 상황에서 새로운 것이 언제나 오래된 것보다 좋다고 선험적으로a priori 확신하면서 원시인과는 정반대의 선택을 할 때도 사정은 똑같다. 그럼에도 불구하고 사실, 비교되는 두 본보기 즉 대치하고 있는 두 관념이나 두 의지의 성질 자체와는 상관없이 생각하며 이 생각에 근거하는 개인의 의견은, 두 관념이나 두 의지에 내재하는 성격을 고려해서 판단을 내리고 이 판단에 따라 선택하는 경우와 조심스럽게 구분해야 한다. 그리고 논리적이라는 형용사는 후자의 경우에서 그 개인에게 결정하도록 하는 영향에 대해 쓸 수 있다.

　그러나 당분간은 이에 대해 더 이상 말하지 않을 것이다. 다음 장에서 사회적 대립의 요소인 논리결투와 목적론적 결투에 대해 다시 말할 것이기 때문이다. 부언하면, 모방 방사의 간섭 모두가 상호방해는 아니다. 그것들은 매우 종종 상호협력이기 때문에 그 방사를 가속화하고 확대시키는 데 도움을 준다. 사회적 적응에 대한 장에서 보게 될 것처럼, 때때로 모방 방사의 간섭은 그것이 한 인간의 뇌에서 만나 결합할 경우 어떤 천재적인 아이디어가 생겨나는 기회가 되기도 한다.

제2장
현상의 **대립**

이론적으로는 현상의 반복 측면을 고찰하는 것이 가장 중요하다. 그러나 실제로는 즉 과학의 적용이라는 관점에서는 현상의 대립 측면이 중대한 흥미로움을 나타낸다. 아리스토텔레스 이래로 지금까지 그 대립 측면이 완전히 무시되어 온 것은 아니지만, 그래도 계속해서 하찮은 차이들의 혼잡함 속에 뒤섞였다.

앞에서와 마찬가지로 여기에서도 다음과 같이 말할 수 있을 것이다. 즉 과학의 진보가 처음에는 언뜻 눈에 띈 것이든 가공架空의 것이든 쓸데없고 피상적이며 대략적인 소수의 대립이 힘들게 찾아낸 미세하고 심층적인 무수한 대립으로 대체되는 것을 통해 이루어졌으며, 그 다음에는 고찰되는 대상의 외적인 대립이 내적인 대립으로 대체되는 것을 통해 이루어졌다고 말이다. 그렇지만 과학의 진보는 또한 외견상의 비대칭이나 불균형을 해소하면서 그러한 것을 더 유익한(의미 있는 – 옮긴이) 숨어 있는 많은 비대칭이나 불균형으로 대체하는 것에 의해서도 이루어졌다고 우리는 부언할 수 있을 것이다.

별이 총총한 하늘에서 대립을 탐구해 보자. 처음에는 낮과 밤, 하늘과 땅이 먼저 대립을 이루었다. 그리고 이러한 대립은 발생기에 있거나 발생하고자 하는 천문학 또는 지리학의 맹아인 종교적인 우주생성론의 근거가 되었다. 그 다음에는 보다 진정한 대립이 나타났다. 그렇지만 이것은 아직 잘 이해하지 못했거나 완전히 주관적인 또는 피상적인 대립이었다. 즉 천정天頂과 천저天底*(이것은 끝까지 밀고나간 위와 아래의 대립에 지나지 않는다), 두 개씩 대립된 방위기점†, 겨울과 여름, 봄과 가을, 아침과 저녁, 정오와 자정, 상현달과 하현달 등이 그러한 것이었다. 이 모든 대립이 그 후 발전된 과학에 의해 보존된 것은 사실이지만, 그것들은 처음의 중요성과 의미를 많이 잃어버렸다. 미개인들에게서 서쪽은 우리 경우처럼 소위 북극성을 바라보면서 위치를 정하는 하나의 방위가 아니다. 그들에게 서쪽이란 사후 행복의 장소, 영혼이 영원히 머무는 장소이다. 또 다른 미개인에게는 동쪽이 그러한 곳이다. 사원과 무덤에서 의식의 방향은 그렇게 해서 정해진다. 상현달도 하현달도 우리에게는 원시시대 농민의 미신이나 우리 프랑스농민의 미신이 아직도 부여하는 매우 중요한 상상적인 의미를 결코 갖고 있지 않다. 프랑스농민에 따르면, **초승달**은 그때 심는 것을 빨리 자라게 하는 힘이 있으며, **그믐달**은 그때 심는 것의 성장을 막는

---

* 천정은 천문학에서, 관측자의 위치에서 연직선을 하늘 위로 연장할 때 천구와 만나게 되는 가상의 점이고 천저는 지구 위의 관측점에서 연직선을 아래쪽으로 연장할 때, 천구와 만나는 가상의 점이다.
† 동서와 남북.

힘이 있다. 이것은 길일吉日과 액일厄日의 대립적 구분의 흔적이다.

　이러한 대립은 보존되어 왔지만, 피상적으로 또 인습적으로 보존되어 왔다. 어떤 대립은 없어졌다. 예를 들면 하늘과 땅의 대립, 태양과 땅의 대립은 없어졌다. 그리고 이러한 대립의 중요성은 그보다 훨씬 더 심층적인 다른 대립으로 넘어갔다. 우선 항성, 행성, 혜성이 그리는 곡선의 타원, 포물선, 쌍곡선의 성질이 발견되었는데, 이러한 발견은 그 곡선을 긴 축을 기준으로 반으로 나눌 경우 그 양쪽이 완전한 대칭을 이룬다는 것을 알게 해주었다. (나는 완전한이라는 말을 쓰고 있지만, 여기에서는 동일한 계系 안에서 각 행성에 의한 궤도곡선의 상호반복을 나타내는 섭동攝動*은 생각하지 않는다.) 게다가 행성궤도의 타원율은 어떤 균형치 주위에서 왔다갔다하면서 큰 규칙성을 갖고 교대로 증가하고 감소한다는 것이 밝혀졌다. 마지막으로, 그 밖의 모든 것의 기초인 심층적이고 보편적이며 연속적인 천문학적 대립이란 각각의 질량이나 분자가 받는 인력과 그것이 행사하는 인력 간의 동등성에서 유래하는 대립이다. 각각의 질량이나 분자는 인력을 행하는 동시에 인력을 받는다. 이것이야말로 보편적 대립의 역학 법칙에 대한 가장 훌륭한 예 중 하나인데, 이 법칙은 서로 동등하고 반대방향으로 미치는 작용과 반작용의 법칙이라고 불린다.

　천문학과 마찬가지로 물리학과 화학도 거짓 대립으로 시작하였다. 초기 자연학자들이 생각한 네 개의 원소는 두 개씩 대립되었다: 물과 불, 공기와 흙. 몇몇 물질 사이에는 선천적인 대립이 있다고 사람들

＊ 행성의 궤도가 다른 천체의 힘에 의해 정상적인 타원을 벗어나는 현상.

은 생각했다. 물리적 대립이나 화학적 대립의 진정한 성질에 대해 보다 건전한 관념이 생겨난 것은 염기塩基와 산酸 간의 어느 정도 대립된 성격, 특히 반대되는 이름을 지닌 전기*와 빛의 극성을 발견했을 때이다. 극성極性이라는 관념은 물리화학이론에서 아주 큰 역할을 했기 때문에 기존관념들에 비해 엄청난 진보를 나타냈지만, 그 관념 자체도 마침내는 파동 개념으로 설명되었다. 빛, 열, 전기가 무한히 작고 무한히 빠른 진동의 구형球形이나 선형線形의 전파로 보이는 것처럼, 화학결합도 조화롭게 통합된 파동들의 얽힘으로 간주되는 경향이 있다: 그러나 이것은 적응adaptation 영역과 관계있다. 그리고 인력조차도 종종 에테르éther†진동의 압력으로 설명되었다. 어쨌든 천체의 타원궤도에서의 인력이 — 그 크기를 제외하면 — 물리적 파동, 즉 매우 길쭉한 타원궤도를 그리는 분자들의 왕복운동과 비교할 만한 것이라는 사실은 여전히 확실하다. 그리고 양쪽 어디에나 파동의 리듬이 있는 것도 사실이다. 요컨대 우리는 과학이 진보하면서 대립의 영역이 얼마나 넓어지고 깊어졌는지를 알고 있다. 또한 우리는 정밀하고 리듬이 있는 **양적** 대립이 막연한 **질적** 대립을 대신해 세계라는 직물을 짜냈다는 것도 알고 있다. 각각의 화학물질에 고유한 결정형태結晶形態의 놀라운 대칭성은 그 화학물질을 구성하는 무수한 운동의 리듬 간의 대립을 도표로 나타낸 것, 즉 가시적으로 표현한 것이다. 이처럼 물질

---

* 양전기와 음전기.

† 빛을 파동으로 생각했을 때 이 파동을 전파하는 매질로 생각되었던 가상적인 물질. A. A. 마이컬슨과 E. W. 몰리에 의해 수행된 간섭계 실험을 통해 에테르의 존재는 완전히 부정되었다. 이를 밝혀내기 위한 많은 실험을 통해 광학과 전자기학이 크게 발전했지만 실재하지 않기 때문에 더 이상 논의되지 않는다.

에 내재하는 운동의 리듬성rythmicité은 혹시 멘델레예프의 법칙la loi de Mendeleef*을 최종적으로 설명하는 것이 아닐까? 왜냐하면 그 법칙은 물질집단을 음계音階가 겹쳐지고 주기적으로 반복하는 모습으로, 즉 우리가 때때로 보는 것처럼 몇 개의 키가 여기저기 빠져있는 건반 같은 모습으로 보여주기 때문이다.

그러나 물질과학의 진보로 인해, 더 심층적이고 분명하며 더 많은 것을 설명해주는 대립과 대칭이 발견되었다. 그렇지만 이와 동시에 그 진보는 보다 더 중요한 비대칭, 비非리듬성, 비대립inoppositions도 밝혀냈다. 그 진보는 예를 들면 태양계에는 역행하는, 즉 일반적인 방향과는 정반대방향으로 가는 행성이 없다는 것을 보여주었다. 몇몇 위성의 경우에만 예외가 있지만 말이다. 게다가 우리의 망원경이 밝혀주는 성운들의 배치는 종종 비대칭적이다. 우리는 태양계의 진화와 해체 — 만일 해체가 있다면 — 사이에 대칭이 있다고 생각할 이유가 전혀 없으며, 또한 한 행성의 연속적인 지층의 형성과 그 최종적인 분열 — 이 점에 대해서 스타니슬라스 뫼니에Stanislas Meunier†의 생각을 받아들인다면 — 사이에도 대칭이 있다고 생각할 이유가 없다. 하늘에 별이 산재해 있는 모습은 천문학의 진보 이전이나 이후나 여전히 존재하는 것 중에서 가장 큰 생동감과 변덕스러움을 나타낸다. 아니 오히려 이러한 광경의 무질서는 그 모든 것에 작용하는 것처럼 보이는

---

* 멘델레예프는 러시아의 화학자(1834~1907)로 그는 원소를 원자량의 순으로 배열하면 화학적 성질에 따라 주기적인 변화가 나타나는 것에 기초해 원소를 분류하고 주기표週期表를 만들었다. 멘델레예프의 법칙이란 이 원소의 주기율週期律을 말한다.

† 프랑스의 지질학자(1843~1925).

힘들의 균형과 대칭적인 대립에 대한 지식이 늘어나면 늘어날수록 더욱더 두드러지고 심오한 것으로 나타난다. 현재 그 어떤 천문학자가 옛날 천문학자들처럼 반反지구, 즉 모든 것이 지구와는 반대라는 안티크톤antichton*을 공상하겠는가? 지구의 지리에 관한 지식이 늘어날수록 우리는 대륙과 산맥의 배치에 대칭성이 전혀 없다는 것에 더욱 놀라게 된다. 엘리 드 보몽Élie de Beaumont†의 오각망réseau pentagonal도 더 이상 사람들의 마음을 끌지 못하고 있다. 결정학結晶學의 진보는 처음에는 알지 못했던 결정의 비대칭성을 알아차리게 했으며, 그 비대칭의 중요성은 파스퇴르Louis Pasteur‡의 연구에 의해 부각되었다 … 그렇지만 내가 할 수 있는 일이란 이 점을 지적하는 것뿐이다.

생물계에서는 삶과 죽음, 젊음과 늙음처럼 진부하거나 눈에 띄는 대립이 제일 먼저 파악되었다. 방금 언급한 이 대립은 동물과 식물 사이에서 확인된 매우 오래된 유사 중 하나였으며, 따라서 일반생물학의 출발점이 되었다. 또한 생물의 형태상의 대칭에도 주목하지 않을 수 없었다. 그 대칭의 보편성은 매우 인상적이었으며 기이하기도 했기 때문이다. 그렇지만 사람들은 생물에서 실체가 없거나 가치없는 많은 대립을 생각해냈다. 여기에는 천사와 악마도 포함시킬 수 있다. 왜냐하면 천사와 악마 모두 일종의 고등동물로 이해되었기 때문이다. 이와 마찬가지로 미개인에게 또 때로는 오늘날의 무지한 사람에게서

* 피타고라스학파의 필로라우스Philolaus에 의해 최초로 가정된 태양계의 가상적인 천체. 그의 주장에 따르면, 안티크톤은 중앙의 불을 중심으로 지구의 정반대에 위치하기 때문에 우리 눈에는 보이지 않는다.
† 프랑스의 지질학자(1798~1874).
‡ 프랑스의 생화학자(1822~1895). 세균학의 아버지로 불린다.

조차 생물계에서의 중대한 대립은 먹을 수 있는 생물과 먹을 수 없는 생물의 대립, 즉 영양을 공급해주는 식물과 독을 지닌 식물의 대립, 유익한 동물과 해로운 동물의 대립이다. 이 대립은 주관적으로는 옳더라도 객관적으로는 가공의 것이다. 그러한 대립은 모든 인종에서 무지한 자가 본능적으로 생각해낸 것이기 때문이다. 의사들은 오랫동안 질병과 건강을 정반대되는 두 상태로, 그리고 질병의 원인을 건강의 원인과는 정반대되는 것으로 인식하였다. 동종요법*의 오류는 근본적으로 이러한 착각에서 생겨났다. 이렇게 이해된 질병과 건강은 말만의 실체에 불과했기 때문에, 생리학의 진보와 함께 사라졌다. 병리적 이상은 생리기능에 속하는 것이지 그것과 대립하는 것이 아니다. 개체의 해체 역시 발달과 반대되는 것으로 간주되어 왔으며, 노년기는 유년기가 다시 시작하는 것으로 여겨져 왔다. 이러한 관점은 발생학이 다음과 같은 사실을 보여주었을 때야 비로소 결정적으로 제거되었다. 즉 개체는 조상 대대로 내려오는 일련의 형태를 거치지만, 그 형태 중에는 노년의 쇠퇴기와 역순으로 유사한 것이 분명히 없다는 것을 말이다.

생물학이 생겨나기 시작한 지 한참 지난 후에도, 생리학자들은 동물과 식물 사이에 과학적인 근거가 있는 대립뿐만 아니라 거짓된 대립도 생각해냈다. 그들이 보기에, 동물의 호흡은 식물의 호흡과 정반대였으며, 식물의 호흡이 만들어낸 것, 즉 산소와 탄소의 결합을 파괴하였다. 클로드 베르나르Claude Bernard[†]와 그 밖의 사람들은 비교생리

---

* 인체에 질병 증상과 비슷한 증상을 유발시켜 치료하는 방법.
[†] 프랑스의 생리학자(1813~1878). 실험의학과 일반생리학의 창시자로 알려져 있다.

학을 통해 이 호흡의 정반대가 표면상의 특징에 불과하다는 것을 증명하였다. 그들은 동물계와 식물계 두 영역에서는 생명이 근본적으로 통일되어 있고, 이 두 영역도 대립된 것이 아니라 갈라진 것이라는 사실을 보여주었다. 한편 어떤 생물 집단과 다른 생물 집단 간의, 어떤 생물과 다른 생물 간의, 또는 하나의 생물 안에서도 어떤 실체와 다른 실체 간의 거짓된 대립이나 모호한 대립은 과학이 진보함에 따라 세포 조직 안에서의 무수히 많으면서도 무한히 작은 매우 실제적인 대립으로 대체되었다: 각각의 세포의 산화작용과 비산화작용의 대립 (즉 힘의 획득과 소비의 대립). 여기에서도 대립이 기본적이며 생산적으로 보이는 것은 투쟁 형태보다는 리듬 형태에서다.

그러나 이와 동시에, 감추어져 있던 새로운 비대칭이 나타났다. 하나의 예만 들면, 뇌기능 연구는 언어능력이 대뇌좌반구에 국한되어 있다는 것을 밝혀내면서 양반구 사이에 대단히 중요한 기능적 비대칭이 있다는 것을 확인하였다. 이 밖에도 오른손과 왼손, 오른쪽 눈과 왼쪽 눈처럼 몸 양쪽에 있는 기관의 형태의 대칭에는 그 역할의 깊은 비대칭이나 불균형이 숨겨져 있다는 것이 드러났다. 게다가 내가 앞에서 말한 것처럼, 생물이나 생물종의 해체가 그 발달의 정반대라는 — 아주 오래되었으며 겉보기에는 그럴듯한 — 이론적 관념은 관찰의 진보 앞에서 사라지지 않을 수 없었다. 그리고 개체에서든 종에서든 생명의 두 경사, 즉 상승과 하강 사이에 그러한 대칭이 없다는 것은 커다란 의미를 지닌다. 그러한 대칭이 없다는 것은 생명이 힘의 단순한 놀이, 말하자면 힘의 그네가 아니라 앞으로의 진전이라는 사실과 진보 관념이 빈 말이 아니라는 사실을 증명해준다. 게다가 현상의 대립, 대칭, 투쟁과 리듬도 현상의 반복과 마찬가지로 진보의 단순한 수단, 즉 **중간항**moyens termes으로 간주하도록 한다.

사회학에서도 이와 유사한 고찰이 적용된다. 어떤 면에서 보면 사회학은 매우 오래되었는데, 처음에는 사회학이 신화학으로 시작하였다. 신화학이었던 만큼 사회학은 역사 속의 모든 것을 공상적인 투쟁으로 즉 선한 신과 악한 신, 빛의 신과 밤의 신, 영웅과 괴물 간의 가공의 거대한 전쟁으로 설명하기를 좋아했다. 형이상학도 신화 못지않게 투쟁을 남용하였다. 형이상학 역시 계열의 대립, 즉 순행과 역행, 인류의 한 방향으로의 발전과 그 다음에 이어지는 반대방향으로의 발전을 생각해냈다. 이 점에서는 플라톤과 인도철학자들이 똑같다. 헤겔이 대립하는 관념들의 깃발 아래 야심차게 일반화하면서 민족들을 분류한 것도, 쿠쟁Victor Cousin*이 동양과 그리스 사이에 무한과 유한이라는 가공의 대립을 세운 것도 과거의 사회학적 대립의 좋은 예이다. 이러한 사고방식은 모두 사라졌다. 지금은 — 특히 일본이 수년 전부터 놀라울 정도로 유럽화 된 이래로 — 소위 아시아인의 타고난 불변성과 유럽인의 타고난 진보성을 대립시키려고 하는 사람은 더 이상 없다.

이미 경제학자들은 전쟁 대신에 경쟁을 역사의 열쇠로 대체하면서 사회과학에 현저한 기여를 하였다. 이때 이 경쟁이란 완화되고 부드러워졌을 뿐만 아니라 작고 늘어난 일종의 전쟁이다. 요컨대 내 관점에서 본다면, 경제학자들이 소비자 간의 경쟁이나 생산자 간의 경쟁

---

* 프랑스의 철학자(1792~1867).

이라고 부르는 것의 밑바탕에서 보아야하는 것은 욕망과 믿음의 경쟁이다. 그리고 이 투쟁을 일반화해 사회생활에서의 언어형태, 종교형태, 정치형태, 예술형태, 도덕형태, 산업형태 등 모든 형태에 확대시켜보면, **진정한 기초적인 사회적 대립**la vraie opposition sociale élémentaire은 각각의 사회적 개인의 내면에서 찾아야한다는 것을 알게 된다. 그 대립은 각각의 사회적 개인이 자신에게 제공되는 새로운 본보기, 즉 새로운 어법, 새로운 의례, 새로운 사상, 새로운 예술유파, 새로운 행동방식을 받아들일지 거부할지 **망설일** 때마다 생겨나기 때문이다. 이러한 망설임, 즉 사람들의 생활에서 매순간 수백만 번 재생되는 내면적인 작은 싸움은 무한히 작으면서도 무수히 많은 결실을 맺는 역사의 대립이다. 이 대립은 사회학에 조용하면서도 깊은 혁명을 일으킨다.

그리고 동시에 이 관점에서 보면, 사회적 대립의 단지 부차적이며 종속적인 성격이 — 그것이 심리적인 형태를 취할 때에도 — 드러난다. 처음에는 나타나지 않은 많은 불균형이나 비대칭성이 확실하게 나타났기 때문이다. 나는 모든 종류의 사회적 사실에서 가역적인 것 réversible과 불가역적인 것irréversible을 구분하지 않으면 안 되었다(이 구분을 반대하는 사람은 거의 없었다). 그리고 불가역적인 것이 언제나 더 많다는 것이 드러났다. 예를 들면, 과학이나 산업에서의 일련의 발견이 그러하다. 또한 모든 사회적 개인의 생활이 무수한 심리적 대립으로 구성되어 있다는 사실 자체로 인해서, 개인의 독특성도 강화된다는 것을 알게 되었다. 그의 개인적인 독특성이란 어떠한 것과도 대립되지 않는 그 자신의 정신인데, 사람들이 민족정신, 또는 (이런 표현을 더 좋아한다면) 언어정신, 종교정신이라고 부르는 것은 그러한 개인의 독특성의 집합적인 생략적 표현이다. 게다가 내가 방금 말한 무한히 작은 요소에서의 이 작은 대립들의 유희에 의해, 사회생활의 미적 측면이 유지된다는 것도 알게 되었다. 이 미적 측면으로 인해 사회생활은 어떠한 것과도 비교할 수 없으며 또 어떠한 것과도 대립하지 않는다.

그런데 이상에서 말한 것은 매우 불완전한 요약된 개관에 불과하다. 이 주제에 깊이 들어가는 것이 중요하다. 이 주제는 지금까지 별로 탐구되지 않았지만, 탐구할 가치가 있는 문제이다. 우선 대립이라는 말의 여러 의미에 대해서 의견을 모아보자. 내 책 『보편적 대립』에서 그 말의 정의와 분류를 제시했기 때문에, 나는 그 내용을 참조하고 싶다. 현재의 우리 관점에서 그 내용을 빠르게 요약해보자. 대립이라는 말은 보통 최대한의 차이로 이해되고 있는데, 이는 잘못이다. 대립이란 실제로 매우 특수한 종류의 반복, 즉 서로 비슷하기 때문에 서로 파괴하기에 적합한 두 비슷한 사물의 반복이다. 따라서 대립물이나 반대물이라고 하는 것은 언제나 하나의 쌍, 즉 이원성二元性을 이룬다. 그것들이 대립할 수 있는 것은 존재나 존재집단(이러한 것은 언제나 상이한 것이며, 어떤 측면에서는 독자적인 것이다)으로서도 아니며, 심지어는 어떤 존재나 서로 다른 존재들의 상태로서도 아니다. 그것들이 대립할 수 있는 것은 **경향**tendances으로서, 즉 **힘**forces으로서이다. 왜냐하면 어떤 형태나 어떤 상태, 예를 들면 오목형과 볼록형, 쾌락과 고통, 추위와 더위를 대립물로 간주한다면, 실제적인 또는 가상적인 힘의 대립 때문에 그러한 상태가 일어난 것이다. 이를 통해 이미 우리는 다음과 같은 것을 알 수 있다. 즉 두 민족 간의, 두 인종 간의, 두 통치형태 간의(예를 들면 공화제와 군주제. 이에 대해서는 몇몇 헤겔주의자를 보라), 서양과 동양 간의, 두 종교 간의 (기독교와 이슬람교), 두 어족 간의(셈어족과 인도유럽어족) 소위 **본성적인** 대립에 근거를 두는 신화학이나 역사철학의 모든 대립명제는 거짓 대립인 만큼 처음부터 제거해야 된다는 것이다. 그것은 모두 우연히 또 부분적으로 옳은 대립에 불과하다. 문제의 사항이 다소 일시적인 환경에서 동일한 관념을 부정(또는 긍정)하거나 똑같은 목적을 원하는(또는 배척하는) 측면에서 본다면 말이다. 하지만 많은 고대철학자가 믿은 것처럼, 사물들 간의 상호적인 반감을 본질적이고 절대적이며 타고난 것으로 여긴다면 이는 공상적인 대립이다.

따라서 모든 진짜 대립은 두 힘, 두 경향, 두 **방향** 간의 관계를 함축하고 있다. 그렇지만 이 두 힘이 실현되는 현상은 두 종류, 즉 질적인 것과 양적인 것으로 나누어질 수 있다. 말하자면 이질적인 국면으로 이루어지거나 동질적인 국면으로 이루어질 수 있다. 일련의 이질적인 국면은 그 어떤 진화이다. 이것은 언제나(옳든 그르든) 가역적인 것으로, 즉 정반대의 길을 따라 역행할 수 있는 것으로 이해할 수 있기 때문이다. 예를 들면 화학자는 일련의 화학적 조작을 통해 나무조각에서 마침내 증류주를 추출할지 모른다. 그렇다고 해서 이것이 일련의 반대조작을 통해 나무조각을 재구성할 수 있다는 것을 뜻하지는 않는다. 그렇지만 그러한 일이 가능하지는 않더라도 적어도 상상할 수는 있다. 이러한 것이 인류의 변화에 관한 고대 철학자들의 꿈이다. 한편, 일련의 동질적인 국면은 사람들이 증가 또는 감소, 성장 또는 쇠퇴, 상승 또는 하락이라고 부르는 특수한 종류의 진화이다. 사회과학이 문명화와 함께 발전하면서, 정밀하게 측정할 수 있는 이러한 종류의 대립이 드러나고 늘어난다는 것은 강조할 필요가 없다. 그러한 대립은 이런저런 주가의 상승과 하락, 이런저런 종류의 범죄, 자살, 출산, 결혼의 증가와 감소, 예금통장의 잔고나 보험으로 계산되는 생활대비의 증가와 감소 등이 파동형태의 곡선으로 기록되는 증권거래소의 곡선이나 통계그래프의 모습으로 나타난다.

나는 방금 계열의 대립(진화와 역진화)과 정도의 대립(증가와 감소)을 구분하였다. 더 중요한 범주를 고찰해야 하는데, 그것은 **기호**signe의 대립, 또는 이 표현을 더 좋아한다면 **정반대의**diamétrales 대립이다. 이 대립은 수학 용어에서 앞서 말한 것과 종종 혼동되고 있다. 왜냐하면 수학 용어에서 마이너스와 플러스는 **양**positif과 **음**négatif의 대립뿐만 아니라 증가와 감소의 대립도 상징하기 때문이다. 그럼에도 불구하고 다음과 같은 것은 여전히 사실이다. 즉 같은 방향으로 향하는 동일한 힘이 증가와 감소를 교대로 나타내는 것은 두 힘 모두 동일한 직선에서 하나는 점 A에서 점B로 향하고 또 하나는 점 B에서 점 A로 향할 때의 그 두 힘의 대립과는 전혀 다른 대립이라는 것이다. 마찬가지로, 어떤 채권값의 증가와 감소 간의 대립은 그 채권값과 그와 똑같은 액수의 채무 간의 대립과 혼동해서는 안 된다. 한 사회에서 절도나 범죄 경향의 증가와 감소는 그 경향과 기부나 선행 경향 간의 대립과 다르다. 마찬가지로 이러한 사회적 대립과 그 밖의 많은 대립에 대해 심리학적 설명을 하기 위해, 다음과 같은 것을 말해 보자: 종교적인 관념이든 과학적인 관념이든 법적인 관념이든 정치적인 관념이든 간에 어떤 관념에 대한 우리의 **긍정적인** 관념이 증가한 다음 감소하는 것은 바로 그 관념에 대해 긍정한 다음 **부정하는** 것과는 전혀 다르다. 그리고 어떤 대상에 대한 우리의 욕망, 예를 들면 어떤 여자에 대한 사랑이 증가한 다음 감소하는 것은 그 동일한 대상에 대해 우리가 원한 다음 반감을 갖는 것, 즉 그 여자를 사랑한 다음 미워하는 것과는 전혀 다르다. 그런데 여기서 다음과 같은 사실을 확인할 수 있는 것은 진짜 흥미롭다. 즉 믿음과 욕망이라는 이 두 주관적인 양은 하나는 양positif 또 하나는 음négatif이라는 두 개의 대립되는 기호를 내포하고 있다는 것이다. 이 점에서 그 두 주관적인 양은 객관적인 양, 즉 동일한 직선에서 반대방향으로 향하는 역학적인 힘에 완전히 비길만하다. 공간은 그러한 식으로 구성되어 있기 때문에, 공간은 서로 대립하는 두 방향의 무수히 많은 쌍을 내포하고 있다. 또한 우리의 의식도 그런 식으로 구성되어 있기 때문에, 우리의 의식은 바로 그 똑같은 대상에 대해서 무수히 많은 긍정과 이와 반대되는 무수히 많은 부정, 무수히 많은 욕망과 이와 반대되는 무수히 많은 반감을 내포하고 있다. 이 이중적인 특성의 일치는 특이한데, 어쨌든 그 이중적인 특성이 없다면, 우주에는 전쟁과 불화가 없을 것이다. 그리고 운명의 모든 비극적인 측면도 생각할 수 없고 있을 수도 없을 것이다.

본질적인 것을 언급하겠다. 계열의 대립이든, 정도의 대립이든, 기호의 대립이든 대립은 동일한 존재(동일한 분자, 동일한 유기체, 동일한 자아)나 서로 다른 두 존재(두 분자나 두 덩어리, 두 유기체, 두 인간의식)에서 구현된 항項들 사이에 일어날 수 있다. 그렇지만 이 두 경우를 잘 구분해야 한다. 이 구분은 우선 마찬가지로 본질적인 또 다른 구분의 관점에서 중요하다. 이때 이 또 다른 구분이란 그 항들이 동시적인 경우와 그 항들이 연속적인 경우를 혼동하지 않는 것이다. 첫 번째 경우에는 충돌, 투쟁, 균형이 있다. 두 번째 경우에는 교대와 리듬이 있다. 첫 번째 경우에는 언제나 파괴와 힘의 손실이 있지만, 두 번째 경우에는 그렇지 않다. 그런데 계열의 대립이든 정도의 대립이든 기호의 대립이든 여하한 대립이 서로 다른 두 존재 사이에 일어날 때, 그 대립은 동시적일 수도 있고 연속적일 수도 있다. 즉 그 대립은 투쟁일 수도 있고 리듬일 수도 있다. 그러나 그 항들이 동일한 존재, 동일한 물질이나 동일한 자아에 속할 경우, 그 대립은 기호의 대립일 때에만 동시적일 수도 있고 연속적일 수도 있다. 이 가설에서 계열의 대립과 정도의 대립은 연속적인, 즉 교대적인 항들로만 이루어져 있다. 예를 들면, 같은 방향으로 움직이는 동체의 속도가 동시에 증가하고 감소하는 일은 일어날 수 없다. 그러한 일은 연속적으로만 가능하다. 그러나 그 동체가 반대되는 두 방향으로 향하는 두 경향에 동시에 자극받는 일은 있을 수 있다. 균형의 경우가 그러하다. 이 경우는 종종 대립되는 형태의 대칭으로 상징되는데, 특히 결정체結晶體에서 볼 수 있다. 이와 마찬가지로, 한 여자에 대한 한 남자의 사랑이 증가하는 동시에 감소하는 일은 있을 수 없다. 그러한 일은 교대로만 가능하다. 그러나 그 남자가 그 여자를 사랑하는 동시에 미워하는 것, 즉 많은 치정범죄로 구현되는 마음의 모순은 있을 수 있다. 어떤 사람의 종교적인 믿음이 동시에 증가하고 감소하는 일은 일어날 수 없다. 그러한 일은 연속적으로만 가능하다. 그러나 그 사람이 자신의 사고 안에서, 어떤 교의에 대한 열렬한 긍정과 마찬가지로 열렬한 암암리의 부정을 동시에 갖는 일은 있을 수 있다. 아마도 이러저러한 기독교 신앙이나 그것을 부정하는 이러저러한 세속적 또는 정치적 편견 같은 교의의 경우가 대부분 그러할 것이다. 마지막으로, 동일한 분자가 어떤 일련의 화학적 변화과정과 그 반대의 변화과정을 동시에 거치는 일은 분명히 있을 수 없다. 동일한 인간이 동일한 일련의 심리상태를 반대되는 두 방향에서 동시에 느끼는 일도 있을 수 없다. 그러한 일은 연속적으로만 가능하다. 이와 반대로 천문학적인 물체나 그 밖의 물체의 체계에서 어떤 천체가 원일점遠日點*에서 근일점近日點으로 오는 동안 다른 천체는 반대로 근일점에서 원일점으로 오는 것, 또는 어떤 물체가 빨라지는 동안 다른 물체가 느려지는 것을 보는 것만큼 흔한 일은 없다. 그리고 사회에서 한 사람의 야심이나 믿음이 늘어나는 동안에 바로 그 똑같은 야심이나 믿음이 다른 사람에게서는 줄어드는 경우나, 또는 어떤 사람이 순회여행을 하면서 일련의 일정한 시각인상을 경험하는 동안 다른 사람은 그 반대 방향으로 여행해 바로 그 똑같은 종류의 감각을 반대로 경험하는 경우만큼 흔한 일도 없다.

이런 식으로 구분된 대립의 각각의 종류에 대해 논의하면 너무 멀리 나가게 될 것이다. 여기에서는 약간의 일반적인 고찰로 그치고 싶다. 우선, **외적 대립**oppositions extérieures(여러 존재 간의, 여러 인간 간의 경향의 대립을 이렇게 부르고자 한다)이 있다면, 그 외적 대립이 가능해진 것은 오로지 **내적 대립**oppositions internes(동일한 존재나 동일한 인간에서의 서로 다른 경향 간의)이 있기 때문이거나 그 내적 대립이 있을 수 있기 때문이다. 이것은 계열의 대립과 정도의 대립에도 해당되고 기호

* 태양 주변을 도는 천체가 태양과 가장 멀어지는 지점. 가장 가까워지는 근일점과 반대 개념이며, 그 위치는 태양과 다른 행성의 중력에 의해서 조금씩 변하게 된다.

의 대립에도 해당되지만, 특히 기호의 대립에 해당된다. 어떤 사람들이나 어떤 집단은 이러저러한 방향으로 발전하는 동안 다른 사람들이나 다른 집단은 반대방향으로 발전한다. 예를 들면 예술에서 어떤 사람이나 어떤 집단이 자연주의에서 관념주의로 발전하는 동안에, 다른 사람이나 다른 집단은 관념주의에서 자연주의로 발전한다. 또 어떤 사람이나 어떤 집단이 귀족제에서 민주제로 발전하는 동안에, 다른 사람이나 다른 집단은 민주제에서 귀족제로 발전한다. 그렇다면 이는 각각의 사람이 그런 식으로 발전할 수도 있고 반대로 발전할 수도 있기 때문이다. 어떤 민족이나 계급에서는 종교적인 믿음이 늘어나는데 반해 다른 민족이나 계급에서는 종교적인 믿음이 감소하는 일이 있다면, 이는 각 개인의 의식에서 그 믿음의 강도의 증가나 감소가 있기 때문이다. 마지막으로 어떤 정파나 종파가 긍정하고 바라는 바로 그것을 다른 정파나 종파가 부정하고 배척한다면, 이는 각 개인의 정신과 마음이 바로 그 똑같은 생각이나 계획에 대해서 **긍정과 부정**, 찬성과 반대를 할 수 있기 때문이다.

그렇다고 해서 내가 **외적 투쟁**을 **내적 투쟁**과 동일시하려는 것은 결코 아니다. 어떤 의미에서는 그 둘은 양립할 수 없다. 왜냐하면 내적 투쟁이 끝났을 때에만, 즉 모순되는 영향들 사이에서 망설인 다음 개인이 선택했을 때, 말하자면 어떤 다른 의견이나 해결책을 받아들이기보다는 이러저러한 의견이나 해결책을 받아들였을 때, 그리고 그렇게 해서 그가 자기 마음에서 평화를 이루었을 때에만, 전쟁은 그 개인과 그와는 반대되는 선택을 한 개인들 사이에서 가능해지기 때문이다. 그렇지만 전쟁이 일어나기 위해서는 이것으로 충분하지 않다. 이

외에 그 개인은 다른 사람들이 자신이 선택한 것과는 반대되는 것을 선택했다는 사실도 알아야 한다. 그렇지 않으면, 동시적인 대립과 연속적인 대립으로 이루어지는 외적 대립은 존재하지 않는 것이나 마찬가지일 것이며 외적 투쟁의 성격도 전혀 나타내지 못할 것이다. 외적 대립을 실제로 드러내는 것은 외적 투쟁이기 때문이다. 종교전쟁이나 종교분쟁이 일어나기 위해서는, 어떤 종교의 각각의 신자가 자신이 긍정하는 바로 그것이 다른 종교의 신자들에 의해 부정된다는 것을 알지 않으면 안 된다. 그리고 이 부정 ─ 모방을 통해 그가 받아들이지 않고, 반대로 그에 의해 배척되는 부정 ─ 이 그의 의식 속에 그 자신의 긍정과 나란히 놓여야 한다. 이때 그의 긍정은 그 부정으로 인해 강도가 더 세진다. 예를 들어 어떤 집을 사려는 희망자들 사이에 경제경쟁이 있기 위해서는, 그 각각의 희망자는 '그 집을 가지려는 자신의 의지가 그가 그 집을 갖지 않기를 바라는 경쟁자들에 의해 방해되고 있다는 것'을 알아야 한다. 그리고 '자신의 경쟁자들은 자신이 그 집을 갖기를 바라지 않는다' 는 것을 알면 알수록 그는 더욱더 그 집을 갖고 싶어한다. 이러한 조건이 없다면, 경쟁 자체가 성립하지 않는다. 여기에서 경제학자들은, 경쟁자들에게서 경쟁의식이 없는 경우와 경쟁의식이 매우 다양한 정도로 있는 경우(경쟁의식이 전혀 없는 경우와는 구분되는 무수히 다양한 정도의 경쟁의식)를 아주 분명하게 구분하지 못하는 잘못을 저질렀다.

　따라서 내가 방금 다음과 같이 말한 것은 옳았다. 즉 기초적인 사회적 대립을 언뜻 생각할 수 있는 것처럼 서로 모순되거나 대립되는 두 개인의 관계에서 찾아서는 안 되고, 논리결투나 목적론적 결투에서 찾아야 한다는 것이다. 이때 논리결투나 목적론적 결투는 명제와 반명제, 의지vouloir와 **무의지**nouloir의 투쟁을 뜻하는데, 이 투쟁이 펼쳐지는 무대는 사회적인 개인의 의식이다. 사실 나에게 다음과 같이 묻는 사람도 있을 것이다: 그렇다면 순전히 심리적인 대립은 어떤 점에서 사회적인 대립과 다른가? 심리적인 대립은 그 원인에서, 특히 그 결과에서 사회적인 대립과 다르다. 원인에서 다르다는 것에 대해 생각해보자. 혼자 있는 사람이 그의 감각에서 겉으로는 모순된 두 지각을 얻을 때, 그는 그 두 감각적 판단 사이에서 망설인다. 한쪽은 저기 보이는 점이 호수라고 말하며, 또 한쪽은 그렇지 않다고 말한다. 바로 이것이 완전히 심리적인 원인에서 생겨나는 내적 대립인데, 이런 경우는 대단히 드물다. 우리는 아주 확실하게 다음과 같이 주장할 수 있다. 즉 대단히 야만적인 부족에서 태어나 매우 고립된 생활을 하는 개인이 느끼는 모든 의심이나 망설임은 그의 뇌에서 간섭하는 두 예의 방사가 그 자신 안에서 만났기 때문에 생겨나거나, 아니면 겹쳐진 한 예의 방사가 하나의 감각지각과 만났기 때문에 생겨난다고 주장할 수 있다. 글을 쓸 때 나는 종종 두 동의어 사이에서 망설인다. 상황에 따라서는 한쪽이 다른 쪽보다 더 낫다고 생각되기 때문이다. 여기에서는 두 모방 광선이 내 안에서 간섭한 것이다. 이 두 모방 광선이란 그 두 말 중 어느 하나를 처음 발명한 사람으로부터 나에게 도달하기까지의 한 계열의 사람들과, 그 다른 하나를 처음 발명한 사람으로부터 나에게 도달하기까지의 다른 계열의 사람들을 뜻한다. 왜냐하면 나는 그 각각의 말을 어떤 개인에게서 배웠으며, 그도 그 말을 다른 사람에게서 배웠고, 그렇게 하다보면 그 말을 발음한 첫 번째 사람으로까지 거슬러 올라가기 때문이다. (다시 한 번 말하지만, 나는 그것을 **모방 광선**rayon imitatif이라고 부른다. 그리고 그 여하한 발명자, 창시자, 혁신자에서 나와 그 예가 퍼져버린 그러한 종류의 광선 전체가 내가 모방 **방사**rayonnement imitatif라고 부르는 것이다. 사회생활은 그러한 종류의 방사가 빽빽하게 교차하는 것으로 이루어져 있다. 그러한 방사 간의 간섭이 무수히 많기 때문이다). 또 다른 예를 보자: 나는 재판관인데, 마르카데 Napoléon Victor Marcadé*나 드몰롱브Charles Demolombe†같은 법학자가 내세운 견해에 따른 일련의 판결에 근거하는 의견과 다른 법학자가 내세운 견해에 따른 또 다른 일련의 판결에 근거하는 반대되는 의견 사이에서 망설이고 있다. 이것 역시 두 모방 광선의 간섭이다. 집을 밝히는데 가스를 쓸지 전기를 쓸지 내가 망설일 때도 마찬가지이다. 그렇지만 어떤 젊은 농부가 일몰을 보고서 그것이 일어나는 이유는 지구운동 때문이지 태양운동 때문은 아니라고 말한 학교 선생님을 믿어야 하는지 아니면 그 반대를 말해주는 그 자신의 감각증거를 믿어야 하는지 잘 모를 때는, 학교 선생님을 통해서 그 자신을 갈릴레이Galileo Galilei와 연결시키는 단 하나의 모방 광선 밖에 없다. 어쨌든 그의 망설임, 즉 그의 내적이며 개인적인 대립이 그 원인에서 사회적이라는 것은 이러한 예로 충분하다.

그러나 순전히 개인적인 대립이 기초적인 사회적 대립(이것도 역시 개인적인 것이지만)과 구분되는 것은 특히 그 결과, 보다 정확히 말하면 그 무효과inefficacité 때문이다. 때때로 개인의 망설임은 그 개인 안

---

* 프랑스의 법학자(1810~1854).
† 프랑스의 법학자(1804~1887).

에 갇혀 있다. 따라서 그의 망설임은 그의 이웃에게 퍼져나가지 않으며 또 그러한 경향도 나타내지 않는다. 이 경우 그 경향은 순전히 개인적인 것에 머문다. 그렇지만 대부분의 경우 의심 자체는 믿음과 마찬가지로 거의 전염적이다. 예를 들면, 광신적인 환경에서 회의적이 되는 사람은 누구나 지체없이 그 자신이 주위에 회의적인 태도를 방사하는 중심이 된다. 이때 그 집단의 각 개인에게 고유한 내적 투쟁상태의 사회적인 성격을 부정할 수 있겠는가?

그렇지만 이 문제를 더 일반적인 관점에서 고찰해보자. 한 개인이 자신의 여러 판단, 의도, 관념, 습관 중 하나 — 예를 들면, 교의, 문장표현법, 무기나 도구의 종류 등 — 와 다른 사람이나 다른 사람들의 판단, 의도, 관념, 습관 사이에 존재하는 모순을 느낄 때, 그는 다음 세 가지 중에서 하나를 선택하게 된다. 첫째, 그는 다른 사람의 뜻에 완전히 몸을 맡기고, 그 자신의 사고방식이나 행동방식을 갑자기 포기한다. 이 경우에는 내적 투쟁이 없고 전투없는 승리가 있었다. 이것은 사회생활을 구성하는 연속적인 모방현상 중 하나에 불과하다. 둘째, 그 개인이 다른 사람의 영향을 반만 받는다. 이것은 우리가 방금 앞에서 고찰한 경우인데, 그때의 충격에 의해 그의 힘은 다소간 방해받거나 마비돼 줄어든다. 셋째, 그 개인은 다른 사람의 관념이나 습관에 반항하거나, 자신과 충돌하는 믿음이나 의지에 반발한다. 그리고 그는 자신이 이미 긍정했거나 원한 것을 더욱더 열렬하게 긍정하거나 원한다. 그러나 자신의 확신이나 열정의 모든 에너지를 바쳐 다른 사람의 본보기를 배척하는 이 마지막 경우에서조차, 그의 마음속에는 불안 즉 내적인 투쟁이 있다. 물론 그것은 앞에서 말한 두 번째 것과는 다른 종류의 내적인 투쟁이다. 앞서 말한 그 두 번째 것이 그를 약하게 하는 것이라면, 이것은 기운을 돋우는 것이기 때문이다. 또한 이 불안은 다른 것보다 더 잘 전염을 통해 퍼지기에 적합하다. 왜냐하면 그것은 개인의 힘을 지나치게 흥분시키는 것이지 마비시키는 것이 아니기 때문이다. 사회가 당파로 분열되는 것은 여기에서 생겨난다. 새로운 당파는 언제나, 그때까지 그들의 환경을 지배했고 그들 자신도 물들었던 것과는 반대되는 관념이나 해결책을 연달아, 즉 다른 사람들을 본받아 받아들인 사람들의 집단으로 형성된다. 또 한편으로 이 새로운 교의는 퍼지면 퍼질수록 더욱더 불관용적이고 강렬해진다. 그렇기 때문에 그것은 전통에 충실하면서 그 새로운 교의와는 반대되는 선택을 한 사람들의 단결을 불러일으킨다. 그 결과 두 광신 집단이 대치하게 된다.

이상에서 본 바와 같이, 회의적이고 무기력한 형태로든 교의적이고 격렬한 형태로든 개인에게서의 대립되는 항들의 병렬은 그것이 모방을 통해 퍼진다는 조건에서 사회적이다. 만일 그렇지 않다면, 다음과 같은 사실에는 사회적인 것이 전혀 없다고 말해야 할 것이다: 벨기에, 스위스, 노르망디 섬들의 국경 부근에서 프랑스어와 독일어, 프랑스어와 영어처럼 두 언어의 경쟁, 또는 마찬가지로 인접해 있는 두 종교의 경쟁이 그러한 사실이다. 그 두 언어 중 어느 하나나 그 두 종교 중 어느 하나가 다른 것을 꾸준히 잠식하는데, 이 잠식은 끊임없는 싸움의 결과이다. 이때 이 싸움은 경쟁하는 사람들 사이에서 일어나는 것이 아니라, 각각의 정신 속에서, 각각의 의식 속에서 경쟁하는 두 어법 사이에, 경쟁하는 두 믿음 사이에 일어난다. 이 언어 충적토나 종교 충적토보다 사회적으로 더 흥미로운 것이 있는가? 따라서 사회적인 모든 것은 심리적인 대립에서 생겨나기 때문에, 항상 거기로 거슬러 올라가야 한다. 그럼에도 불구하고 우리에게 나타나는 대립의 두 형태를 혼동하지 않는 것은 아주 중요하다. 하나는 병렬된 두 항의 싸움이 개인 자체 안에서 일어나는 형태이다. 또 하나는 그 두 항 모두가 개인의 마음속에 병렬되어 있다 하더라도 그가 그 대립되는 두 항 중 하나만 택할 때의 형태이다. 따라서 이때에는 싸움이 다른 사람들과의 관계에서만 일어난다. 여기에서 사람들은 다음과 같은 주제에 대해 궁금해 할 수 있는데, 나는 이미 오래전에 나의 초기 논문 중 하나에서 이 문제를 제기했다[1]: 대립되는 강령이나 교의로 서로 싸우는 것이 사회에 더 나쁜가, 아니면 서로 평화롭게 지내기는 하지만 개인적으로는 회의주의, 우유부단, 의기소침에 사로 잡혀 자기 자신과 싸우는 개인들로 이루어져 있는 것이 사회에 더 나쁜가라는 문제이다. 자기 자신과 싸우는 정신들의 은밀하며 지속적인 전쟁상태를 배후에 숨기고 있는 이 겉치레의 평화가 더 좋은가? 아니면 아주 많은 인명을 빼앗는 전쟁, 종교전쟁, 매우 참혹한 혁명에서의 모든 정치적 열광의 폭발이 그 무기력 상태보다 더 좋다고 말할 것인가? 이 두 해결책 중에서 선택할 수밖에 없는 것이 사실이라면, 사회문제의 해결이 대단히 어려워질 것이라고 고백하지 않을 수 없다. 그런데 사실은 그렇게 보이지 않는가? 즉 사람들은 전쟁터에서 전쟁을 또는 산업경쟁이나 정치경쟁의 무대에서 악착같이 싸우는 것을 일시적으로 멈

---

1 이 논문은 나중에 나의 『모방의 법칙』(제1장, 거의 맨 끝에)에 재수록되었다.

춘다 해도 곧 다시 안절부절하고 우유부단하며 의기소침한 정신들의 깊은 불안 속에 빠지는 것이 아닌가? 말하자면, 서로 모순되는 신부와 신학자 사이에서, 입으로는 존중하는 오래된 준칙과 아직은 명확하게 공식화되지 않은 도덕의 반대되는 실천 사이에서 망설이는 그런 정신들의 깊은 불안 말이다. 그리고 내면적인 갈등, 동요, 모순되는 교의나 행동 사이에서의 번민을 끝내도, 사람들은 자신들의 상이한 선택에 따라 두 진영으로 나뉘어 다시 서로 싸우기 시작한다는 것은 분명하지 않은가? 외적인 전쟁이나 내적인 투쟁 중에서 우리는 어느 하나를 선택할 수밖에 없을 것이다. 이것이 영원한 평화를 꿈꾸는 마지막 사람들에게 주어지는 딜레마일 것인데, 나도 그 중의 한 명이다.

그런데 다행히도 진실은 그만큼 비참하지도 절망적이지도 않다. 외적인 것이든 내적인 것이든 모든 투쟁상태는 항상 한쪽의 최종적인 승리나 평화협정을 바라며, 또 결국에는 거기에 도달한다. 내적투쟁을 의심, 미결정, 불안, 절망 등 뭐라고 부르든 간에, 이 경우에는 명백하다. 즉 여기에서는 투쟁이 언제나 예외적이고 일시적으로 나타난다는 것이다. 그 투쟁을 정상상태로 간주하는 사람은 없을 것이다. 또한 고통스러운 혼란을 동반하는 투쟁이 아주 확고한 판단과 단호한 의지의 지배 아래 규칙적으로 노동하는, 소위 사람들을 나약하게 만드는 평화보다 더 좋다고 판단하는 이도 없을 것이다. 그런데 외적투쟁, 즉 사람들 간의 투쟁의 경우는 다른가? 역사를 잘 이해하면, 전쟁이 언제나 일정한 방향으로 진화한다는 것이 보인다. 수백 번 반복되는 그 방향은 요컨대 가시덤불처럼 뒤덮이고 복잡하게 뒤얽힌 역사에서 아주 쉽게 찾을 수 있다. 그 방향을 보면, 전쟁은 점차 줄어들며 미래에는 사라진다고 예상할 수 있다. 실제로 끊임없이 은밀하게 작용하며, 말하자면 사회적 영역을 확대시키는 모방 방사의 결과로, 사회적인 현상은 계속 확대되고 있으며 전쟁도 이러한 움직임에 참여하고 있다. 부족 간의 전쟁은 그 규모가 매우 작지만 아주 격렬하고 수없이 자주 일어났는데, 이러한 부족 간의 전쟁에서 작은 도시 간의 전쟁, 그 다음에는 큰 도시 간의 전쟁, 또 그 다음에는 점점 커지는 국민 간의 전쟁, 말하자면 그 규모는 좀 더 크지만 증오의 감정이 줄어들었으며 이미 그 횟수도 상당히 적어진 전쟁으로 이행한다. 마침내는 거대한 국가 사이에 매우 드물게 일어나는 갈등의 시대에 도달한다. 이때의 갈등은 규모는 아주 크지만 잔혹함은 없다. 어쨌든 그 국가들의 크기 자체가 평화를 가져다 준다.

나는 여기서 잠시 멈추고 지적하고 싶은 것이 있다. 즉 이처럼 작은 것에서 큰 것으로, 작지만 그 수가 매우 많은 것에서 크지만 매우 드문 것으로 이행하는 것은 전쟁의 진화뿐만 아니라 일반적으로 모든 사회현상의 진화에도 해당되는데, 이러한 진화는 지금까지 지적한 바와 같은 과학의 진화와는 모순되는 것처럼 보인다는 사실이다. 그렇지만 실제로 그러한 진화는 과학의 진화의 반증이자 확증에 불과하다. 그러니까 사실 세계에서는 모든 것이 작은 것에서 큰 것에 이르기 때문에, 사실 세계의 거꾸로 된 거울인 관념 세계에서는 모든 것이 큰 것에서 작은 것에 이르며 또한 분석의 발전을 통해 결국에는 진실로 설명해주는 기초적인 사실에 도달한다.

다시 본론으로 돌아가자. 각각의 단계에서, 즉 각각의 확대(이것은 무엇보다도 진정鎭靜이다)에서 전쟁은 결국 줄어들었거나 적어도 나중에 그 전쟁이 사라지게 하는 데 도움이 되는 방식으로 변했다. 부족에서 도시국가로, 도시국가에서 왕국으로, 다시 제국이나 거대한 연방으로 국가가 확대된다는 것은 점점 확대된 지역에서 싸움이 없어졌다는 것이었다. 지구상에는 언제나 우리 시대에 이르기까지, 그 주민들로부터 오랫동안 일종의 별개의 세계로 간주되어온 지역이 있었다. 비록 좁은 지역이긴 했지만 말이다: 산으로 에워싸인 계곡, 커다란 섬, 대륙의 평지와는 단절된 지역, 나중에는 내해內海의 연안. 그리고 이 소우주가 마침내 모든 지역을 동일한 지배하에 들어가게 한 일련의 정복으로 평정되면, 보편적인 평화화平和化라는 최종적인 목적이자 항구적인 목적이 달성된 것 같았다. 이렇게 해서 사람들은 파라오의 제국에서, 중국의 제국에서, 페루의 잉카제국에서, 태평양의 몇몇 섬에서, 로마제국에서 한동안 쉬었다. 그렇지만 유감스럽게도, 이 매혹적인 목적을 어렴풋이 보자마자 그것은 뒷걸음쳤다. 지구는 사람들이 생각했던 것보다 컸다. 그때까지는 있는지도 몰랐던 강력한 이웃국가들과 관계가 맺어졌는데, 이 관계는 곧 전쟁하는 것이 되었다. 그리고 최종적으로 세계평화를 안착시키기 위해서는, 그들을 정복하든가 아니면 그들에게 정복되든가 해야 했다. 전쟁을 계속하는 것은 결국 평화영역을 점점 넓히는 것이다. 그렇지만 이 확대가 무한히 이루어질 수는 없을 것이다. 이 불안한 환상이 언제까지나 고통을 주지는 않을 것이다. 지구는 한계가 있으며, 우리는 오래전부터 지구에 대해 속속들이 알았기 때문이다. 역사의 법칙이 과거와 현재에 더도 말고 덜도 말고 똑같이 적용된다 하더라도, 우리 시대를 특징짓는 것, 즉 우리 시대를 어떤 의미에서 과거 모두와 근본적으로 구분짓는 것은 문명화된 강대

국들의 국제정치가 그 관심 속에 이제는 예전처럼 한두 대륙이 아니라 처음으로 지구 전체를 포함시켰다는 것이다. 이렇게 해서 전쟁 진화의 종착점이 마침내 드러난다. 이것은 믿을 수 없을 정도로 매우 눈부신 전망이다. 확실히 실현되기는 어렵지만 매우 현실적인 목적에 대한 전망이다. 왜냐하면 이 목적은 더 이상 기만하는 것이 아니기 때문이다. 즉 가까이 다가간다고 해서 뒤로 물러나지 않기 때문이다. 거기에는 모든 사람의 마음을 흥분시키는 것이 없는가? 문명은 평화를 나일 강이나 아무르Amour 강*같은 강변이나 작은 바다의 연안에 정착시켰다. 즉 메치니코프Ilya Ilyich Mechnikov†가 보여준 것처럼, 또 모방 방사의 법칙이 훌륭하게 설명하는 것처럼, 문명은 하천 유역에 있다가 지중해 연안으로 퍼졌다. 그 다음에는 문명이 태평양으로, 말하자면 지구 전체로 퍼졌다. 이제는 문명의 성장에서 위기의 시대가 끝나고 위대한 개화기가 시작될 수 있다.

사실, 전쟁이 없어졌다고 해서 인간 간의 모든 고통스러운 투쟁이 사라지는 것은 결코 아니다. 투쟁은 전쟁과는 다른 형태로 나타나며, 특히 경쟁이라는 형태로 나타난다. 그러나 방금 말한 것은 더 이상 정치적인 종류의 사회적 대립이 아니라 경제적인 종류의 사회적 대립인 경쟁에도 적용될 수 있다. 전쟁과 마찬가지로 경쟁도 작은 것에서 큰 것으로, 즉 매우 많은 수의 아주 작은 것에서 그 수가 많지 않은 아주 큰 것으로 나아간다. 경쟁은 처음부터 세 가지 종류로 나타난다: 동일 제품 생산자 간의 경쟁, 동일 제품 소비자 간의 경쟁, 동일제품 생

* 흑룡 강, 헤이룽 강으로도 불린다.
† 러시아의 생물학자(1845~1916).

산자와 소비자, 즉 판매자와 소비자 간의 경쟁. 왜냐하면 상이한 제품의 경우에는 욕망의 상호적인 대립이 없기 때문이다. 오히려 제품들이 서로 교환될 수 있을 때에는 상호적인 적응이 있다.

그러나 여기에서 우리는 아주 미묘한 주제를 다루고 있다. 아울러 이 주제는 당분간 집산주의*나 그 밖의 관점에서가 아니라 어떤 특별한 측면에서 다루어야 하기 때문에, 의심할 바 없는 하나의 사실에 근거해서 약간의 고찰을 해보자. 경쟁concurrence은 협력concours과 투쟁lutte을 동시에 또는 교대로 의미하는 모호한 말이다. 따라서 이 경쟁이라는 애매한 것을 둘러싸고 사람들 사이에 논쟁이 오래 지속되고 있다. 즉 한쪽의 사람들은 그 대립 측면만을 보면서 경쟁을 비난한다. 또 한쪽의 사람들은 마찬가지로 적응 측면만 보면서, 그 경쟁이 일으킨 문명화하는 발명을 이유로 경쟁을 칭찬한다. 그렇지만 여기에서 우리가 고찰하는 것은 경쟁의 안 좋은 측면이다.

동일제품에 대한 여러 소비자나 여러 생산자의 욕망에서도, 심지어는 서로 대면하는 생산자와 소비자의 욕망에서도 서로 투쟁하거나 대립하는 것은 결코 본질적인 문제가 아니다. 생산자와 소비자는 한쪽이 팔고 싶어하는 것을 다른 한쪽은 사고 싶어한다는 의미에서 언제

---

* 경제적 개인주의에 대한 반대개념으로 개인의 자유방임을 부정하고, 사회 전체의 복지를 실현하기 위해 개인의 자유에 제한을 가할 필요를 인정하는 사상이나 운동을 가리킨다. 좁은 의미에서의 집산주의는 생산수단의 사유私有를 인정하지 않고 사회적 소유로 하지만, 소비는 개인의 자유에 맡겨야 한다는 주장을 의미한다. 생산수단의 사회적 소유를 목적으로 한다는 점에서는 공산주의와 동일한 입장에 서지만, 국가 권력이 개입되지 않은 자유로운 협동조합에 기초를 두는 사회를 직접 목표로 하는 점에서는, 프롤레타리아 독재 국가 권력의 과도적 역할을 주장하는 공산주의와 구별된다.

나 일치한다. 사실 언제나 동일한 가격에 일치하는 것은 아니지만, 그들을 일치시키고 그들 간의 논쟁을 멈추게 하는 가격은 언제나 있다. 각각의 생산자에게 그 나름의 고객과 판로가 있지만 그 고객과 판로가 그의 생산량만큼 순간적으로라도 확대될 수 없다면, 생산자들의 욕망은 서로 대립하지 않는다. 생산수단이 확대되어 각각의 생산자가 더 많이 생산해 다른 사람의 생산을 가로채고자 하는 한에서만, 생산자들은 대립하게 된다. 사실 문명은 활동수단을 끊임없이 확대하는 효과가 있기 때문에, 동일제품 생산자 간의 이러한 투쟁은 불가피하며 점점 더 생생해지지 않을 수 없다. 어떤 제품에 대한 소비자의 욕망에 대해서는 다음과 같이 말할 수 있다. 즉 동일한 제품을 구입하려는 경쟁자들은 그 제품의 생산이 소비와 똑같은 속도로 진행될 수 있다면 서로 해치기는커녕 서로 돕는다는 것이다. 왜냐하면 자전거를 사고 싶어하는 사람들이 많을수록 자전거 가격은 떨어지기 때문이다. 소비자들의 욕망이 실제로 대립하는 것은 다음과 같은 경우뿐이다. 즉 사람들이 찾는 물건의 공급이 수요보다 적을 경우(이런 경우는 생활필수품과 사치품에서 상당히 자주 일어난다)와 그 물건에 대한 욕망이 유행의 전염을 통해 늘어나는 속도만큼 공급이 빠르게 늘어나지 못하는 경우이다.

그건 그렇고, 방금 말한 우리 생각으로 돌아가기 위해 다음과 같이 언급하고 싶다. 즉 여기에서 구분한 세 가지 종류의 경쟁 각각이 앞에서 지적한 법칙과 일치한다는 것이다. 아주 작은 원시적인 시장에서 판매자와 구매자 간의 작은 거래가 끊임없었으며 무수히 많았다. 점차 그러한 거래는 없어지고 큰 거래로 대체되었다. 시읍면 의회에서 밀이나 고기에 세금을 부과한 것이 그러한 거래를 일으켰다. 그리고 그것은 또 다시 없어졌는데, 이는 그것이 더 큰 거래로 대체되었기 때문이다. 이러한 대체가 생겨난 것은 관세의 부과나 폐지를 통해 전국적인 대다수 생산자나 소비자의 이익을 지키려는 법안을 둘러싼 정부 의회의 논의 때문이다. 소위 소비협동조합, 말하자면 소비자와 생산자가 하나가 되는 조직은 소비자와 생산자 간의 경쟁을 끝내려는 욕구에서 생겨났다. 이 소비협동조합도 계속 발전하고 있다. 구매자 사이에서도 경쟁은 계속 확대되고 있다.[2] 아주 작은 원시적인 시장에서는 한 부대의 밀이나 한 마리의 가축을 둘러싼 경쟁이 몇몇 사람에게 한정되었다. 이 수많은 작은 경쟁은 이해관계자들의 단결이나 대부분의 경우 지역의 작은 독점업체에 의해 끝났다. 그 뒤를 이어 시장이 확대되고 그 수가 줄어들면서 더 확대된 경쟁, 그리고 점점 더 확대되는 경쟁이 나타났다. 그렇지만 이러한 경쟁도 역시 때로는 농업조합과 같은 중요한 조합에 이르렀거나, 또 때로는 훨씬 더 방대한 독점업체, 즉 우리가 알고 있는 것과 같은 거대한 **트러스트**trusts*나 **카르텔**cartels†에 이르렀다. 그렇지만 여기서는 지금까지 가장 많이 연구되었고 실제로도 가장 치열한 경쟁에 대해서 고찰해보자. 왜냐하면 생

---

2 오늘날 흉작 때에는, 크림 반도[우크라이나 남쪽, 흑해로 돌출해 있는 반도 – 옮긴이]나 아메리카의 오지 마을에서 한 부대의 밀을 둘러싸고 옛날처럼 그 마을 인근의 몇 사람이 경쟁하는 것이 아니라 유럽 모든 국가의 상인들이 경쟁한다. 마찬가지로 평상시에도, 예를 들면 거의 알려지지 않은 프랑스 고성에 보존되어 온 훌륭한 그림이나 고서조차, 그것을 사려는 사람들이 이젠 더 이상 고성 인근의 몇몇 애호가나 그 지방의 애호가 또는 프랑스 전국에 있는 애호가가 아니라 아메리카의 억만장자들이라는 사실은 현재 꺼릴 일이 아니다.

산자 간의 경쟁이 가장 의식적으로 행하는 것이기 때문이다. 생산자 간의 경쟁은, 처음에는 나란히 존재했고 서로 간에 교류도 거의 없는 아주 작은 시장을 둘러싸고 다투는 영세상인들 간의 무수히 많은 경쟁으로 시작하였다. 그러나 이 아주 작은 시장들은 그것들 간의 장벽이 낮아지면서 규모가 더 커지고 그 수는 더 줄어든 시장으로 흡수되면서, 그때까지 경쟁하던 작은 가게들도 자발적이든 강제적이든 간에 규모가 더 커지고 그 수는 더 줄어든 공장으로 통합되었다. 이러한 공장에서는, 예전엔 서로 질투하며 대립되었던 생산자노동이 현재 조화롭게 조정되고 있다. 그리고 이 공장들의 경쟁이 더 큰 규모로 옛날 가게들의 경쟁을 재생하고 있다. 결국 시장들은 단일시장이 되는 경향이 있기 때문에, 그 시장들은 점차적인 확대를 통해 산업과 상업의 몇몇 거인에 도달한다. 이 거인들도 서로 의견이 일치하지 않는 한, 자기들끼리 경쟁한다.

요컨대 경쟁은 계속 확대되는 동심원 형태로 발전된다. 그러나 경쟁 확대의 조건이자 존재이유는 연합[l'association]의 확대이다. 여기에서 연합이냐 독점이냐 하는 양자택일을 반대하는 사람도 있을 것이다. 좋다. 그렇지만 독점은 경쟁 문제가 내포하는 두 해결책 중 하나에 불과하다. 이는 제국으로의 통일이 전쟁 문제의 두 해결책 중 하나에 불과한 것과 같다. 이러한 문제들 중 경쟁 문제는 개인들의 연합

---

* 같은 업종의 기업이 경쟁을 피하고 보다 많은 이익을 얻을 목적으로 자본에 의하여 결합한 독점 형태. 가입 기업의 개별적인 독립성은 없어진다.
† 기업 상호 간의 경쟁의 제한이나 완화를 목적으로 동종 또는 유사산업 분야의 기업 간에 결성되는 기업담합형태. 기업연합이라고도 한다. 가맹기업은 카르텔 협정에 의해 일부 활동을 제약받지만, 법률적 독립성은 잃지 않는다.

으로 해결될 수 있으며, 전쟁 문제는 국민들의 연합으로 해결될 수 있다. 게다가 독점 자체도 너무 확대되면 완화된다. 그리고 몇몇 종류의 생산에서 독점이 세계적이 된다면 — 이것은 독점이 지향하는 목표이다. 폴 르로이 보리외Paul Leroy-Beaulieu* 씨는 이것은 영원히 또 절대로 도달할 수 없다고 판단하는데, 나는 그가 틀렸다고 생각한다[3] — 아마도 어떤 경우에는 독점이 그 이전의 첨예한 경쟁상태보다 참을 만한 것이 될 것이다. 경쟁은 적어도 부분적이며 상대적인 독점을 추구하거나 아니면 경쟁자들의 연합을 추구한다. 이는 전쟁이 패배자의 괴멸을 추구하거나 아니면 그와의 우호 조약을 추구하는 것과 같다. 즉 전쟁이 이 두 경우 모두에서 적어도 부분적으로나 상대적으로나 평화를 추구하는 것과 같다. 정복국가들의 강대화強大化는 그렇게 하

* 프랑스의 경제학자(1843~1916).

---

3 독점은 언제나 부분적이며 상대적이다. 폴 르로이 보리외 씨가 경쟁은 결코 절대적이며 완전한 독점에 도달하지 못한다고 말한 것은 확실히 옳다. 그가 인용하는 예는 큰 백화점들이다. 예를 들면 봉 마르셰 백화점은 많은 작은 상점과의 경쟁에서 이긴 다음 루브르 백화점, 프랭탕 백화점, 사마리텐 백화점 등과 경쟁하였다. 이 예는 언뜻 보면 대단히 설득력 있는 것 같다. 그러나 실제로, 그 각각의 상업 거인은 수많은 작은 상점이 서로 차지하려고 다투었던 상황을 일정한 범위에서 또 일정한 정도 독점하였다. 각각의 큰 백화점은 지역에서 그 고유의 고객을 갖고 있으며, 이들은 일시적인 기분이나 유행 등 여하한 이유로든 그 백화점에 전적으로 충실하다. 대부분의 경우 이는 순전히 다음과 같은 이유 때문이다. 즉 그 백화점이 **이런저런 품목과 관련해** 경쟁자들보다 질에서 우세하다는 평판을 갖고 있기 때문이다. 실제로 큰 백화점들 사이에 벌어지는 소위 이러한 경쟁 — 이 경쟁이 그들 간의 협정으로 쉽게 완화되고 경감될 수 있는 경우를 제외한다면 말이다. 이 협정은 그 큰 백화점의 수가 적다는 것을 고려한다면, 예전의 아주 많은 작은 상점들 간에 이루어지는 것보다 훨씬 더 쉽다 — 은 점점 더 단순한 분업이 되는 경향이 있거나, 보다 정확히 말하면 그 큰 백화점들이 공유했거나 조금씩 공유하는 부분적인 독점의 분배가 되는 경향이 있다.

는데 도움이 되었다. 중세의 봉건영토를 대신해 등장한 근대의 큰 국가들은 아주 불완전하고 지금까지 매우 짧은 평화를 유지시켰다. 하지만 이 평화의 범위와 기간이 커지려 한다. 현재의 엄청난 군비가 커지려는 것처럼 말이다. 경쟁이 독점(또는 연합)에 도달한다는 것을 부정하며 그 비방자들로부터 경쟁을 옹호하는 것은, 그 의도와는 반대로 경쟁이 내세울 수 있는 단 하나의 변명거리를 거부하는 것이다. 이것은 마치 군사주의를 이에 대한 비난으로부터 옹호하기 위해, 전쟁이 승리의 결과로 평화를 가져다주지는 않는다는 것을 증명하려고 애쓰는 것과 같다. 사실, 전쟁 후에 평화가 이어지는 것은 전쟁이 평화 자체에서 더 큰 규모로 다시 태어나기 위해서 만이다. 마찬가지로 경쟁도 연합 속에서 일시적으로 약해지는 것은, 경쟁이 협력 자체에서 다시 태어나 연합체 간의, 동업조합 간의, 조합 간의 경쟁 형태로 나타나기 위해서 만이다. 그렇지만 이렇게 해서 마침내는 거대한 연합체에 도달한다. 이 연합체들은 더 이상 커질 수 없기 때문에 서로 싸운 다음에는 통합될 수밖에 없을 것이다.

사회적 투쟁의 세 번째 큰 형태가 있는데 그것은 논쟁discussion이다. 아마도 이 논쟁은 앞의 것들 속에 포함되어 있을 것이다. 그런데 전쟁과 경쟁이 논쟁이라면, 전쟁은 살육행위의 논쟁이며 경쟁은 파산행위의 논쟁이다. 순전히 말로만 하는 논쟁에 대해 한마디 해보자. 논쟁이 발전한다면 ― 사실 작은 사적인 많은 논쟁은 발전하지 않고 그 자리에서 죽어버리는데, 이는 아주 다행이다 ― 그것 역시 방금 말한 대로 발전한다. 여기에서는 그 현상이 잘 보이지 않지만 말이다. 문제를 상이하게 해결한 두 사람 사이에 말의 논쟁이 가능해지는 것은 동일한 뇌에서 대립하는 두 관념 사이에 정신적인 논쟁이 끝났을 때라는 것을 잊지 말아야 한다. 마찬가지로 두 사람 간의 말의 논쟁이 인간 집단 간의 그리고 점점 더 커지는 집단 간의 구두, 필기, 인쇄물을 통한 논쟁으로 대체된다면, 이는 그 두 사람 간의 논쟁이 끝나고 그들이 속하는 각각의 집단 안에서 상대적이며 일시적인 타협이 일어난다는 조건에서이다. 즉 처음에는 서로 싸우는 수많은 작은 파벌, 작은 부족, 작은 종파, 작은 집회, 작은 학파로 분열되었지만, 마침내는 수많은 논란을 거듭한 후 매우 소수의 커다란 당파, 커다란 종교, 커다란 의회 집단, 커다란 철학파나 예술 유파 사이에서 최후의 결전이 일어난 다음 일종의 만장일치가 생겨난다는 조건에서이다. 가톨릭 교회에서의 교의의 일치도 이런 식으로 해서 조금씩 확립된 것이 아닌가? 교회 초기의 2, 3세기에는 각 지역 교회의 신자들 사이에 때로는 피를 흘릴 정도로 매우 격렬한 논쟁이 무수히 일어났지만, 이러한 논쟁들은 마침내 하나의 작은 신조로 일치되었다. 그러나 이 신조도 이웃 교회의 신조와 몇 가지 점에서 불일치하게 되면, 관할 구역에서 토론회나 공의회가 열려 그 난점들이 해결되었다. 거기에서도 때때로 서로 의견이 다르게 되면, 그들의 논쟁거리는 국가 공의회나 세계 공의회로 보내지지 않았는가? 고대 프랑스의 군주제 형태로의 정치적 일치도 이와 똑같이 이루어졌으며, 민주주의 방향으로의 새로운 프랑스의 정치적 일치도 마찬가지 방식으로 이루어지고 있는 중이다. 내가 기꺼이 언어적 일치라고 부르려는 것, 즉 방언들 간에 경쟁하고 지방 사투리가 정통적인 순수주의에 반항한 다음 이루어진 국가 언어의 통일도 다르게 확립되지 않았다. 법의 일치도 오래전부터 비슷한 방식으로 이루어졌다. 처음에는 수없이 많은 국지적인 관습이 수많은 권리 다툼을 제각기 해결하였다(소송 기록이 보여주는 것처럼, 모든 다툼을 해결한 것은 아니지만 말이다). 국지적인 관습들은 상호 충돌을 거쳐 몇 개의 지역 관습으로 흡수되었으며, 이 지역 관습들은 마침내 국가의 획일적인 입법으로 대체되었다. 과학의 일치는 상당한 정도로는 과학자들 사이에 또는 과학상의 학파들 사이에 누그러졌다가 되살아나는 일련의 논쟁을 통해 천천히 이루어지는데, 이 과학의 일치도 똑같은 고찰의 기회를 줄 것이다.

　모든 논쟁 형태 중에서 주목할 만한 것이 하나 있는데, 그것은 법률 논쟁, 즉 소송(민사소송이든 상사商事소송이든)이다. 소송도 점점 커지며 또 그 확대 자체에 의해 완화로 향한다는 것은 사실인가? 그렇다. 이러한 주장은 처음에는 이상하게 보일 수도 있다. 우선, 원시인들에게서는 확실히 소송이 사적인 전쟁과 구분되지 않았다. 사실, 국가의 재판관이라는 지고의 존재가 없다면 소송인 간의 분쟁 대부분은 주먹질로 끝나버릴 것이다. 소송은 완화된 결투이자 맹아 상태의 전쟁이다. 그리고 반대로 전쟁은 국가 간의 소송이며, 초국가적인 권위가 없기 때문에 자연스럽게 발전한 소송이다. 따라서 현재의 재판관 앞에서의 법정 다툼을 당사자들이 무장한 전사였던 중세의 다툼이나 게르만 부족들의 다툼과 비교한다면, 분쟁의 격렬함이 끊임없이 완화되었다는 것을 확신할 수 있을 것이다. 부언하면, 그 격렬함이 확대 자체에 의해 누그러졌다. 실제로 국지적인 관습이 지방 관습으로 대체되고 마침내 전국적인 법률로 대체되면서, 법률 문제가 확대되었다고 말할 수 있다. 법적 통일의 단계를 하나씩 거칠 때마다 소송의 각

형식, 즉 정반대되는 두 의견을 둘러싼 법률상의 어려움은 보다 일반적인 성격을 취하기 때문이다. 그렇지만 각 종류의 법률 논쟁은 이처럼 일반화 되면서 그 종착점에 도달한다. 이 종착점이란 그러한 종류의 소송의 원천을 메마르게 하는 최고재판소의 판결이다. 금세기만 하더라도 얼마나 많은 그런 원천이 말라버렸는가!

　어쩌면 다음과 같이 반박하는 사람이 있을지도 모른다. 즉 사람들은 문명화될수록 더욱더 논쟁적이 되며, 따라서 공적인 논쟁, 말하자면 신문에서의 논쟁이나 의회에서의 논쟁이 사적인 구두 논쟁을 대신하기는커녕 오히려 그 구두 논쟁을 더 활성화 시킬 것이라고 말이다. 이러한 반론은 옳지 않을 것이다. 야만인이나 미개인이 토론을 거의 하지 않는 것은 — 그들의 논쟁 대부분이 싸움이나 전투로 변질되는 것을 고려한다면, 이는 아주 다행스러운 일인데 — 그들이 말하지 않기 때문이다. 그들이 이른바 생각하지 않기 때문이다. 그들의 관념의 수가 대단히 적다는 것을 고려할 때 놀라운 것은 그들이 비교적 자주 충돌한다는 것이다. 또한 어안이 벙벙해지는 것은 이해관계가 크게 다르지 않는데도 사람들이 소송하기를 아주 좋아한다는 것이다. 이와 반대로 감탄할 만한 것인데도 주목받지 못하는 것이 하나 있는데, 이것은 바로 다음과 같은 사실이다. 즉 그것은 우리의 문명화된 도시에서는 대화와 독서를 통해 우리에게서 흐르고 있는 관념의 대대적인 홍수에도 불구하고, 요컨대 논쟁이 별로 없으며 또 논쟁이 있더라도 그 논쟁이 별로 생생하지 않다는 사실이다. 사람들이 그토록 많이 생각하고 그토록 많이 말하는데도 논쟁하는 일은 거의 없으며 또 그토록 많이 활동하는데도 소송하는 경우가 거의 없는 것은 실로 놀라지 않을 수 없는 일이다. 이는 매우 붐비며 혼잡한 도로에 자동차 사고가 별로 없고 또 매우 복잡하며 폭넓은 현대의 국제관계에서 전쟁이 거의 일어나지 않는 것과 같다. 그러면 과연 무엇이 우리로 하여금 그토록 많은 점에서 거의 일치하도록 하였는가? 그것은 오랜 시간을 통해 연속적으로 다듬어진 세 개의 위대한 사물이다. 즉 종교, 법률, 과학이다. 게다가 주목해야 하는 것은 문명화된 국가에서는 공적인 논쟁이 중요성, 분명한 이익, 격렬함 자체에서도 사적인 논쟁보다 훨씬 더 우세하며 미개 국가에서는 그 반대라는 사실을 주목해야 한다. 오늘날 의회에서는 논쟁이 점점 더 격렬해지는 반면에, 카페나 살롱에서는 논쟁이 부드러워지고 있다.

　요컨대 우리 인간사회의 투쟁적 대립에는 전쟁, 경쟁, 논쟁이라는 세 가지 주요형태가 있다. 이 세 형태는 모두 동일한 발전 법칙에 따르는 모습을 나타낸다. 즉 그것들은 진정鎭靜이 간헐적으로 나타나면서 점차 커지는 국면과 불화가 증대하고 한곳으로 집중되는 국면이 교대로 나타나다가 마침내는 최종적인 일치, 적어도 상대적인 일치에 도달한다. 이미 여기에서 다음과 같은 결론이 나온다. 그리고 우리는 그렇게 생각할 다른 많은 이유가 있다. 즉 투쟁적 대립은 생물계와 물리계에서와 마찬가지로 사회계에서도 점차 사라질 운명에 있는 중간항 역할밖에 하지 못한다는 것이다. 말하자면 그것은 그 자신의 확대로 인해 고갈되고 제거되며, 이 확대도 그 자신을 파괴하는 하나의 과정이다. 그러므로 내가 현상의 반복, 대립, 적응이라고 부른 우주의 이 커다란 과학적 측면 간의 진정한 관계가 어떠한 것인지를 확실하게 말할 때가 왔다. 아니, 보다 분명하게 다시 말할 때가 왔다. 대립과 적응은 반복에서 생겨나며, 대립은 보통 — 항상 그런 것은 아니지만 — 반복과 적응 사이의 중간항이다. 물리적인 힘들이 서로 간섭하거나 결합하면서 서로 적응하는 것은 그 힘들이 파동적 반복을 통해 기하급수적으로 퍼지거나 퍼지려는 경향이 있기 때문이다. 그리고 그 힘들의 충돌로서의 간섭interférences-chocs은 그 결합으로서의 간섭interférences-alliances, 즉 그 조합combinaisons을 마련해주는 데에만 쓸모 있는 것 같다. 생물종들은 각각의 개체 표본의 유전적 반복을 통해 기하급수적으로 퍼지려는 경향이 있기 때문에, 그 생물종들은 결실을 맺는 행복한 교잡에서든 아니면 다윈주의자들이 잘 연구한 생존경쟁에서든 서로 간섭한다. 그런데 이 다윈주의자들은 생물의 간섭을 그 파괴적인 측면에서만 이해했기 때문에, 그들은 그러한 측면이 새로운 종의 창조, 말하자면 오래된 종의 재적응의 유일한 또는 주된 원리라고 보았다. 그렇지만 이러한 견해는 분명히 과장된 것이다. 또한 교의, 어법, 과학 원리, 습속, 기도, 산업 공정 등 그 여하한 사회적 사물도 모방적 반복을 통해 기하급수적으로 퍼지는 경향이 있기 때문에, 그것들은 행복하게든 불행하게든 서로 간섭한다. 말하자면 그 사회적 사물들이 어떤 뇌에서 만나 불협화음을 일으킬 경우, 그것들은 전쟁, 경쟁, 논쟁이라는 사회적 대립의 최초의 싹인 논리적 또는 목적론적 결투를 일으킨다. 그리고 그 사회적 사물들이 천재적인 뇌나 보통의 뇌에서라도 만나 조화를 이룰 경우에는 발명이나 결실을 맺는 창의라는 진정한 논리적 결합을 낳아 모든 사회적 적응의 원천이 된다.

반복, 대립, 적응은 순환하는, 즉 끝없이 돌 수 있는 한 계열의 세 항이다. 왜냐하면 기초적인 사회적 적응인 발명은 모방을 통해 반복되면서 퍼지고 확립되기 때문이다. 이러한 발명은 그 모방 광선 중 하나가 오래된 것이든 새로운 것이든 다른 발명에서 나오는 모방 광선과 만나 새로운 투쟁을 일으키는 경향이 있거나, 아니면 직접적으로 또는 그 투쟁을 통해 더 복잡한 새로운 발명을 불러일으키는 경향이 있다. 이때 이 더 복잡한 새로운 발명도 역시 곧 모방을 통해 퍼지며, 이러한 과정은 무한히 이어진다. 여기서 주의하지 않으면 안 되는 것은 투쟁적 대립의 사회적 요소인 논리적 결투도 적응의 사회적 요소인 논리적 결합과 마찬가지로 사회화되고 일반화되어 확대되기 위해서는 모방적 반복이 필요하다는 것이다. 하지만 거기에는 다음과 같은 차이가 있다. 즉 논리적 결투의 경우, 두 관념 간의 내적인 불일치 상태나 한 사람은 이것을 선택하고 다른 사람은 저것을 선택하는 두 사람 간의 외적인 불일치 상태가 모방을 통해 퍼지면 그 불일치는 반드시 약해지며, 또 어느 정도 시간이 지나면 그 불일치가 멈춘다. 왜냐하면 모든 싸움은 힘을 소진시켜 어느 한쪽의 승리로 끝나기 때문이다. 반면에 논리적 결합의 경우, 새로운 진리의 영감으로 실현되는 내적인 동시에 외적인 조화 상태는 우리의 이전 지각을 종합하며 아울러 그 영감이 빛나는 것을 보는 우리의 정신과 다른 모든 정신을 일치시키는데, 그 조화 상태의 모방적 전파는 멈출 이유가 전혀 없기 때문에 계속 전진하면서 강해진다. 따라서 세 개의 항을 비교하면, 첫 번째 것인 반복과 마지막 번째 것인 적응은 높이, 깊이, 중요성에서 또 어쩌면 지속 기간에서도 두 번째 것인 대립을 훨씬 넘어설 것이다. 두 번째 것, 즉 대립의 유일한 유용성은 창조적인 재능을 생기게 하는 데 적합한 적대적인 힘들 간의 긴장을 유발하는 것이다. 예를 들면 군사상의 발명은 어느 한 진영에 승리를 가져다주기 때문에 전쟁을 일시적으로 종결시킨다. 산업상의 발명은 경쟁하는 기업들 중 어느 하나가 그 발명을 채택하거나 독점함으로써 그 기업에 승리를 확실하게 해주어 경쟁을 일시적으로 종결시킨다. 철학, 과학, 법학, 미학 등 여하한 것에서든 발명은 나중에 새로운 논쟁을 일으킬지도 모르지만 수많은 논쟁을 단번에 해결한다. 이것이야말로 대립의 유일한 유용성이자 존재이유다. 그러나 대립의 이러한 부름에 발명이 응답하지 않는 경우가 얼마나 많은가! 전쟁이 천재를 자극하기보다 쓰러뜨리는 경우가 얼마나 많은가! 그리고 얼마나 많은 재능들이 신문상의 논쟁으로, 의회에서의 토론으로, 국회에서의 헛된 싸움으로 고갈되는가! 우리가 뭔가 말할 수 있다고 한다면 — 이것은 앞에서 말한 것을 뒷받침해줄 수 있는데 — 그것은 투쟁의 세 형태 중 그 각각이 우세했던 시대의 역사적 순서가 그 각각의 투쟁을 해결하는 방법이 생겨난 순서와 일치한다는 것이다. 실제로, 전쟁이 우세했던 시대에서 경쟁이 지배하는 시대로, 그 다음에는 논쟁이 지배하는 시대로 이행한다. 게다가 문명화되는 사회에서는 교환이 경쟁보다 더 빨리 발전하며, 또 대화가 논쟁보다, 국제주의가 군사주의보다 더 빨리 발전한다. 우리는 지금까지 투쟁으로서의 대립, 즉 서로 충돌하는 동시적인 두 항 사이에 일어나는 대립에 대해서만 말하였다. 리듬으로서의 대립opposition-rythmes의 경우, 이것은 양적인 것이든 질적인 것이든 상관없이 상승에서 하락으로 또는 전진에서 후퇴로 또 그 반대로 향하는 연속적인 항들로 이루어진다. 언뜻 보면, 리듬으로서의 대립이 투쟁으로서의 대립보다 이해하기 더 쉬운 것 같다. 왜냐하면 리듬으로서의 대립은 힘들 간의 상호적인 마비와 파괴가 아니기 때문이다. 그렇지만 그 대립을 자세하게 살펴보면, 찬성과 반대를 교대로 행하거나 긍정과 부정을 교대로 말하는 이 힘의 왕복은 서로 만나 균형을 이루는 두 힘 간의 충동보다 이해하기 더 힘들다. 왜냐하면 적어도 투쟁으로서의 대립에서 그 파괴적인 간섭은 의도적이지 않은 우연적인 성격을 갖고 있기 때문이다. 그리고 우리가 아는 바와 같이 그 파괴적인 간섭은 물체의 그림자처럼 창조적인 간섭과 거의 분리될 수 없다. 대립되는 경향들, 즉 외부로부터의 상반된 암시들이 우리 안에서 균형을 이루며 서로 중화되어 우리의 자연스러운 독특성이 나타날 기회가 생겨나는 것은 차치하고라도, 아마도 바로 그것이 투쟁을 정당화하는 가장 좋은 이유 중 하나일 것이다. 그러나 질적인 리듬이든 양적인 리듬이든, 리듬은 힘들이 좋아하며 또 그것들이 원한 정상적인 놀이인 것 같다. 그리고 고백컨대 이 왕복운동, 즉 단순한 상하운동이 대규모로 일어난다고 생각해야 할 진지한 이유가 있다면, 말하자면 해체가 바로 진화의 반대이고 퇴행이 진보의 반대이며 아울러 모든 것이 전체적인 방향도 없이 무한히 다시 시작한다고 생각해야 할 진지한 이유가 있다면, 나는 쇼펜하우어적인 절망에 사로잡힐 것이다. 그러나 다행히도 그렇지는 않다. 리듬, 어느 정도 정확하고 규칙적이며 진짜 그 이름에 걸맞은 리듬은 어디에서나 현상의 세부에서만 나타난다. 그러한 리듬은 현상이 정확하게 반복되기 위한 조건이자, 또한 그 반복을 통해 변화가 생겨나기 위한 조건이기도 하다. 천체의 인력은 그 타원 궤도의 왕복운동에서만 반복된다. 음파나 광파도 직선이든 원형이든 타원이든 그 왕복의 비율로밖에는 반복되지 않는다. 근육세포의 수축이나 신경세포의 반응도 마찬가지로 그 출발점으로 되돌아오는 작은 순환 과정을 통해서만 하나의 근육에서 또는 신경을 따라서 반복될 뿐이다. 그리고 볼드윈Baldwin은 최근 모방 역시 '하나의 순환적인 반응'이라는 것을 증명했으며, 모방을 다음과 같이 정의할 수 있다고 말하였다: "똑같은 상태를 **다시 가져올** 수 있는 자극에 도달하려고 하며, 그 똑같은 상태가 다시 동일한 자극을 추구하는 일종의 근육 반응이다." 내가 이 인용문을 끄집어낸 책에서 볼드윈은 모방이라는 말을 내가 그것에 부여한 의미보다 훨씬 더 넓게 확대하고 있다. 즉 그는 모방이라는 말을 모든 사회적 기능뿐만 아니라 모든 생물적 기능도 그 속에 포함시킬 정도로 일반화하면서, 다음과 같이 쓰고 있다: "우리가 모방이라고 부르는 **순환적인** 반응이나 반복은 모든 운동 행위에 언제나 기본적이며 공통된 하나의 유형이다." 그러나 반복, 즉 현상의 규칙적인 걸음은 그 현상의 여정, 즉 진화의 조건에 불과하다. 이 현상의 진화는 언제나 다소 불규칙하고 생동감이 넘치는데, 그 진화가 길어질수록 더욱더 그러하다. 그렇지만 리듬의 왕복운동은 그 걸음에서만 어느 정도 정확성을 나타낼 뿐, 그 여정에서는 결코 정확성을 나타내지 않는다. 이것은 양적 리듬의 경우에도 그러한데, 통계학은 발전 과정에 있는 문명에서 그 일반적인 상승과 하락을 측정할 수 있다. 여기에서는, 확인되는 증가와 감소가 똑같거나 유사한 경우는 대단히 드물다. 예를 들면 주가 같은 자산, 종교적 믿음, 교육, 범죄 등에 관한 상승 곡선이 똑같은 성질과 똑같은 템포의 하강 곡선에서 거꾸로 반영되는 경우는 대단히 드물다. 이것은 통계학자들에게는 아주 잘 알려져 있다. 나는 다른 곳에서* 많은 사회진화, 특히 가장 중요한 사회

진화의 불가역적인 성격을 지적한 바 있다. 다시 반복하지 않겠다.

　다음과 같이 결론짓자. 대립은 그 두 큰 형태에서 순전히 보조적이며 중간적인 성격을 보여주는 동시에 점점 더 두드러지게 나타낸다: 리듬으로서의 대립은 직접적으로는 반복에, 간접적으로는 변화에 소용될 뿐이다. 그리고 변화가 나타나면 그것은 사라진다. 투쟁으로서의 대립은 적응을 일으키는 데에만 유용하다. 지금부터는 이 적응에 관심을 둘 것이다.

＊『모방의 법칙』

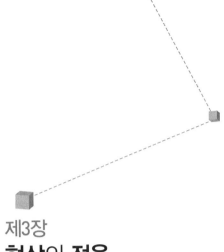

제3장
현상의 적응

앞의 두 장에서 제시한 설명으로 우리는 이미 이 '적응'이라는 말의 진정한 의미를 이해할 준비를 마쳤다. 이 말은 과학이 고찰하는 우주의 가장 심층적인 측면을 표현한다. 여기에서도 우리는 다음과 같은 것을 보게 된다. 즉 현실의 그 여하한 질서에서도 과학의 발전은 큰 것에서 작은 것으로, 모호한 것에서 정밀한 것으로, 거짓된 것 또는 피상적인 것에서 진정한 것 또는 심층적인 것으로 이행하는 것에 있다는 사실을 보게 된다. 말하자면 과학의 발전은 처음에는 전체의 큰 조화나 어떤 크고 모호한 외적 조화를 발견하거나 상상하는 것에서 출발해, 그 외적 조화를 무수히 많은 내적 조화, 즉 무한히 작고 풍요로운 무수한 적응으로 조금씩 대체하는 것에 있다. 우리는 또한 다른 곳에서와 마찬가지로 여기에서도 인식의 진화와는 정반대인 현실의 진화가 작은 내적인 조화들이 점점 외면화되고 증대하는 끊임없는 경향으로 이루어져 있다는 사실을 보게 될 것이다. 앞에서도 지적한 바와 같이, 부수적으로 다음과 같은 사실도 반드시 지적해야 할 것이다. 즉 지식의 진보로 인해 새롭고 보다 심층적인 조화가 발견되는 동시에 지금까지 인식하지 못했던 보다 심층적인 부조화도 많이 밝혀진다는 사실을 말이다.

그렇지만 우선은 몇 가지 필요한 정의나 설명으로 시작해보자. 적응, 즉 자연스러운 조화란 정확하게 무엇인가? 생물에서 기관과 기능 간의 목적론적 관계는 설명할 필요가 없을 정도로 매우 분명하기 때문에, 생물 밖에서 예를 들어보자. 강 유역을 생각해 보자. 여기에서는 산이나 산맥이 강물의 흐름에 **적응**하고 있고, 태양광선은 바닷물을 증발시켜 구름으로 변화시키는 것에 적응하고 있으며, 바람은 그 구름을 산꼭대기로 밀어올리는 것에 적응하고 있는 것을 볼 수 있다. 그 구름은 산꼭대기에서 다시 비가 되어 내려 그 수원水源, 개울, 강, 즉 물의 큰 흐름의 지류를 유지한다. 따라서 거기에는 동적인 균형, 즉 연쇄적이며 반복되는 — 변화를 수반하면서 반복되는 — 작용의 순환이 있다. 생물도 비슷한 순환이라고 말할 수 있을 것이다. 다만 그것은 훨씬 더 복잡한 순환이며, 생물의 경우에는 적응이 앞에서 인용한 예의 경우처럼 일방적이지 않고 상호적이다. 기관은 생체 기능을 수행하며, 반대로 생체 기능은 기관을 유지시킨다. 그러나 지구상의 물의 체계에서는, 산이 물의 흐름에 적응하고는 있지만, 물의 흐름은 산을 유지시키기기는커녕 오히려 산을 드러내고 조금씩 그 산을 없애는 효과가 있다. 또한 태양열이 땅의 관개灌漑에 적응하는 예에도 상호성은 전혀 없다.

잊지 말아야 하는 것은, 반복되는 것은 언제나 하나의 조화라는 것이다. 지금까지 보았지만, 이것은 다른 예를 통해서도 보여줄 수 있다. 태양계의 각각의 행성은 역학적으로 보면 움직이는 하나의 점으로 간주할 수 있다. 이때 그것은 태양 쪽으로 떨어지려는 경향과 태양에서 멀리 벗어나려는 경향 사이에서 조화를 이루는 광경을 나타내고 있다. 이 구심력과 원심력이라는 두 힘이 동일 직선상에서 작용한다면 대립이 있을 것이다. 그러나 그 두 힘이 서로 직각으로 교차한다면 적응이 있다. (이처럼 자연에서는 대립이 적응으로, 적응은 대립으로 변한다.)[1] 하지만 행성의 중력은 이 역학적인 적응의 반복, 비등속적인 반복이다. 행성을 지질학적으로 즉 지층학적이며 물리화학적인 조성의 관점에서 고찰한다면, 그것은 포개진 지층들의 매우 조화로운 배열이다. 이 점에 대해 스타니슬라스 뫼니에 씨의 견해를 믿는다면, 그러한 배열은 어느 행성에서나 반복될 것이다. 심지어는 태양계 전체에서도 반복될 것이다. 이론상으로는 지구의 단면이 중심에서 지표면까지 고온의 융해층, 고체층, 액체층, 대기층 순서로 되어 있으며, 그 각각의 층은 다음 층을 형성하는 데 필수적이다. 이러한 연속은 천체의 성질의 그것과 비슷하다. 중심으로서의 태양에서 태양계 끝에 있는 해왕성까지 그러한 연속이 있다. 해왕성은 가스로 형성되어 있지만 말이다. 그렇지만 이러한 유사가 실제로 존재하는지는 별로 중요하지 않다.

어떤 집합체든 그것은 전체가 서로, 또는 어떤 공통된 기능에 적응

---

1 소용돌이나 태풍도 역시 하나의 기상학적 조화, 즉 두 힘의 일치에서 생겨나는 회전운동이다. 그 두 힘은 서로 방해하지 않고 상호보완해 합력合力이 된다.

하는 존재들의 복합체이다. 집합체agrégat란 **적응체**adaptat를 의미한다. 게다가 서로 관계 맺고 있는 여러 집합체는 다시 서로 적응될 수 있다. 그러면 그것들은 더 높은 수준의 적응체를 구성한다. 이 수준은 무수히 많지만, 구분할 수 있다. 그렇지만 여기에서는 간단히 적응을 두 수준으로만 나누어 보자. 첫 번째 수준의 적응은 고찰되고 있는 체계의 요소들이 서로 나타내는 적응이다. 두 번째 수준의 적응은 그 요소들을 그것들을 둘러싸고 있는 체계, 아주 모호한 말로 하면 사람들이 환경이라고 부르는 것과 결합시키는 적응이다. 따라서 자기에의 적응은 모든 종류의 사실에서 타자에의 적응과 많이 구분된다. 이는 자신의 반복(습관)이 타자의 반복(유전이나 모방)과 구분되고, 자신과의 대립(망설임, 의심)이 타자와의 대립(투쟁, 경쟁)과 구분되는 것과 같다. 종종 이 두 종류의 적응은 어느 정도는 서로 배타적이다. 예를 들면 정치체제에 관해서 사람들이 빈번히 지적한 것처럼, 가장 일관되고 가장 논리적으로 연역된 것은 첫 번째 수준의 적응을 최고도로 나타내기 때문에 전통적이며 관습적인 환경의 요구에 가장 맞지 않았다. 이와 반대로, 가장 실제적인 것은 가장 비논리적인 것이었다. 언어의 문법, 종교, 예술 등에 대해서도 똑같은 지적을 할 수 있다. 예를 들면, 규칙에 예외가 전혀 없는 완전한 문법은 볼라퓌크어volapük*의 문법이다 …. 똑같은 지적은 생물에도 적용할 수 있다. 완전한 생물체일수록 생명력이 약하며, 생명력이 강한 생물일수록 생물체로서

---

* 1880년 독일인 목사 슐라이어Johann Martin Schleyer(1831~1912)가 제창한 인공국제어. 창안 당시에는 급속한 지지를 받았지만, 지지자들 사이의 견해차와 에스페란토 등 다른 인공언어가 나타났기 때문에 쇠퇴하였다.

는 불완전한 것 같다. 완전한 적응은 그 유연성을 해칠 수도 있다.[2]

이처럼 예비적인 언급을 한 만큼 이제는 앞에서 말한 두 명제가 옳다는 것을 증명해보자. 목적인目的因*을 주장한 사람들은 합목적성이라는 관념의 신뢰를 떨어뜨리기 위해 할 수 있는 것은 모두 했다. 그럼에도 불구하고 확실한 것은, 인류가 세계를 이해하기 위해 이 목적인이라는 관념을 합리성은 전혀 없는 신비적인 형태로라도 도입했을때 과학의 초보 단계가 시작되었다는 사실이다. 별이 총총한 하늘을보았을 때 원시적인 의식은 무엇을 꿈꾸었을까? 그것은 천동설이라고 불리는 환상에서 생겨난 거대하고 통합적인 공상적 적응이다: 모든 별은 지구를 위해 존재한다. 지구 그리고 이 지구 위에 있는 도시와 마을은 우리 인간이라는 덧없는 존재들의 운명을 끊임없이 걱정하는 하늘의 목표 지점이다. 점성술은 거창한 상상력을 통해 하늘을 땅과 인간에게 적응시킨 논리적 전개였다. 진정한 천문학은 그런 터무니없는 조화를 사라지게 했을 뿐만 아니라 하늘의 조화의 통일성도깨뜨렸다. 그러고는 그 통일성을 태양계들이 있는 만큼이나 많은 수

* 아리스토텔레스가 설명한 운동의 네 가지 원인 중 하나. 사물의 생성, 변화, 운동의 목적으로서의 원인이 있음으로써 그것을 실현하기 위한 운동이 일어나므로, 목적을 운동의 원인으로 보았다.

2 어떤 견해, 어떤 **관념**이 주어질 때, (일반적으로는 진리와 오류의 혼합인) 그 관념으로부터의 지적 진보는 상이한 두 방향으로 이루어질 수 있다. 첫째, 첫 번째 단계의 적응 방향으로만 향한다. 즉 그 관념이 그 자신과 점차 조화를 이루고, 분화되며 내적으로 응집되는 방향으로 향한다(많은 신학과 형이상학의 발전이 이에 해당된다). 둘째, 두 번째 단계의 적응 방향으로 향한다. 즉 그 관념이 감각 자료, 외부에 대한 인식이나 발견의 기여와 점차 조화를 이루는 방향으로 향한다(과학의 발전이 이에 해당된다). 첫 번째 경우에서는 진보가 종종 작은 오류에서 큰 오류로 이행하는 데 있다.

의 부분적인 조화로 나누어버렸다. 각각의 태양계는 그 내부가 일관성 있고 대칭적으로 배열되어 있지만, 그 태양계들은 매우 불분명한 모호한 관계에 의해 서로 연결되어 있으며 형태가 일정하지 않은 성운과 사방으로 흩어진 별자리로 무리지어 있으면서 무질서하게 빛나고 있다. 인간의 이성은 무엇보다도 질서를 사랑하기 때문에, 그의 최고 숭배 대상인 세계의 전체 집단, 즉 대우주Cosmos에서 신의 조화의 아주 분명한 특징을 찾는 것을 포기하지 않을 수 없었다. 인간의 이성은 그 특징을 찾기 위해 태양계로 내려가지 않을 수 없었다. 그리고 이 작은 세계를 더 잘 알게 될수록, 그 이성을 황홀하게 만든 것은 이 태양계라는 대량의 아름다운 집단 전체가 아니라 그 세부였다. 행성 간의 관계보다는 각각의 행성과 그 위성의 관계, 그리고 행성 표면에서의 지질 형성, 물의 상태, 화학적 조성이 뜻밖에도 인간의 이성을 크게 놀라게 하면서 거기에는 긴밀한 일치가 있다는 것을 보여주었다. 이제부터 종교 정신은 이 세계를 움직이는 깊은 지혜를 숭배하기 위해서 더 이상 하늘의 거대한 둥근 천장 쪽으로 시선을 돌릴 필요가 없었다. 오히려 종교 정신은 화학자의 실험도구로 시선을 돌려, 거기에서 확실히 모든 것 중에서 가장 정밀하고 가장 놀라운 물리적 조화의 신비, 뒤죽박죽으로 흩어져 있는 별들보다 더 경탄할 만한 물리적 조화의 신비, 즉 화학적 조성을 탐구해야 했다. 아주 강력한 현미경 덕분에 우리가 분자 내부를 알 수 있다면, 아마도 그 분자를 구성하고 있을 타원운동이나 원형운동의 놀라운 복잡한 얽힘이 거대한 팽이처럼 도는, 어쨌든 아주 단순한 하늘의 움직임보다 얼마나 더 매력적으로 보이겠는가! 물리계에서 생물계로 눈을 돌린다면, 여기에서도 또한 우리는 이성의 첫걸음이 단 하나의 커다란 적응을 인식하는 것이었다는 사실을 확인할 수 있다. 즉 식물이든 동물이든 생물계 전체의 창조가 인간의 운명, 예를 들면 음식물, 오락, 보호, 숨어있는 위험의 예고에 적응하는 것이었다는 사실을 확인할 수 있다. 점卜에 의한 예지와 토테미즘totémisme*이 인류 초기의 모든 민족에게 널리 퍼진 이유는 그 외에 다른 것은 없다. 그리고 지식의 진보는 이 인간 중심적인 환상을 아무리 흩뜨려도 소용이 없었다. 이 환상은 아직도 학문의 오류 속에 어느 정도 남아 있다. 예를 들면 많은 철학적인 박물학자들은 고생물의 계보를 인간이라는 종을 향해 일직선으로 상승하는 것으로 오랫동안 생각했다. 그리고 그들은 멸종된 것이든 살아있는 것이든 모든 종을 소위 자연의 신성한 계획, 즉 인간을 정점으로 하는 이상적이며 규칙적인 구조물이라는 위대한 협주곡 속의 하나의 음표로 간주하였다. 하지만 괴롭게도, 관찰을 통해 축적된 반대 사실로 인해 매우 소중하게 여겨온 관념을 버리고 다음과 같은 것을 인정하지 않을 수 없었다. 즉 자연이 놀라운 조화력을 가장 잘 발휘하는 곳은 결코 매우 세분화되고 구불구불한 경로를 지닌 생물진화의 큰 계보도 아니고, 국지적인 동물상이나 식물상에서의 여러 종의 큰 집단도 아니다. 공생의 경우나 어떤 식물의 꽃과 곤충의 관계가 보여주는 주목할 만한 적응이 있지만 말이다. 자연이 그 놀라운 조화력을 가장 잘 발휘하는 곳은 오히려 무엇보다도 각 생물체의 세부이다. 내가 생각하기로는, **목적인**을 지지하는 사람들은 목적이라는 관념을 잘못 사

---

* 특정한 식물이나 동물을 씨족 또는 종족의 조상으로 숭배하는 원시 신앙의 한 형태.

용해 그 관념의 평판을 해쳤지만, 그렇다고 해서 그것을 과도하게 사용하지는 않았다. 그 반대이다. 내가 그들을 비난하는 것은 그들이 일원론적인 정신 습관으로 인해 목적이라는 관념을 너무 좁은 의미로 사용했기 때문이다. 자연에는 하나의 목적, 즉 나머지 모든 것이 그 수단이 되는 목적은 없다. 자연에 존재하는 것은 서로 이용하려고 하는 무수히 많은 목적들이다. 각각의 생물은, 그리고 각각의 생물에서 각각의 세포는, 또 아마도 각각의 세포에서 각각의 세포 요소는 자기 자신 속에 그 자신을 위한 섭리를 갖고 있을 것이다. 따라서 앞에서 말한 것처럼 여기에서도 우리는 다음과 같이 생각하게 된다. 즉 조화시키는 힘 — 이것은 적어도 실증적인 과학이라면 연구할 권리가 있다. 그렇다고 해서 다른 종류의 조화시키는 힘이 있다는 것을 부정하지는 않는다 — 은 거대하고 유일한 것, 외재적이고 우월한 것이 아니라 무수히 다양하고 무한히 작은 내재적인 것이라는 사실이다. 실제로, 생물계의 모든 조화의 원천은 수태한 난자다. 이 출발점에서 멀어지고 보다 방대한 영역을 선택하면 할수록 그 조화는 파악하기가 점점 더 어려워진다. 이 수태한 난자야말로 그곳에서 만나 때때로 행복하게 교잡하는 혈통들의 살아있는 교차이다. 그리고 이 새로운 능력들은 다시 적자선택 또는 부적격자 도태라는 원리에 따라 스스로 퍼지고 전파된다.

사회계로 가보자. 신학자들은 어느 시대에나 최초의 사회학자였다. 그것을 알지 못했지만 말이다. 그들은 종종 지상에 있는 민족들의 모든 역사의 망網이 인류의 시작부터 자신들의 종교의 창설로 집중된다고 간주하고 있다. 보쉬에Jacques Benigne Bossuet*를 읽어보라. 사회학이 그 다음에 아무리 세속화되었어도, 사회학은 그와 똑같은 종류의 선입관에서 벗어나지 못했다. 콩트Comte는 보쉬에 사상의 순서를 훌륭하게 바꾸었는데, 그에게는 보쉬에를 존경할 만한 이유가 있었다. 콩트에게는 인류의 모든 역사가 실증주의가 지배하는 시대로 수렴하는데, 이러한 사고방식은 일종의 세속적인 신가톨릭주의다. 오귀스탱 티에리Augustin Thierry[†], 기조François Guizot[‡], 1830년경 그 밖의 역사철학자들의 눈에는 유럽 역사의 전 과정이 7월 왕정[‡]으로 수렴하는 것처럼 보이지 않았겠는가? 사실 콩트가 창시한 것은 사회학이 아니다. 그가 사회학이라는 이름으로 우리에게 제시하는 것은 여전히 단순한 **역사철학**philosophie de l'histoire이다. 그렇지만 그것은 훌륭하게 이끌어낸 것이다. 그것은 최고의 역사철학이다. 사람들이 그렇게 이름붙인 모든 체계가 그러하듯이, 콩트의 구상도 인류의 역사라는 매우 복잡하게 얽힌 실타래, 보다 정확히 말하면 여러 색의 실타래가 뒤죽박죽 얽힌 것을 단 하나의 동일한 진화 관점에서 보여준다. 그것은 일종의 3부작 또는 장르의 규칙에 따라 구성된 한 편의 비극을 단 한 번 연출하는 것이다. 거기에서는 모든 것이 연결되어 있으며, 연결된 세 단계 각각은 서로 관련된 국면으로 구성되어 있다. 각각의 고리는 전적으로 다음 고리에만 들어맞고 그것에 묶여 있기 때문이다. 이렇

∗ 프랑스의 주교이자 가톨릭 신학자(1627~1704).

† 프랑스의 역사가(1795~1856).

‡ 프랑스의 역사가(1787~1874).

‡ 1830년 7월 29일 프랑스에서 발발한 7월 혁명 이후 오를레앙의 루이 필립을 국왕으로 하는 입헌군주제의 왕정. 오를레앙 왕조라고도 불린다. 1848년 2월 23일 발발한 2월 혁명으로 무너졌다.

게 해서 그 모든 것은 어쩔 수 없이 최종적인 대단원을 향해 뛰어가고 있다.

스펜서에 의해 이미, 사회적 적응을 더욱 건전하게 이해하기 위한 큰 발걸음이 내디뎌졌다. 그의 사회진화 공식은 단 하나의 드라마에 대해서가 아니라, 일정한 수의 상이한 사회 드라마에 적용할 수 있다. 스펜서 학파의 진화론자들은 언어, 종교, 경제, 정치, 도덕, 예술에 관한 발전 법칙을 표명하면서도, 적어도 암암리에는 그 법칙들이 역사적이라고 불리는 특권을 지닌 일련의 민족들뿐만 아니라 과거에 존재했거나 앞으로 존재하게 될 모든 민족에게도 적용될 수 있다고 생각하였다. 그러나 여기에서도 똑같은 오류가 나타난다. 비록 그 형태는 다양하고 규모가 작긴 하지만 말이다. 즉 사회적 사실들에서 규칙성, 질서, 논리적 진행이 조금씩 나타나는 것을 보기 위해서는, 본질적으로 불규칙한 세부에서 벗어나 거대한 전체의 전경소景을 파악할 수 있을 정도로 매우 높은 곳에 올라가야 한다고 생각하는 오류가 그것이다. 달리 말하면, 모든 사회적 조화의 원리와 원천은 아주 일반적인 어떤 사실 속에 있으며, 이 사회적 조화는 그 아주 일반적인 사실에서 개별적인 사실로 내려오게 되면 그 조화의 정도가 약해진다는 것이다. 요컨대, 행동하는 것은 인간이지만 그를 이끄는 것은 진화의 법칙이라는 것이다.

나는 말하자면 그 반대가 옳다고 생각한다. 그렇다고 해서 나는 여러 강이 동일한 유역에서 흐르듯이 민족들의 다양하고 여러 가지 형태의 진화 사이에도 일정한 공통된 경향이 있다는 것을 부정하지 않는다. 많은 개울이나 강이 도중에 모습을 감춘다 해도, 다른 많은 개울이나 강이 일련의 합류에 의해서 또 수많은 역류를 통해서 마침내는 하나의 같은 일반적인 흐름 속에 합쳐진다는 것을 나는 잘 알고 있다. 그 일반적인 흐름은 여러 지류로 나뉘어져도 끝까지 여러 하구로 갈라지지는 않은 것 같기 때문이다. 그러나 많은 강이 합류해 마지막에는 큰 강이 된 것처럼 하나의 사회진화 — 소위 역사적인 민족의 사회진화 — 가 최종적으로는 우세해지는데, 그 진정한 원인이 무엇보다도 일련의 과학적인 발견과 산업적 발명이라는 것도 나는 잘 알고 있다. 이러한 발견과 발명은 끊임없이 축적되고 서로를 이용하면서 체계화되어 하나의 다발을 이룬다. 그 발견이나 발명의 매우 실제적인 변증법적 연쇄는 우여곡절은 있겠지만 그것을 만들어내는 데 기여한 민족들의 연쇄에 어렴풋이 반영되는 것 같다. 그리고 이 과학과 산업의 큰 흐름의 진정한 원천으로 거슬러 올라간다면, 그것은 이름이 알려져 있든 알려져 있지 않든 간에 각각의 천재적인 뇌에서 찾아볼 수 있다. 천재적인 뇌들은 오랜 세월에 걸친 인류의 유산에 새로운 진리와 새로운 활동 수단을 덧붙였으며, 이러한 공헌을 통해 사람들 사이에 생각의 교류와 노력의 협동을 발전시켜 인간들 간의 관계를 더욱 조화롭게 하였다. 따라서 내가 확인하는 바로는, 방금 말한 철학자들과는 반대로 인간적 사실들의 세부에만 놀라운 적응이 있다. 이것이야말로 큰 영역에서는 더 잘 인식할 수 없는 조화의 원리다. 아주 통일된 작은 사회집단, 즉 가족, 학교, 공장, 작은 교회, 수도원, 군대에서 도시, 지방, 국가로 올라갈수록 유대는 점점 덜 완전해지고 점점 더 눈에 띄지 않게 된다. 일반적으로 하나의 연설보다는 한 마디의 말 속에 더 많은 논리가 있으며, 일련의 연설이나 연설집보다는 하나의 연설에 더 많은 논리가 있다. 교의 전체보다는 특정한 의례에, 법전 전체보다는 하나의 법조문에, 과학 논문집 전체보다는 특정한 과학 이론에 더 많은 논리가 있다. 한 노동자의 행동 전체 보다는 그가 행하는 각각의 노동에 더 많은 논리가 있다.

　그렇지만 이것은 강력한 인물이 그러한 사실들 전체를 규제하거나 통제하기 위해 개입하지 않는 한에서만 그러하다. 그러한 개입이 있는 경우 — 게다가 이러한 개입은 점점 더 빈번해지는 경향이 있다. 왜냐하면 문명의 특징은 개인에 의한 사회 재조직화 계획이 점점 더 쉽게 실현되는 것이기 때문이다 — 집합체의 조화가 항상 그 크기와 반비례하지는 않는다. 종종 — 점점 더 자주 — 크기가 가장 큰 것이 조화를 가장 잘 이룰 수도 있다. 예를 들면, 나폴레옹이라는 천재적인 독재자가 조직한 프랑스 행정은 그 일반적인 목적에 아주 잘 들어맞는다. 적어도 그 행정기구의 가장 작은 부서가 그 개별적인 목적에 잘 들어맞는 만큼은 말이다. 프러시아의 철도망은 전략적인 목적에 잘 들어맞는다. 각각의 역이 상업이나 그 밖의 목적에 잘 맞을 수 있는 것처럼 말이다. 칸트의 체계, 헤겔의 체계, 스펜서의 체계는 그 일반적인 배열에서 일관성이 있다. 그들의 체계에 질료로 이용된 부분적인 작은 이론 중 몇몇 개가 일관성이 있는 것처럼 말이다. 잘 성문화된 법체계는 그 절節과 장章의 배열에서 질서를 나타낼 수 있다. 법체계에 혼합되어 있는 각각의 부분적인 법률이 그 다양한 조항의 연관 속에서 질서를 나타내는 만큼은 말이다. 그리고 어떤 종교가 어느 강력한 신학에 의해 개혁될 때, 그 교의들의 연쇄는 개개의 교의보다 더 논리적일 수 있거나 또는 그렇게 보일 수 있다. 그러나 쉽게 알 수 있는 것처럼, 이러한 사실들이 겉으로는 내가 앞에서 말한 것과 모순되는 것처럼 보이지만, 그것들은 실제로 모든 사회적 적응의 원천이 개인의 천재성에 있다는 것을 보여준다는 점에서 내가 말한 것과 일치한다. 왜냐하면 그 아름다운 조화는 실행되기 이전에 생각해내지 않으면 안 되었기 때문이다. 사회적 조화는 그것이 광대한 영토를 뒤덮기 전에는 먼저 어떤 뇌세포 안에 숨어있는 관념의 형태로만 존재하였다.

이제는 **기초적인 사회적 적응**l'adaptation sociale élémentaire이 근본적으로는 두 사람 간의 적응이라고 말할 수 있을 것이다. 즉 한 사람이 말로 또는 암암리에 질문한 것에 대해서 다른 사람은 말로 또는 행동으로 대답한다. 왜냐하면 하나의 욕구를 충족시키는 것은 한 문제의 해결처럼 하나의 물음에 대한 대답이기 때문이다. 따라서 이 기초적인 조화란 한 사람은 가르치고 다른 사람은 배우며, 한 사람은 명령하고 다른 사람은 복종하며, 한 사람은 생산하고 다른 사람은 사서 소비하며, 한 사람은 배우, 시인, 예술가이고 다른 사람은 관객, 독자, 애호가인 두 사람의 관계에 있다고 말할 수 있다. 그런데 똑같은 일을 위해 함께 협력하는 두 사람의 관계에도 그 기초적인 조화는 있는가? 그렇다. 그리고 이 관계가 한쪽이 본보기가 되고 다른 쪽은 모방자가 되는 두 사람의 관계를 함축하고 있음에도 불구하고, 이것은 한쪽이 본보기가 되고 다른 쪽은 모방자가 되는 관계와는 아주 다르다.

그러나 내 생각으로는 분석을 더 멀리 밀고나가야 할 필요가 있다. 내가 방금 지적한 것처럼, 기초적인 사회적 적응을 뇌 자체에서, 즉 발명자의 개인적인 천재성에서 찾아야 한다. 발명은 — 여기에서 나는 발명을 모방될 운명에 있는 것이라는 의미로 사용한다. 왜냐하면 그 창안자의 정신 속에 갇혀 있는 것은 사회적으로 의미가 없기 때문이다 — 인간 간의 모든 조화의 어머니인 관념 간의 조화이다. 생산자와 소비자 사이에 교환이 있기 위해서는, 무엇보다도 소비자에게 생산물의 증여가 있기 위해서는 (사실 교환은 상호화된 증여이며 일방적인 증여 다음에 생겨났다), 생산자가 먼저 두 관념을 동시에 지녔어야 한다. 하나는 소비자, 즉 수증자의 욕구에 대한 관념이며, 또 하나는 그 욕구를 만족시키기에 적합한 수단에 대한 관념이다. 이 두 관념 간의 내적 적응이 없었다면, 처음에는 증여라고 그 다음에는 교환이라고 불리는 외적 적응은 없었을 것이다. 마찬가지로, 전에는 한 사람이 행했던 똑같은 작업을 여러 부분으로 나누어 여러 사람이 행하는 분업도 그 한 개인이 그 다양한 노동을 하나의 전체의 부분들로, 즉 동일한 목적의 수단들로 생각하는 관념이 없었다면 불가능했을 것이다. 반복해서 말하지만, 인간들 간의 모든 협력의 밑바닥에는 본래 한 인간에서의 관념들 간의 협력이 있다.

여기에서, 관념 간의 이러한 적응은 그것이 인간 간의 적응으로 표현될 때에만 사회적이라는 이름을 지닐 가치가 있다고 하면서 나에게 반대하지 않았으면 좋겠다. 실제로 정신 속에서의 관념 간의 적응은 종종 인간 간의 적응과는 다르게 표현된다. 심지어는 이 다른 종류의 표현이 우세한 경향이 있는 것 같다. 한 사람에 의해 행해진 노동이 여러 사람 간의 분업으로 대체된 후, 새로운 발명으로 인해 하나의 기계가 작업의 모든 공정을 완수하는 일이 종종 일어난다. 이 경우, 분업 즉 사람들 간의 일의 협력은 그 분업을 처음 생각해낸 사람의 뇌 안에서의 관념들 간의 협력과 기계 안에서의 부품들 간의 협력 사이에서 중간항 역할을 한 것에 불과하다. 이때 분업이라는 천재적인 관념이 구현된 것은 노동자 집단이 아니다. 그 관념은 기계의 철 조각이나 나무 조각으로 물질화된 것이다. 그리고 이러한 경향은 기계 공업의 진보로 일반화되는 경향이 있다. 실제로는 불가능하지만, 인간의 모든 생산활동이 이처럼 기계에 의해 이루어진다고 가정해보자. 노동이 더 이상 없거나 거의 없기 때문에, 더 이상 분업도 없을 것이다. 그리고 원한다면, 다음과 같이 말할 수 있다. 즉 거기에는 더 이상 진정한 의미에서의 사회적 조화는 없고 사회적 일치unisson social만이 존재할 것이라고 말이다. 그런데 이 일치는 그 조화보다 더 바람직하며, 또 뇌에서의 무수히 많고 무한히 작은 적응의 결과가 아니었을까? 이러한 사실은 개인적인 것에 불과하지만, 그래도 그것보다 더 강력한 사회적 요인이 어디 있는가?

우리는 다른 곳에서와 마찬가지로 여기에서도, 사회학이 진화하면서 거대하고 모호한 원인이라는 공상적인 높은 곳에서 무한히 작은 실제적이며 정밀한 작용으로 내려왔다는 것을 보았다. 지금 보여주고 싶은 것, 아니 오히려 지적하고 싶은 것은 — 자세하게 설명할 지면이 없기 때문이다 — 사회과학의 진화와는 정반대로 사회 현실의 진화가 수많은 매우 작은 조화에서 그보다는 적은 수의 보다 큰 조화로, 또 다시 매우 적은 수의 매우 큰 조화로 점차적으로 이행한다는 것이다. 마침내 아주 먼 미래에 사회 진보가 최대한 조화를 이루는 단 하나의 문명 전체에서 완성될 때까지 말이다. 물론 이 점진적인 확대 법칙을 이때 하나의 발명이나 일군의 발명의 모방적 전파경향으로 이해해서는 안 된다. 그렇게 이해하면, 우리가 이미 알고 있는 모방의 법칙으로 돌아가는 것이 될 것이다. 여기에서 문제되는 것은 이 모방 방사가 사회적 조화에 제공하는 끊임없는 확대가 아니다. 이때 사람들은 이 사회적 조화를 노동의 분업이라고 부르지만, 오히려 그보다는 노동의 연대라고 불러야 할 것이다. 어쨌든 어떤 산업이 새로운 진보를 전혀 하지 못하고 똑같은 상태에 머물러 있다 하더라도, 거기에서 생겨나는 사회적 협동은 커진다. 한편으로는 그 산업과 어울리는 소비욕구가, 또 다른 한편으로는 그 소비욕구에 호응하는 생산활동이 처음에 그 산업이 생겨난 매우 제한된 지역을 넘어 모방을 통해 퍼짐에 따라서, 그 사회적 협동은 커진다. 민족 간 연맹의 통상적인 전주곡인 시장확대 현상이 아무리 중요하더라도, 여기서 문제되는 것은 그러한 현상이 아니다. 사실, 산업의 내적 진보없이 이 외적 진보가 이루어질 수 있는 것은 아주 드문 일이다.

우리는 지금 이 내적 진보에 대해 말하고 싶다. 즉 어떤 발명이나 사회적 적응은 다른 발명이나 사회적 적응에 적응하면서 복잡해지고 확대되는 경향이 있고, 또 여기서 생겨나는 적응도 마찬가지로 같은 종류의 다른 만남이나 논리적 결합을 통해 더 높은 수준의 종합에 이르는 경향이 있으며, 이러한 일이 계속된다는 것을 말이다. 거기에는 두 개의 진보가 있다. 하나는 발명이 모방적 전파를 통해 **외연적으로**en extension 진전하는 것이고, 또 하나는 발명이 일련의 논리적 결합을 통해 **내포적으로**en compréhension 진전하는 것이다. 이 두 진보는 확실히 서로 아주 다르지만, 그렇다고 해서 반대되는 것은 아니다(다른 관점에서 보면, 관념의 외연과 내포 사이에 통상적인 대립이 있지만 말이다). 그 두 진보는 나란히 진행되며 서로 분리될 수 없다. 인간의 뇌에서 두 발명이 결합해 세 번째 발명이 생겨나는 경우를 생각해보자. 예를 들면, 바퀴 관념과 말馬 길들이기 관념이 서로 독립적으로(아마도 수 세기 동안) 퍼진 다음 마차 관념에서 합쳐져 조화를 이루었을 때 그 두 관념이 서로 다가가 하나의 뇌 안에서 만나는 데에는 모방 작용이 반드시 필요하였다. 마찬가지로 그 두 관념이 예전에 출현한 것도, 그 각각의 관념의 구성 요소가 그 관념의 발명자 정신 속에 다양한 본보기의 방사를 통해 전해졌기 때문이다. 더욱이, 발명들이 새로 종합되기 위해서는 일반적으로 이전보다 더 방대한 모방 방사가 필요하다. 이렇게 해서 두 진전, 즉 모방에 의한 획일화의 진전과 발명에 의한 체계화의 진전이 지속적으로 얽힌다. 이 두 진전은 하나의 유대로 서로 연결되어 있지만, 그 유대가 긴밀한 것이 아니라는 사실은 의심할 바 없다(왜냐하면, 예를 들어 아르키메데스Archimède의 뇌와 뉴턴Newton의 뇌에서는 아주 길고 난해한 일련의 정리定理가 전개될 수 있었지만, 그 각각의 발견 사이에 다른 학자들이 제공한 기초적인 기여는 전혀 없었기 때문이다). 그래도 이 유대는 보통 존재한다. 따라서 우리는 언제나 다음과 같은 것을 보게 될 것이라고 기대한다. 즉 사회적 영역의 범위, 사회적 커뮤니케이션의 강도, 그리고 — 국가는 아니더라도 — 국민 의식의 폭과 깊이가 커질수록 언어는 풍부해지고, 신학은 아름답게 구축되고, 과학은 일관성을 지니고, 법은 복잡해지면서 체계화되고, 산업노동은 자발적으로 조직화되거나 통제되고, 금융제도와 행정제도는 서로 협조하면서 복잡해지고, 문학과 예술은 세련되면서 다양해지는 것을 보게 될 것이라고 말이다.

그럼에도 불구하고, 다시 한 번 말하지만 단순한 모방의 결과인 교육의 진보를 적응의 결과인 과학의 진보와 혼동하지 않도록 조심해야 한다. 사람들은 종종 혼동하지만 말이다. 마찬가지로 산업주의의 진보를 산업 자체의 진보와, 도덕성의 진보를 도덕 자체의 진보와, 군사주의의 진보를 군사 기술의 진보와, 사용 영토의 확대라는 의미에서의 언어의 진보를 문법의 세련화나 어휘의 풍부화라는 의미에서의 언어의 진보와 혼동해서는 안 된다. 과학은 진보하는데 교육이 더는 퍼지기를 멈춘 것은 과학은 정체 상태에 있는데 교육이 점점 더 보급되는 것과 결국 똑같은 것인가? 그리고 이 두 경우, 막연하게 말하면 계몽의 진보가 있었다고 말할 수 있는가? 그렇지 않다. 그것들은 공통의 척도가 없는 두 가지 사실이다. 과학이 각각 얻는 것, 즉 서로 간에 일치하는 명제들의 집합체 — 그 적응체adaptat — 에 추가되는 각각의 진리는 단순한 덧셈이 아니라 오히려 곱셈이며 상호 확인이다. 그러나 초등학교에서 계속 충원되는 각각의 신입생은 그곳에서 과학을 배우는 새로운 뇌의 견본인데, 이것은 다른 것들에 더해지는 하나의 단위에 불과하다. 하지만 엄밀히 따지면, 거기에는 덧셈 이상의 것이 있다는 사실을 인정해야 한다. 왜냐하면 지성의 교류가 있기 때문이다. 이 지성의 교류는 여러 아이들에게 주어지는 교육의 유사성을 통해 생겨나는데, 그 지성의 교류는 각각의 아이에게 자신의 지식에 대한 신뢰를[3] 증대시키기 때문에 그것 역시 사회적 적응이다. 이 사회

---

3 말이 나온 김에 언급하면, 이 교육 내용의 유사성이 완전한 것은 초등학교에서만이다. 중등학교에서는 바칼로레아 프로그램의 획일성에도 불구하고, 그 교육 내용의 유사성이 적다. 고등교육 기관에서는 그 유사성이 훨씬 더 적으며 그곳에서는 학설의 자유로

적 적응은 결코 가치없는 것이 아니다.

　그러나 앞으로 더 멀리 가기 전에 여기서 멈추고 몇 가지 중요한 지적을 해보자. 첫째, 물리계와 생물계에서 사회계로 넘어갈 때 적응 관념이 어느 정도로 더 정확하고 분명한 것이 되는지를 지적해 보자. 예를 들면 산성 분자가 이와 결합하는 알칼리성 분자에 적응한다는 것, 또는 극소량의 꽃가루가 배젖에 적응한다는 것이 무엇인지 우리는 정확하게 알고 있는가? 이때 그 배젖은 꽃가루에 의해 수태되어 아마도 새로운 종의 원천인 새로운 개체를 낳을 것이다. 우리는 그 적응에 대해 아무것도 알고 있지 못한다. 서로 간섭하는 두 음파가 서로 파괴하지 않고 도와서 소리의 강화나 기대하지 않은 음색을 낳을 때 우리가 그 현상의 성질에 대해 좀더 잘 이해하는 것은 사실이다. 그러나 사실, 그처럼 음이 커진다거나 새로운 음색이 생겨난다는 것은 우리의 청각이라는 주관적인 관점에서만 독창적인 산물에 불과하다. 그것은 화학적 결합이라는 객관적으로 혁신적인 사실과는 아무 공통점이 없다. 마찬가지로 동물이나 식물의 두 종이 만나 서로 도움을 주거나 기생할 때, 이 매우 분명한 생물 공생 사례는 그것들의 성장이나 번식의 단순한 증대에 불과하기 때문에 수분이나 수태의 사례와 혼동해서는 안 된다. 이 수분이나 수태의 사례는 아직까지도 밝혀지지 않았다.

운 불일치가 빈번하기 때문이다. 그리고 모순[반론 – 옮긴이]이나 토론의 하위적이며 중재하는 성격은 다음과 같은 점에서 나타난다. 즉 토론이 널리 퍼져 있는 고등교육은 중등교육과 초등학교로 내려가려는 경향이 있고, 중등교육만 하더라도 토론이 이미 눈에 띄게 적으며, 초등학교에서는 토론이 전혀 없다. 학자들 간의 모순은 아무 쓸모 없거나, 미래에 시골 초등학교 교사들이나 이용할 진리의 적응을 이끌어내는 데 쓸모 있을 뿐이다.

그러나 두 모방 방사 사이에 행복한 간섭이 일어난다면, 그 간섭이 어떤 것이든 간에 우리는 언제나 그것을 분명하게 이해한다. 그 간섭은 단순히 서로 자극하는 것일 수 있다. 예를 들면 아우어Carl Auer*가 발명한 가스등의 보급이 가스 보급을 촉진시키고 또 가스 보급이 가스등의 보급을 촉진시킨 것처럼 말이다. 또는 프랑스어 전파가 프랑스 문학의 전파를 촉진시키고 이 프랑스 문학의 전파가 다시 프랑스어 전파를 촉진시킬 때처럼 말이다. 또한 그러한 간섭이 더 깊은 효과를 낳아 새로운 모방 방사의 발생원發生源인 새로운 발명을 유발하는 일도 있을 수 있다. 예를 들면 구리의 보급이 어느 날 주석의 보급과 만나 청동을 만들어내는 아이디어를 암시했을 때처럼 말이다. 또는 대수학의 지식과 기하학의 지식이 데카르트에게 곡선을 대수代數로 표현하는 아이디어를 암시한 것처럼 말이다. 그러나 전자의 경우와 마찬가지로 후자의 경우에서도, 우리는 적응이 논리적 관계나 목적론적 관계이며 또한 적응이 이 두 유형 중 어느 하나로 귀착된다는 것을 매우 분명하게 알고 있다. 때로는 그 적응은 뉴턴의 법칙이나 과학의 그 여하한 법칙처럼 관념들의 종합이다. 이 관념들은 전에는 서로 확증해주지도 서로 모순되지도 않은 것 같았지만, 이제는 동일한 원리의 귀결로서 서로 확증해준다. 때로는 그 적응은 그 여하한 산업기계처럼 행위들의 종합이다. 이 행위들은 전에는 서로 무관했지만 지금은 기발한 합병을 통해 서로 동일한 목적을 위해 유대를 맺는 수단으로 쓰인다. 마차의 발명(이것이 이미 복합적인 발명이라는 것을 우리는 알

* 오스트리아의 화학자(1858~1929).

고 있다), 철의 발명, 증기기관의 발명, 피스톤의 발명, 레일의 발명 등 수많은 발명은 서로 무관한 것처럼 보였지만 결합되어 증기기관차의 발명을 낳았다.

둘째, 과학 발명이든 산업 발명이든 종교 발명이든 예술 발명이든, 한 마디로 말해서 이론적인 발명이든 실제적인 발명이든 행위들의 종합의 경우, 그것을 형성한 기초적인 진행 과정은 언제나 논리적 결합이라고 부를 수 있는 것이다. 하나의 이론이나 하나의 기계가 종합하는 관념이나 행위의 수가 실제로 얼마가 되든 간에, 두 개의 요소만이 동시에 서로 결합하고 서로 적응하였다. 한 명의 발명자 뇌 안에서든 또는 그 이론이나 기계의 형성에 연속적으로 협력한 각각의 발명자 뇌 안에서든 말이다.[4] 브레알Michel Bréal* 씨는 최근 『의미론 Sémantique』에서 아주 예리한 언급을 하였는데, 이 언급은 다음과 같은 일반적인 관찰에 기초하고 있다. 그는 말한다: "복합어는 아무리 길어도 두 개의 말밖에는 포함하지 않는다. 이 규칙은 자의적인 것이 아니다. 그 규칙은 관념을 두 개씩 결합하는 우리 정신의 속성에 기인한다." 또한 브레알은 그와는 다른 방식으로 말의 의미 진화를 보여주려고 다르메스테테르James Darmesteter†가 시도한 도식에 관한 다른 구절에서 다음과 같이 쓰고 있다: "다르메스테테르의 이 복잡한 도식은 이 언어학자 단 한 사람에게만 가치있다는 것을 잘 기억해야 한다.

* 프랑스의 언어학자(1832~1915).
† 유대계 출신의 프랑스 언어학자(1849~1894).

---

4 『모방의 법칙』에서 모방의 논리적 법칙에 대한 장章, 특히 175쪽과 195쪽 이하를 보라, 그리고 『사회논리학』에서는 발명의 법칙에 대한 장을 보라.

(어떤 말의) 의미를 발명하는 사람은 그 순간에 단 하나를 제외하곤 모두 잊어버린다. 따라서 관념의 결합은 항상 두 개씩 이루어진다." 우리가 본 것처럼, 이것은 관념의 대립에서도 언제나 똑같다. 이 진행 과정의 일반성을 증명하기 위해 과학, 법학, 경제학, 정치, 예술, 도덕의 분야에서 이전以前의 발견에 추가된 각각의 발견이나 개선을 사실에 입각해 차례대로 드는 일은 쉽지만 매우 길어질 것이다. 여기에서는 오히려 왜 그러한지, 그런 일이 어떻게 해서 가능한지 또 필연적인지를 지적해보자.

그것은 본질적으로 다음과 같은 사정에 기인한다. 한편으로 정신의 걸음이나 그 기초적인 수순은 한 관념에서 다른 관념으로 이행하는 것으로 이루어져 있는데, 이때 그 두 관념은 하나의 판단이나 하나의 의지를 통해 연결된다. 즉 속성 관념을 주제 관념 속에 함축된 것으로 보여주는 판단을 통해 또는 수단 관념을 목적 관념 속에 함축된 것으로 간주하는 의지를 통해 연결된다. 또 다른 한편으로 정신이 하나의 판단에서 더 복잡한 다른 판단으로, 하나의 의지에서 더 포괄적인 다른 의지로 이행한다면, 이는 다음과 같은 이유 때문이다. 즉 정신적으로 반복되는 것을 통해서, 소위 기억이나 습관이라 불리는 자기 모방의 이 두 형태를 통해서, 하나의 판단이 개념으로 응축되기 때문이며, 말하자면 그 두 항이 결합해 융합되어 불가분의 것이 되기 때문이며, 그리고 하나의 의지나 의도가 점점 무의식적인 반응으로 변하기 때문이다. 이 불가피한 변화를 통해 ― 이 변화가 사회적으로 크게 일어나면, 그것은 전통과 관습이라고 불리며 존중받는다 ― 우리의 옛 판단이 새로운 판단의 내용 속에, 우리의 옛 의도가 새로운 의도의 내용 속에 여러 개념으로 들어가기 일쑤이다. 이러한 과정은 우리의 지성이나 의지의 가장 낮은 활동에서 가장 높은 활동에 이르기까지 변함없다. 이론적 발견이란 어떤 속성, 말하자면 옛 판단을 새로운 주제와 결합시키는 판단접합la jonction judiciaire 이외의 다른 것이 아니다. 또한 실천적 발견도 어떤 수단, 말하자면 전에는 그 자신이 추구된 목적이었던 것을 새로운 목적과 결합시키는 의지접합la jonction volontaire 이외의 다른 것이 아니다. 이처럼 아주 단순하면서도 결실이 많은 반전의 교대가 무한히 계속되면서, 어제의 판단이나 목적이 오늘의 단순한 개념이나 수단이 되며, 이 오늘의 개념이나 수단은 내일의 판단이나 목적을 낳는다. 그리고 그 판단이나 목적도 공고해지다가 다시 쇠퇴하게 마련이다. 이러한 사회적 리듬을 통해 또 심리적 리듬을 통해, 축적된 발명과 발견으로 많은 거대한 건조물이 조금씩 세워져 우리의 감탄을 불러일으킨다. 우리의 언어, 종교, 과학, 법전, 행정기구는 물론 우리의 군사조직, 산업, 예술도 그렇게 해서 만들어진 것이다.

이 큰 사회적 사물 중 하나, 예를 들어 문법, 법전, 신학을 고찰한다면, 개인의 정신은 이 건조물 밑에서 매우 보잘 것 없는 것처럼 보인다. 따라서 개인의 정신을 이 거대한 대성당의 유일한 석공으로 본다는 생각이 몇몇 사회학자에게는 우스꽝스럽게 보일지도 모른다. 그리고 자신들이 저 큰 사회적 사물들에 대한 설명을 포기한다는 것을 알아차리지 못한 채, 그것들은 완전히 비개인적인 산물이라고 말할 것이다. 이 관점에 서면, 나의 뛰어난 논적인 뒤르케임Émile Durkheim 씨와 보조를 맞춰 다음과 같이 주장할 수밖에 없다. 즉 그 거대한 건조물은 개인의 **활동**fonctions으로 구성되기는커녕 개인을 구성하는 요인 facteurs이며, 인간의 인격과는 독립적으로 존재하고 인간 위에서 압도적인 영향력을 행사하면서 인간을 전제적專制的으로 지배한다고 말이다. 그러나 이 사회적 현실은 어떻게 만들어진 것인가? 여기에서 내가 사회적 현실이라는 말을 쓰는 이유는 내가 사회유기체 사상과는 싸우지만 어느 정도의 사회**실재론**réalisme social에 대해서는 반대하지 않기 때문이다. 이에 대해서는 서로 의견이 일치할 수 있을 것이다. 다시 반복하지만, 이 사회적 현실은 어떻게 만들어진 것인가? 일단 만들어지면, 그 사회적 현실이 때로는 — 드물긴 하지만 — 강제로, 대부분의 경우에는 설득과 암시에 의해, 그리고 독특한 즐거움을 통해 — 아이가 모유를 먹고 싶어하는 것처럼, 우리가 어릴 때부터 주위의 수많은 본보기의 예에 물들면서 맛보는 독특한 즐거움을 통해 — 개인을 압도한다는 것을 나는 잘 안다. 나도 그것을 잘 알고 있지만, 내가 말하는 저 위세 있는 건조물은 어떻게 구성되었는가? 그리고 그 건조물이 인간과 인간의 노력에 의해 구성되지 않았다면 누구에 의해서 구성되었는가?

아마도 인간의 모든 건조물 중에서 가장 웅장할 것이라고 생각되는 과학이라는 건조물에 대해서는 의심할 여지가 없다. 이 건조물은 역사상 가장 빛나는 시기에 건설되었으며, 우리는 그 기원부터 오늘날에 이르기까지 그 발전의 거의 모든 것을 알고 있다. 우리의 과학들은 처음에는 일종의 먼지처럼 흩어져 있고 서로 연관도 없는 작은 발견들이었는데, 이 발견들이 그 후 작은 이론들로 모아졌다. 이 각각의 집결 자체도 하나의 발견이었다. 그 다음에는 이 작은 이론들이 더 거창한 이론들로 융합되었으며, 이 거창한 이론들은 다른 수많은 발견을 통해 확증되거나 수정되었다. 마침내 그 이론들은 가설들을 통해 강력히 연결되어 통일된 정신의 수준 높은 발명을 만들어냈다. 이렇게 해서 과학이 생겨났다는 것은 논란의 여지가 없다. 그 발명자의 이름을 지니지 않은 철학 체계가 없는 것처럼, 발명자의 이름을 지니지 않은 법률도 과학 이론도 없다. 모든 것은 개인에게서 생겨난 것이다. 소재뿐만 아니라 계획도 개인에게서 생겨난 것이다. 세부 계획이든 전체 계획이든 말이다. 모든 것, 심지어는 현재 교양 있는 모든 뇌에 퍼져 있고 또 초등학교에서 가르치고 있는 것조차 처음에는 혼자 있는 한 뇌의 비밀이었다. 그 뇌에서 흔들리는 희미한 작은 램프가 모순을 뚫고 좁은 영역에서 간신히 퍼져나갔으며, 마침내는 퍼져나가는 과정에서 점점 강화되어 눈부신 빛이 되었다.

그런데 과학이 이렇게 형성되었다는 것이 분명하다면, 종교 교의, 육법전서, 정부, 경제체제 역시 이와 똑같이 형성되었다는 것도 확실하다. 언어와 도덕에 대해서는 의심이 있을 수 있다. 그 기원의 모호함과 느린 변화가 그 대부분의 과정에서 우리 눈에 잘 보이지 않기 때문이다. 그렇다 하더라도 그것들의 진화도 똑같은 길을 따랐을 가능성이 많다. 우리 주위에 있는 언어가 풍부해지는 것은 비유적인 표현, 묘사 방법, 새로운 말, 새로운 의미의 아주 작은 창조 때문이다. 이 각각의 혁신은 보통 무명의 사람들에 의한 것이긴 하지만 어쨌든 점점 모방한 개인적인 창의가 아닌가? 언어들이 서로 접촉해 어휘를 차용하고 사전을 두껍게 하며 문법을 복잡하게는 아니더라도 유연하게 만드는 것도 각각의 언어에서 넘쳐나는 그런 교묘한 표현들이 아닌가? 그리고 도덕이 천천히 변한 것은 그 시대의 도덕에 대한 일련의 작은 개인적 반항, 계율에 대한 작은 개인적인 기여가 점차 쌓인 결과가 아닌가? 아주 오래전에는 언어의 종류가 무수히 많았지만 그 내용은 매우 빈약하였다. 각각의 언어는 하나의 중소 부족, 하나의 씨족, 하나의 도시국가 안에서 말한 것에 불과하였다. 도덕도 그 종류는 매우 많았지만 서로 아주 달랐으며 단순하였다. 그 후 연속적인 국면을 거쳐 현대에 와서는 언어의 수는 줄었지만 그 내용은 아주 풍부해졌으며 도덕도 아주 복잡해졌다. 그리고 이제는 그러한 언어들과 도덕들이 지구상의 미래의 주도권을 놓고 서로 다투는 중이 아닌가?

역사에서의 개인원인론 반대자들에게 동의해야 하는 것이 있다. 그것은 개인원인론을 주장하는 사람들이 종종 매우 보잘것 없는 사람들에게서 나타나는 위대한 아이디어나 심지어는 작은 아이디어들(즉 공동의 산물에 우리 각자가 가져다준 무한히 작은 혁신들)에 대해서도 말했어야 하는 곳에서 위대한 사람들에 대해 말하면서 그 개인원인론을 왜곡하였다는 것이다. 진실은 우리 모두가 또는 거의 모두가 우리를 지배하고 보호하는 이 거대한 건조물을 세우는 데 협력했다는 것이다. 아무리 정통 종파라 하더라도 우리 각자는 자기 나름의 종교가 있다. 아무리 올바르다 하더라도 우리 각자는 자기 나름의 언어, 자기 나름의 도덕이 있다. 아무리 보잘 것 없는 학자라도 그에게는 자기 나름의 학식이 있으며, 아무리 인습적인 행정관이라 하더라도 그에게는 자기 나름의 행정 기술이 있다. 그리고 그러한 개인은 사회적 사물이라는 매우 오래된 세월에 걸친 유산 속에서 의식적이든 무의식적이든 작은 발명을 만들어내는데, 그 자신은 이 유산의 일시적인 보관

소이다. 이때 그 역시 자기 주위에 모방 방사를 하는 중심이 된다. 그 방사의 범위가 다소 제한되어 있다 하더라도, 그의 뜻밖의 발견은 그의 덧없는 삶을 충분히 넘어서며 발견은 미래의 노동자들에게 전해져 이용된다. 모방은 이처럼 개인적인 것을 사회화한다. 모방은 도처에서 훌륭한 아이디어들을 영속화하며, 그것들을 영속화하면서 서로 접근시켜 결실을 맺게 한다.

혹시 다음과 같이 말하는 사람도 있을지 모르겠다. 즉 사물의 영원한 성질이 그 자신을 영속화하는 인간의 정신에 주어지는 만큼, 인간의 과학은 어떤 개인적인 발견의 길을 거치더라도 우리가 현재 보는 단계나 우리 후손이 보게 될 단계에 조만간 도달하게 된다. 또한 과학이 지닐 미래의 밝고 찬란한 모습은 미개인의 뇌가 처음 지각한 시점부터 이미 결정되었다. 따라서 천재의 우연적인 출현이나 개인의 역할은 별로 중요하지 않거나, 또는 이상적인 현실에 다가갈수록 나날이 그 중요성을 잃어버릴 것이라고 말이다. 그런데 이 이상적인 현실이란 플라톤주의적인 매력이 있어, 그 내용이 벌써 지금부터 예상된다. 하지만 이러한 반론이 옳다면, 그것은 일반화되지 않으면 안 될 것이다. 거기에서는 다음과 같은 결론이 나오게 될 것이다. 즉 눈에 보이지 않는 명령처럼 뭔지 모를 신의 계획 같은 것이 뿌리칠 수 없는 매력을 갖고서, 서로 교대로 생겨나는 욕망과 만족의 연쇄를 통해 필연적으로 인류를 최종적으로는 똑같은 정치, 똑같은 경제, 똑같은 헌법, 똑같은 산업, 똑같은 언어, 똑같은 법제도로 이끌어갈 것이라는 것이다. 현재까지 이러한 견해만큼 사실에 어긋나는 것이 없다. 왜냐하면 기독교 문명, 불교 문명, 이슬람 문명처럼 이 지구상에 공존하는 여러 문명이 발전하면 할수록 그 문명들의 독창성과 상이성은 점점 더 두드러졌기 때문이다. 그렇지만 반론자의 관점에서 내 마음에 드는 것은 그 관점이 관념론적이라는 점이다. 그러나 그 관점은 충분할 정도로 관념론적이지 않다. 따라서 그 관점은 관념론적이긴 하지만 충분할 정도는 못된다. 세계를 움직이는 것은 공중에 있는 단 하나의 관념이나 소수의 관념이 아니다. 무수히 많은 관념들이 이 세계를 이끌었다는 영광을 위해 서로 싸운다. 세계를 움직이는 관념이란 행위자들의 관념이다. 각각의 행위자는 지방, 국가, 세계를 재조직하는 것을 꿈꾸며 자기 관념의 승리를 위해 싸웠다. 이러한 관념들은 실현되면서 발전되었고, 때로는 패배하면서도 확대되었다. 이러한 역사적인 개인 하나하나는 새로운 인류의 씨를 품고 있었다. 그리고 그의 개인적인 삶, 개인적인 노력 모두는 자신이 지닌 단편적인 보편성을 긍정하는 것에 지나지 않았다. 그 무수한 관념, 애국적이든 인도주의적이든 그 위대한 계획은 마치 큰 깃발이 서로 잡아당겨 찢어지는 것처럼 인류를 혼란에 빠뜨리는 원인이 된다. 그 무수한 관념 중 단 하나만이 살아남는 일도 있을 수 있다. 그 무수히 많은 것 중에서 단 하나만이 말이다. 그러나 그 관념 역시 처음에는 개인의 것이었을 것이다. 즉 어느 날 한 인간의 뇌나 마음에서 떠올랐을 것이다. 나는 그 관념의 승리가 필연적이었기를 바란다. 그러나 그 필연성은 나중에 밝혀진다. 그 필연성을 미리 예측한 사람은 아무도 없었으며, 누구도 그 필연성을 확실하게 예측할 수 없었다. 그 승리가 필연적이었다고 말하는 것은, 개인적인 발상보다 그 발상을 실현하는 데 들어간 개인적인 노력이 더 중요하다는 것을 말로 표현한 것에 불과하다. 여기에서는 목적인cause final과 작용인causes efficients*이 하나로 합쳐지며, 그 둘을 구분할 수 없다.

　그리고 모든 사회적 구성물은 그 재료에서나 계획에서나 모두 개인이 가져다 준 것이기 때문에, 나는 사회적 현실의 본질적인 고유한 속성이 개인에 대한 지고의 전제적專制的인 구속성에 있다는 견해를 인정할 수 없다. 만일 그렇다면, 이 현실은 결코 커질 수 없으며 그 대ㅊ건축물도 세워질 수 없을 것이다. 사실, 새로운 말, 새로운 법안, 새로운 과학 이론, 새로운 산업 방식 등 어떤 혁신의 삽입을 통해 그 대건축물이 계속 커질 때마다, 그 새로운 것이 도입되는 것은 강제로가 아니다. 그 새로운 것은 부드러운 설득이나 암시를 통해서만 도입될 수 있다. 과학이라는 궁정이 어떻게 커지는지를 보자. 하나의 이론은 다소 그럴듯한 가설 형태로 퍼지기 전에 고등교육 기관에서 오랫동안 논의된다. 그 후 그 이론이 보다 확고하게 확증되면, 중등학교에서 그것을 가르친다. 그러나 일반적으로는 그 이론을 초등학교에서 가르치게 될 때에만 그것이 완전히 교의가 된다. 그때에만 그 이론은 아주 자발적으로 동의하는 아이들의 정신에 강제력을 행사하거나 행사하려고 한다. 이때 그 강제력은 결코 사람들이 말하는 바와 같은 전제적인 강제력이 아니다. 달리 말하면, 이것은 다음과 같은 것을 의미한다. 즉 그 이론이 지금과 같은 강압적인 힘을 갖게 된 것은 그 이론이 이전에 설득력이 있었기 때문이라는 것, 따라서 모든 것이 모방적 전파를 통해 확립되었다는 것을 의미한다. 새로운 산업이 퍼질 때도 마

* 아리스토텔레스가 구분한 네 가지 원인 중 하나. 사물을 생성시키고 변화시키는 힘이다. 예를 들어 집을 지을 때 손이나 도구, 작업이 이에 해당된다.

찬가지다. 새로운 산업이 일반 대중의 욕구가 되어 필수적인 것이 되기 전에는, 그 산업은 엘리트의 일시적인 사랑의 대상이다. 왜냐하면 오늘의 사치는 내일의 필수품이 되기 때문이다. 이와 똑같은 이유에서 오늘의 고등교육은 내일의 중등교육이나 심지어는 초등교육이 된다.

사회적 적응이라는 이 큰 주제는 그 밖의 많은 설명을 요구할 것이다. 그 중 얼마는 나의 책『사회논리학』에서 개략적으로 기술했다. 독자는 그것을 참조해보기 바란다. 여기에서는 언급하지 않을 것이다. 마지막으로, 나는 다음과 같은 사실은 불행하게도 너무 명백하기 때문에 더 이상 강조하지 않겠다. 즉 적응이 다양해지고 정밀해질수록, 고통스럽고 이해할 수 없는 사회적 부적응도 점점 더 많이 나타나 수많은 원인이 된다는 것 말이다. 그러나 이제는 자연의 대칭이 완전한 경우는 드문 것처럼 자연스러운 조화가 완전한 경우도 왜 드문지, 또 부조화나 비대칭이 왜 항상 거기에 섞이는지 또는 거기에서 생겨나는지, 게다가 그 부조화와 비대칭 자체가 왜 때때로 더 높은 수준의 적응과 대립을 생겨나게 하는 데 기여하는지 말할 수 있다. 즉 완전한 적응과 완전한 대립은 무한히 이어지는 한 계열의 양끝이며, 그 사이에는 무수히 많은 입장이 있다. 어떤 명제가 다른 명제에 의해 절대적으로 확증되는 것과 두 명제가 절대적으로 모순되는 것 사이에는 무한히 많은 부분적인 모순과 부분적인 확증이 있다. 그 정도가 무한히 다양한 긍정적인 믿음과 부정적인 믿음은 차치하고라도 말이다. 한 물음에 대한 하나의 대답, 바로 이것이 발명이다. 그러나 어떤 물음에는 점점 더 정확해지고 완전해지는 수많은 대답이 있을 수 있다. 예를 들어 보고 싶은 욕구라는 물음에 대해 자연에서 대답한 것은 인간의 눈만이 아니다. 곤충의 눈, 새의 눈, 연체동물의 눈도 있다. 말을 고정시키고 싶은 욕구라는 물음에 대답한 것은 페니키아인*의 알파벳만이 아니다.

　모든 사회의 기초에는 물음에 대한 크든 작든 다수의 대답이 있으며, 또한 이 대답 자체에서 생겨나는 다수의 새로운 물음이 있다. 그렇기 때문에, 상이한 해결책 지지자들 사이에 작든 크든 상당한 수의 투쟁도 있다. 투쟁은 조화들의 충돌에 불과하지만, 물론 이러한 충돌만이 조화들 간의 유일한 관계는 아니다. 이 조화들 간에 가장 흔히 있는 관계는 일치, 즉 더 높은 수준의 조화의 산출이다. 말할 때이든 뭔가 일할 때이든 매순간, 우리는 어떤 욕구를 느끼며 그것을 만족시킨다. 이 만족의 연쇄, 해결의 연쇄가 담화나 노동, 또한 대내정책이나 대외정책, 외교와 전쟁, 즉 인간 활동의 모든 형태를 이룬다. 어떤 국민의 언어가 조금씩 변하고 새로운 언어가 생겨나는 것은 그 국민 개개인이 항상 자기 말을 자신의 순간적인 생각에 적응시키려는 노력을 끊임없이 되풀이하기 때문이다. [5] 샤랑트Chárente†의 한구석에서 루슬로Jean Pierre Rousselot‡ 신부가 시도한 것처럼 이 연속적인 노력 전부를 기록했다면, **기초적인 언어학적 적응**adaptations linguistiques élémentaires의 수를 정확하게 알 수 있을지도 모른다. 말의 음운변화나 의미변화

---

* 기원전 3000년 무렵부터 시리아, 레바논 해안 지대에 도시국가를 세운 셈족의 한 갈래. 최초로 알파벳을 사용하였다.
† 프랑스 서부 푸아투샤랑트Poitou-Charentes 지방에 있는 내륙 주.
‡ 프랑스의 실험음운학의 창시자(1846~1924).

5　이에 대해서는 브레알Breéal 씨의 『의미론』을 보라.

는 그 적응의 적분積分이기 때문이다. 개인들은, 그리고 주로 주위 환경에 — 자기 자신에게가 아니라 — 상당히 적응하지 못한다고 느끼는 사람들은 자신의 교의나 종교 계율을 자신의 지식이나 욕구에 적응시키기 위해, 또한 자신의 습속, 법, 도덕 자체도 자신의 지식이나 욕구에 적응시키기 위해 끊임없이 노력하는데, 이러한 노력이 작은 의외의 발견들을 쌓이게 한다.[6] 그리고 때때로 어떤 위대한 발명가,

---

6 사회학을 진정한 실험과학이 되게 하고 싶다면 그리고 사회학에 정밀함이라는 아주 깊은 특징을 새겨넣고 싶다면, 많은 헌신적인 관찰자의 협력을 통해 루슬로 신부의 방법에서 본질적인 것을 일반화해야 한다고 나는 생각한다. 다음과 같이 가정해 보자. 프랑스나 다른 나라의 여러 지역에서 태어난 20명, 30명 또는 50명의 사회학자가 각자 최대한의 정성과 세심함을 갖고서, 그들의 작은 도시나 고향 마을에서 관찰할 수 있는 정치, 경제 등에서의 일련의 작은 변화를 기록한다. 우선은 직접적인 주위 사람들에게서 관찰할 수 있는 것부터 시작한다. 일반론에 그치지 않고, 그들은 종교적 신조나 정치적 신조, 도덕 또는 부도덕함, 사치, 안락함에의 성향이 높은지 낮은지, 또 분별력을 지닌 나이를 먹은 이후 나타난 종교적 믿음이나 정치적 믿음의 변화에 대한 개인적인 표명들을 상세하게 기재한다. 처음에는 그들 자신의 가족, 그 다음에는 친구들로 그 범위를 넓힌다. 앞에서 언급한 뛰어난 언어학자[루슬로 신부 - 옮긴이]처럼, 그들은 관념이나 경향의 작은 감소나 증가 또는 변화의 개인적인 원천으로 거슬러 올라가려고 노력한다. 그 관념이나 경향은 개인에서 일정한 집단의 사람들에게 퍼졌으며, 언어, 몸짓, 의상, 그 여하한 습관에서의 감지할 수 없는 변화로 나타나기 때문이다. 이러한 조사를 가정해 보라. 그러면 매우 유익한 이러한 조사연구 전체에서 대단히 중요한 진실이 틀림없이 나타나는 것을 보게 될 것이다. 이 진실은 사회학자뿐만 아니라 정치가도 알면 대단히 유용할 것이다. 이 [피조사자의 진술에 기초한 - 옮긴이] 서술적인narratives 조사연구는 [조사자의 기술에 기초한 - 옮긴이] 기술적인descriptive 조사연구와 아주 다르며, 훨씬 더 설명력이 있을 것이다. 사회상태를 이해하기 위해서는 사회변동을 현장에서 상세히 파악하지 않으면 안 된다. 그 반대는 옳지 않다. 세계의 모든 나라에서 사회상태의 보고서를 아무리 모아도 소용없다. 사회상태의 형성의 법칙은 나타나지 않는다. 그 법칙은 오히려 집적된 문서들의 무거운 짐에 눌려 사라질 것이다. 그러나 한 나라에서 10년 동안 특정한 몇 가지 점에서의 습속의 변화를 정확한 세부까지 잘 아는 사람은 사회변화의 일반적인 공식을, 그 결과 모든 나라와 모든 시대에 적용할 수 있는 사회 형성의 일반적인 공식도 틀림없이 찾아낼 수 있을 것이다.

어떤 위대한 조율사가 나타난다.

　부조화와 조화의 관계는 비대칭과 대칭의 관계와 같고, 또 변화와 반복의 관계와도 같다. 그렇지만 정확한 반복, 명확한 대립, 엄밀한 조화 안에서만 보편적인 다양성, 생동감, 무질서의 아주 특징적인 표본, 즉 개체의 특징이 나타난다. 사회생활을 통해, 복잡하고 지속적인 강렬한 모방 생활을 통해 세련된 남자나 여자의 특징 같은 것은 대수롭지 않은 것, 아주 덧없는 것이다. 그렇지만 이 순간적인 미묘한 맛nuance만큼 중요한 것은 없다. 그리고 그 미묘한 맛을 정착시키는 데 성공한 화가는 시간을 낭비한 것이 아니며, 그것을 다시 살아나게 한 시인이나 소설가도 시간을 낭비한 것이 아니다. 이젠 없어졌거나 다시는 존재하지 않을 이 거의 포착하기 힘든 것을 붙잡으려는 그들의 노력을 보고 비웃을 권리가 사상가에게는 없다. 개체에 대해서는 과학이 없다. 개체에 대해서는 예술만이 있을 뿐이다. 그리고 학자는 보편적인 삶이란 완전히 사람들의 개성의 개화開花에 달려있다는 것을 생각하면서, 약간 질투 어린 겸손함을 갖고 예술가의 노고를 존중해야 할 것이다. 학자 자신이 사물에 대한 일반적인 견해에 그 개인적인 특색을 반드시 남기면서도, 그것[사물에 대한 그의 일반적인 견해]에 그의 사상의 진정한 존재이유인 미적 가치를 언제나 주지 못한다면 말이다.

이러한 연구를 위해서는, 처음에는 매우 제한된 질문서로 실행하는 것이 좋을 것이다. 예를 들면, 남프랑스의 몇몇 농촌 지역에서는 인근의 잘 사는 지주를 더 이상 떠받들지 않는 습관이 누구에 의해서 또 어떻게 농민들 사이에 도입되고 퍼졌는가를 물을 수 있을 것이다. 또는 마녀, 늑대인간 등에 대한 믿음이 어떤 영향으로 사라지기 시작했는지를 물을 수 있을 것이다.

▌결론

　　마칠 때가 되었다. 그러나 끝내면서, 우리가 도달한 주요 결론들을 요약해보자. 그리고 그 결론들 간의 연관의 의미를 찾아보자. 모든 과학은 유사, 대조나 대칭, 조화, 말하자면 반복, 대립, 적응을 밑천으로 삼는다는 것을 보았다. 이 세 가지 항項 각각의 법칙이 무엇인지 그리고 각각의 항이 다른 것들과 맺는 관계가 무엇인지를 우리는 물었다. 인간의 정신에는 눈에 보이지 않는 것을 설명하기 위해 가장 크고 가장 폭넓으며 가장 화려한 현상에 집착하는 자연스러운 경향이 있다. 게다가 이 경향은 겉보기에는 선험적으로 매우 정당하다. 그럼에도 불구하고 인간의 정신은 어쩔 수 없이 모든 사물의 원리를 가장 많이 감춰져 있는 사실에서 찾게 되었다는 것을 우리는 보았다. 하지만 그러한 사실의 원천은 인간의 정신에게는 — 사실대로 말하면 — 여전히 이해할 수 없는 상태에 있다. 이러한 확인은 인간의 정신에게 커다란 놀라움을 안겨주었을 것이다. 그러나 전혀 그렇지 않다. 과학적인 관찰 습관은 우리를 이제 막 싹트기 시작한 사상이 꿈꾼 질서의 전복에 친숙하게 했기 때문이다. 반복의 법칙, 따라서 물리계에서의 파동이나 인력을 통한 반복의 법칙, 생물계에서의 유전이나 습관을 통한 반복의 법칙, 사회계에서의 모방을 통한 반복의 법칙은 상대적으로 무한히 작은 것에서 점차적인 확대를 통해 상대적으로 무한히 큰 것으로 나아가는 경향이다. 대립의 법칙은 다름이 아니라, 어떤 살아있는 점에서부터 그 범위가 계속 커지며 확대되는 경향으로 이루어져 있다. 이때 그 살아있는 점이란 사회적으로는 한 개인의 뇌이다. 이 뇌세포에서, 밖에서 온 모방 광선의 간섭을 통해 두 믿음 간의 또는 두 욕망 간의 모순이 생겨난다. 이것이 기초적인 사회적 대립이며, 피가 흐르는 전쟁의 최초 원리이다. 이는 기초적인 사회적 반복이 거대한 유행 전염의 출발점인 최초 모방자의 개인적인 사실인 것과 같다. 마지막으로, 적응의 법칙도 똑같다. 기초적인 사회적 적응이란 모방될 운명에 있는 개인적인 발명이다. 말하자면, 우선 단 하나의 정신에서 두 모방이 행복한 간섭을 수행한 결과이다. 처음에는 완전히 내적인 현상인 이 조화는 퍼져나가면서 외면화되는 경향뿐만 아니라, 이 모방적 확산 덕분에 어떤 다른 발명과 논리적으로 결합되는 경향도 있다. 그리고 이러한 과정이 이어지면서 조화가 계속 복잡해지고 또 조화들 간에 계속 조화가 이루어진다. 마침내는 인간정신의 저 위대한 집합적인 업적들, 예를 들면 문법, 신학, 백과사전, 육법전서, 자연적인 또는 인위적인 노동조직, 예술, 도덕이 세워진다.

따라서 요약하면, 모든 것이 무한소l'infinitésimal에서 온다는 것은 확실하다. 덧붙여 말하면, 모든 것은 거기로 돌아갈 것이다. 그것이야말로 처음이며 끝이다. 우리가 관찰할 수 있는 모든 것, 눈에 보이는 우주를 구성하는 모든 것, 이 모든 것은 눈에 보이지 않는 것, 속을 헤아릴 수 없는 것, 겉으로 보기에는 아무것도 없는 것에서 생겨나며, 이러한 것에서 모든 실재가 무궁무진하게 나온다는 사실을 우리는 알고 있다. 이 기이한 현상을 심사숙고한다면, 우리는 일반대중뿐만 아니라 학자들 사이에도 퍼져 있는 편견의 힘에 놀라게 된다. 스펜서 같은 사람이든 그 누구든 모든 사람에게 퍼져 있는 편견이란 무한소를 무의미한 것으로, 즉 동질적이고 중립적이며 그 어떤 특징도 없고 정신적인 것도 아닌 것으로 간주하는 편견이다. 참으로 뿌리깊은 착각이다! 이러한 편견은 더더욱 이해할 수 없다. 모든 존재와 마찬가지로 우리도 머지않아 죽어서 우리가 생겨난 이 무한소로, 그토록 무시당한 이 무한소로 돌아가게 되어 있기 때문이다. 무한한 공간에서 헛되이 찾은 진정한 내세※世, 사후의 안식처란 사실상 무엇일까? 누가 알겠는가? 어쨌든 원소의 세계를 잘 알지도 못하면서, 눈에 보이는 이 세계, 공간과 부피의 이 세계만이 사고의 무대, 다양한 살아있는 현상의 근거지라고 선험적으로a priori 판단해야 할 어떤 이유가 있는가? 어떻게 그렇게 가정할 수 있는가? 개별적인 존재가 수태한 난자 안에서, 이 난자의 어떤 부분 안에서 자기 고유의 특징을 방사하며 나타나는 것을 보면서도 말이다. 이때 그 부분은 그것을 잘 보려고 하면 할수록 점점 작아지고 희미해지며, 마침내는 상상할 수 없을 정도로까지 작은 점이 된다. 그러한 차이의 원천인 이 점 자체를 어떻게 차이화되지 않은 것[미분화 된 것]으로 여길 수 있는가? 나는 사람들이 반대이유로 무엇을 제시하는지 잘 안다. 그것은 소위 동질적인 것의 불안정성 법칙이다. 그렇지만 이 법칙은 틀렸으며 자의적이다. 그 법칙은 현상의 다양성이나 생기가 넘쳐흐르는 심리적 및 사회적 변화의 증거를, 우리 눈에 구분되지 않는 것은 그 자체가 차이화되지 않은 것이라는 선입관과 일치시키기 위해 특별히 꾸며낸 것이다. 그렇지만 실제로는 이질적인 것만이 불안정하며, 동질적인 것은 안정되어 있다. 사물의 안정성은 그 동질성에 정비례한다. 자연에서 완전히 동질적인 — 또는 그렇게 보이는 — 유일한 것은 기하학적 공간이다. 이것은 유클리드Euclide* 이래로 전혀 변하지 않았다. 그저, 지극히 작은 이질적인 씨앗이 비교적 동질적인 집합체 안에 들어가면 마치 밀가루 반죽 속의 효모처럼 계속 커지는 차이화를 반드시 일으킨다고 말하고 싶은가? 하지만 나는 이 반론에 이의를 제기한다. 어떤 정통파의 국가, 종교적이든 정치적이든 만장일치의 국가에서 어느 이단이나 반체제파의 창시는 그 나라를 지배하는 교회나 정치를 희생시키고 커질 가능성보다는 정통파에게 곧 흡수되거나 쫓겨날 가능성이 훨씬 더 크다. 나는 차이화 법칙[분화의 법칙]을 유기체나 사회에 적용하는 것을 부정하는 것이 아니다. 그러나 차이화 법칙이 여기에 끼어들어 서로 얽히는 획일화 증대 법칙을 보지 못하게 한다면, 이는 그 법칙을 완전히 잘못 이해한 것이다. 실제로 사람들이 차이화라고 말하고 싶은 것은 오히려 우리가 적응이라고 말하는 것이다. 예를 들면, 현대사회에서 분업이란 연속적인 발명을 통한 여러 노동의 결합 내지 점진적인 공동 적응에 불과하다. 분업은 처음에는 **가정**ménage에 한정되었

* 기원전 300년경에 활약한 그리스의 기하학자.

는데, 계속 반복되면서 끝없이 확대되었다. 분업은 먼저 도시로 퍼졌다. 도시에서는 여러 가정이 전에는 서로 비슷했지만, 도시 안에서 분화가 일어나면서 이제는 서로 상이해졌다. 하지만 그 가정들은 각각 따로 떼어놓고 보면 더 동질적이 되었다. 그 다음에는 분업이 전국적이 되었고, 마침내는 국제적이 되었다. 따라서 차이가 점점 늘어날 것이라는 것은 사실이 아니다. 왜냐하면 새로운 다른 차이가 나타난다 하더라도, 매순간 예전의 차이는 사라지기 때문이다. 이러한 고찰을 염두에 둔다면, 우리는 차이의 총합이 — 공통의 척도가 없는 사물들을 더할 수 있다고 가정해도 — 세계 전체에서 증가할 것이라고 생각할 이유가 전혀 없다. 차이의 단순한 증가보다 훨씬 더 중요한 것이 끊임없이 일어난다. 그것은 차이 자체의 차이화la différenciation de la différence elle-même이다. 변화 자체가 점점 변하는데, 그것도 우리를 요란한 원색처럼 강렬한 차이가 병렬된 시대에서 미묘한 차이가 조화를 이루는 시대로 가게 하는 방향으로 계속 변한다. 이러한 견해에 대해 어떻게 생각하든, 여전히 이해할 수 없는 사실이 남아있다. 즉 물질이 동질적이라는 가설, 말하자면 물질이 평준화하며 조정하는 과학 법칙의 규율에 아주 오래전부터 복종한다는 가설에서는, 우리 우주와 같은 우주, 말하자면 그토록 많은 놀라움과 변덕으로 경탄을 불러일으키는 우주가 결코 존재할 수 없었을 것이라는 사실 말이다. 완전히 비슷하고 완전히 통제된 것에서는 영원히 엄청나게 단조로운 세계 이외에 무엇이 생겨날 수 있겠는가? 또한 현재의 일반적인 우주관은 우주를 사실상 그 모두가 비슷한 무수한 원소로 형성된 것으로 보고 있는데, 이러한 우주에서 어떻게 다양성이 생겨날 수 있겠는가? 그러한 우주관에 대해 나는 나의 특별한 우주관을 반론으로 내세우고 싶다. 나의 견해는 우주를 무수한 요소들의 잠재력이 실현되는 것으로 본다.[1] 그 각각의 요소는 특징과 야심을 갖고 있으며, 자기 안에 별개의 우주, 그 실현을 꿈꾸는 자기만의 우주를 품고 있다. 사실 우주는 그 요소들의 계획을 발전시키기보다 유산시키는 경우가 훨씬 더 많다. 부적응자들을 제거하는 큰 생존 투쟁은 존재들 사이에서 벌어지기 보다는 경합하는 꿈들 사이에서, 경쟁 관계에 있는 계획들 사이에서 벌어진다. 그 결과, 현상계의 신비로운 지하地下도 표면의 현실층과 마찬가지로 다양성이 풍부할 것이다. 그 다양성의 성질은 다르겠지만 말이다.

그러나 결국, 내가 여기서 제시하는 이 형이상학은 그 앞에 있었던 설명에 비하면 별로 중요하지 않다. 나는 이 가설을 여담으로만 제기한다. 또한 그 가설이 부정된다 해도, 앞에서 제시한 보다 견고하고 보다 실증적인 고찰은 끄떡없다고 말하고 싶다. 그 가설은 단지 우리 연구에서 얻은, 겉으로는 서로 무관한 두 종류의 진실을 동일한 관점에서 파악하는 것을 가능하게 할 뿐이다. 즉 하나는 보편적인 반복, 투쟁, 조화의 규칙적인 진행, 말하자면 세계의 규칙적인 측면과 관계 있다. 이것은 과학의 양식이다. 또 하나는 세계의 야만적인 측면과 관계있는데, 이것은 영원한 혁신 속에 있는 예술의 맛있는 먹잇감이다. 그것은 또한 보편적인 동화, 대칭화, 조화화의 작용 자체 덕분에 다

---

1 이에 대해서는 『사회학 논문집 *Essais et Mélanges sociologiques*』(Storck et Masson, Paris-Lyon, 1895)에 있는 『모나돌로지와 사회학 *Monadologie et Sociologie*』을 보라.

양한 것, 생생한 것, 무질서한 것의 영원한 필요성과도 관계있는 것 같다. 이 외관상의 변칙anomalie만큼 이해하기 쉬운 것은 없다. 사물의 현상 밑에 있는 독특성은 사라지려고 하지 않고 오히려 펼쳐져서 위로 표출되려고 애쓴다고 가정한다면 말이다. 이때부터 모든 것이 설명된다. 점진적인 반복은 적응이 확대되도록 작용한다. 반복은 그 간섭으로 인해 때때로 대립이 일어나도록 작용한다. 또 다른 종류의 간섭에 의해서 반복은 대립의 조건이 되기도 한다. 이렇게 생각한다면, 우리의 세 항 즉 반복, 대립, 적응의 상호관계도 쉽게 이해할 수 있다. 이와 마찬가지로 그 세 항 모두가 보편적인 변이를 가장 고상하고 광범위하며 심원한 개성 또는 개인이라는 형태로 개화시키는 데 함께 협력한다고 생각할 수 있다.

(1897년 10월)

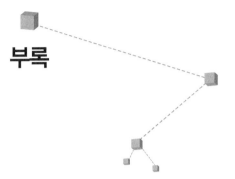

부록

사회학*

– 가브리엘 타르드

1

사회학이 현재 유행하고 있다. 사회학은 진지한 공중과 심지어는 가벼운 공중의 편애나 관심 속에서 심리학의 뒤를 이었다. 이 편애나 관심이 자발적인 것이든 암시된 것이든 말이다. 이 인기가, 본 논문의 저자처럼 사회학을 단순히 — 문제가 단순하다고 가정할 경우 — 집합심리학으로 생각하는 사람들의 마음에 들지 않는 것은 아니다. 그러나 이러한 유행 즉 이 뜻밖의 것으로 여겨지는 성공에 놀랄 필요는 없지만, 아마도 그들은 그것에 신경쓸 필요는 있을 것이다. 모험을 마다 않는 사람들, 즉 이 신세계를 탐험하기 보다 유린하기에 더 적합한 정복자들이 이제 싹트기 시작했지만 이미 약간은 소란스러

---

* Gabriel Tarde, "La sociologie", *Études de psychologie sociale*(Paris: Giard & Brière, 1898), pp. 1~62.

워진 과학에 뛰어들 것이라고 예상하는 것은 어렵지 않다. 이 과학의 이름은 얼마 전만해도 금지되었지만, 지금은 아주 많은 책과 잡지의 맨 앞에 나오고 있다. 이 과학에게는 두려워할 만한 또 다른 위험들이 있다. 사회학의 명백한 복잡성이나 불명확함, 사회학이 불러일으키는 희망과 두려움, 사회학에서 자신들의 화급한 문제에 대한 해결책을 기대하는 사회의 열광이 그러한 위험이다. 또한 이해관계를 떠난 이론가들이나 그 실제적인 결과에 아주 무관심한 이론가들의 경우, 사회학이라는 이 과학이 그들에게 불러일으키는 지나친 사랑, 말하자면 그들에게 때때로 사회학을 아주 높이 들어올려 이 사회학에서 현실을 잃어버리게 하는 지나친 사랑도 그러한 위험에 속한다. 따라서 이 새로운 연구 영역의 범위를 정확하게 정할 때가 온 것 같다. 즉 그 범위가 지금까지 어떻게 개간되어 왔는지 또 어떻게 개간해야 되는지, 거기에서 무엇을 찾으려고 애썼고 무엇을 찾아냈는지, 그리고 그 경작이 진실로 어떤 결실을 약속하는지를 보여줄 때가 온 것 같다.

우리 조상의 동화에서는, 아이가 태어나면 모든 요정이 아이의 요람 주위에 모인다. 각각의 요정은 아이에게 부적을 주는데, 아이는 그 부적 덕분에 기적을 행하게 된다. 하나의 과학이 생겨났거나 그 도착을 알리기 시작한 것에 지나지 않은 현재, 어쨌든 상당수의 철학자들이 그 주위를 둘러싸고 있다. 이들 각각은 자신이 제시하는 방법의 규칙을 끈기있게 성실히 적용하면 대단히 큰 성공을 얻을 것이라는 확신을 갖고, 그 과학이 따라야 할 방법을 제시하고 있다. 마치 그것이 무엇보다도 발생기에 있는 과학이 필요로 하는 방법이나 발견 프로그램인 것처럼 말이다! 그러나 하나의 과학이 그 나름의 가장 좋은 발견 방법을 배우는 것은 사물들을 분명하게 발견하면서이다. 즉 발견해 나가면서 과학은 그 최상의 발견 방법을 배운다. 이 최상의 방법이라는 것이 아마도 과학이 발견해내는 마지막 것은 아니겠지만, 적어도 그 방법은 그 최초의 것 중 하나는 아니다. 아니 오히려, 각각의 연구자는 개인용이며 남에게는 거의 전해줄 수 없는 그 나름의 방법을 갖고 있다. 이 여러 가지 방법의 협력과 때로는 그 갈등에서 과학의 향상이 생겨난다. 새로운 지식 가지를 돋아나게 하는 데 무엇보다 필요한 것은, 그 이유는 모르겠지만 여기든 저기든 어디에선가 피어난 싹이다. 달리 말하면, 그 가지의 씨가 되며 곧이어 어떤 숨은 논리 덕분에 계속 발전해 갈 좋은 생각이 필요하다. 그러나 단 하나의 좋은 생각으로는 충분치 않다. 여기 사회학에서는 최초의 생각이 이미 중세 때부터 피렌체나 베네치아에서 생겨났다. 이 최초의 생각은 사회적 사실들을 — 처음에는 그 중에서 적은 부분이었지만 — 셈하고 측정하는 데 있었다. 최초의 사회학자는 그것을 알지도 못했고 원하지도 않았지만, 최초의 통계학자였다. 그는 사회를 겉에서(말하자면 질적이며 비교할 수 없는 측면에서) 보지 않고, 안에서(말하자면 양적이고 셀 수 있는 측면에서) 보는 모범을 보였기 때문이다. 사실, 과학의 본질적인 대상은 양量, 반복되는 유사한 사물들 그리고 이 양들의 반복되는 관계 자체다. 이때 그 양들의 다소간의 변화는 상호관련되어 있다.

그 유사한 성격이 가장 분명한 사물들, 예를 들면 은제품이나 금제품처럼 동일한 종의 상품을 그렇게 세는 것으로 시작했음에 틀림없다. 이렇게 해서 점차 경제학자용의 가치 관념이 형성되었다. 이 가치 관념은 법률가의 법 관념보다, 도덕가의 선 관념보다, 미학자의 미 관념보다, 중간은 없고 존재하느냐 아니냐 하는 것으로 신학자나 권위적인 철학자가 생각하는 진리 관념보다 유리한 진정한 사회적 양이라는 이점利點을 지녔다. 이 사회적 양의 증가와 감소는 일상적으로 관찰되며, 돈이라는 특별한 척도를 갖고 있다. 이것은 얼버무려보았자 소용없는 많은 분명한 약점이긴 하지만, 사회계를 과학적으로 관찰함에 있어서는 경제 관점이 법률, 예술, 도덕, 신학, 형이상학의 관점보다 우위에 있는 점이었다. 정치경제학은 지금 자기 딸인 사회학에 아무리 적대적으로 대해도 소용없다. 사회학은 사회학자들의 구성물을 위해 분위기를 조성해 준 사람이 경제학자들이라는 것을 잊어버리는 배은망덕한 짓은 하지 않을 것이다. 경제학자들은 법률가와 특히 도덕가의 완강한 저항에도 불구하고 마침내 자신들의 사고방식을 받아들이게 했다. 그들은 대부분의 경우 진정한 길에서 벗어나는 잘못을 저질렀던 사회학자들에게 그 길을 가르쳐주는 데 크게 공헌했다. 그들은 가치의 법칙, 즉 다양한 가치의 생산, 교환 및 분배의 법칙을 발견했거나 발견했다고 생각하였다. 그리고 그들은 그 법칙에 대해 마치 물리학자가 동력의 생산이나 전달의 법칙에 대해 말하는 것처럼 말했다. 즉 그들은 그 법칙이 모든 나라나 모든 시대에, 실제 사회든 생각해 볼 수 있는 사회든 모든 사회에 적용할 수 있는 법칙인 것처럼 말했다. 이 점에서, 그들의 요구는 아주 과학적이었다. 이러한 규모의 법칙을 공식화하지 않으면, 과학은 존재하지 않기 때문이다. 그들은 엄격하면서도 정밀한 일종의 사회물리학을 세웠다. 그 후 오랜 시간이 지난 다음 다른 사람들은 사회생리학을 구성하려고 시도했지만, 이들의 성공은 오래가지 못했다. 겉으로는 그 폭이 더 넓어보였지만 실제적인 깊이는 더 없었다. 그러나 지레짐작하지 말자. 경제학자들이 생각한 것처럼, 사회는 유기체가 아니라 훨씬 더 분명하게도 천체 체계였다. 이 체계의 자유롭게 연관된 요소들은 그 개별적인 영역에서 각자 따로 돌면서, 서로에 대해 멀리서 외적인 작용만을 행사했다. 이러한 견해가 단지 사회정학社會靜學*에 불과한 것에 공연히 만족하지 않았다면, 그 견해의 불충분함은 훨씬 더 오랫동안 가려질 수 있었을 것이다. 왜냐하면 역학적인 성격을 포기하지 않고서도, 그 견해는 감히 사회진화를 개괄적으로 그릴 수 있었을 것이기 때문이다. 근본적인 법칙의 불변성이나 보편성이라는 아주 적절한 관념에 단계의 전개라는 마찬가지로 필수적인 관념을 겸하지 못하게 하는 것은 아무 것 없었다. 이 단계의 전개라는 관념은 경제학자들의 중대한 적수인 법률가들이 로마법의 역사적 발전에서 얻은 것이기 때문에, 그들은 그 관념을 다윈적인 생물변이론자들보다 훨씬 먼저 경제학자들에게 가르쳐 줄 수 있었을 것이다.

정치경제학이 사회적 사실에 계산과 측정을 도입할 생각에서만 생겨난 것은 아니다. 정치경제학은 사회적 사실에 비교 방법을 들여올 생각에서도 생겨났다. 이 두 좋은 생각은 정치경제학에서 처음 접합되었는데, 이로 인해 정치경제학은 그 밖의 모든 소위 "정신 및 정치" 과학 중에서도 가장 많은 결실을 맺는 과학이 되었다. 정치경제학은 비교 산업학으로 정의할 수도 있을 것이다. 그리고 이러한 점에서는 정치경제학이 비교 문법학, 비교 신화학, 비교 법학, 비교 예술학, 비

* 사회의 균형, 질서, 안정의 요인이나 그 조건을 연구하는 사회학의 한 영역.

교 정치학과 같은 일군의 자매 과학에서 눈에 띄는 위치를 차지하고 있다. 그러나 이 열거된 과학이나 어중간한 과학에서는, 그 정도가 다양하긴 하지만 진짜 과학적인 성격이 정치경제학만큼 두드러지게 나타나지 못한다는 것을 지적하지 않을 수 없다. 이는 정치경제학을 특징짓는 수數의 정확함이라는 특색이 없기 때문이다. 또한 그 과학들이 사실들에서 두서없이 이끌어내는 규칙이 정치경제학의 경우처럼 뚜렷하게 드러나지 못하는데다가, 그 규칙이 사실들을 설명하기 보다는 그 사실들에 얽매여 그것들을 요약하기 때문이기도 하다. 그렇지만 이 불완전함은 의심할 바 없이 일시적인 것에 지나지 않기 때문에, 그 다양한 학문들은 모두 경제적인 사고력 훈련처럼 사회과학의 출현에 공헌하였다. 따라서 사회과학은 자신이 발원지에서 흘러나오는 강이므로 그 별개의 발원지 모두를 고려해야 한다. 즉 그때까지만 해도 이질적인 것으로 여긴 언어들 간에, 종교들 간에, 육법전서들 간에, 예술들 간에, 정부들 간에 적절한 대조를 감행하고 시작하게 해준 연속된 좋은 생각이 있었다고 간주해야 한다.

또 다른 좋은 생각은 — 이 생각은 남용되어 왔고 아직도 남용되고 있지만 — 야만인이나 미개인 속을 여행한 사람들의 이야기를 이용하는 것이다. 이전의 비교 영역을 확대하기 위해서든 아니면 무엇보다도 문명인의 선사 시대에 관해 우리에게 가르치기 위해서든 말이다. 이 경우 출발점은 고고학자의 발굴 작업을 통해 종종 (항상은 아니지만) 확인되는 가설, 즉 많은 미개 민족이 멈춰버린 상태는 진보적인 민족들이 거쳐간 단계라는 가설이다. 몽테스키외를 필두로 한 18세기의 성급한 선행先行 사회학자들이 여행자의 일화나 심지어는 엉터리 이야기에도 얼마나 열렬하게 달려들었는지 우리는 잘 알고 있다. 그런데 이들이 그렇게 한 것은 인류의 역사를 시간 속에서 옛날로 거슬러 올라가게 하기 위해서보다는 고전적인 역사가로부터 벗어나 기분을 전환시키며 자신들의 인류 개념을 공간 속에서 넓히기 위해서였다. 시간 속에서의 그 무한한 후진을 시도하는 일은 우리 세기世紀로 넘겼는데, 이 시도는 의외의 성공을 거두었다.

2

　　금세기[19세기] 초부터 모든 사람은 사회과학의 흩어져 있는 단편들을 응축시켜 하나의 생기있는 종합을 만들어낼 때가 왔다고 느꼈다. 그 단편들이 "정신 및 정치 과학"이라는 모호한 이름 하에 서로 무관한 채로 있었으며, 또한 잘 조화된 자연과학 그룹과는 더욱 무관했기 때문이다. 그 단편들 간의 관계를 조정하고 통합해 보편적인 과학을 만들어내기 위해서는, 그것들의 이중적인 지리멸렬을 끝낼 필요가 있었다. 이런 방향에서 이루어진 시도는 그 흩어져 있는 이삭들을 다발로 묶기에 적합한 주요 사상이 나타날 때까지 결실을 맺지 못한 채로 있을 수밖에 없었다. 그 주요 사상은 오귀스트 콩트가 신학적 단계, 형이상학적 단계, 실증적 단계라는 그의 유명한 3단계 법칙을 공식화한 날 번뜩였다고 말할 수 있는가? 콩트에 따르면, 인류의 발전은 어떤 측면에서 고찰하더라도 이 3단계를 거치지 않을 수 없다는 것이다. 이에 대한 논쟁이 스튜어트 밀Stuart Mill과 리트레Emile

Littré*사이에 일어났다. 밀은 하나의 과학이 진실로 구성되었다고 말할 수 있을 만큼 실증주의의 위대한 창시자[오귀스트 콩트]가 사회학을 이끌었다는 것을 부정했다. 리트레가 보기에는, 콩트에 의한 이러한 사회학 구성은 문제의 법칙[3단계 법칙]에서 충분히 생겨났다. 둘 중에 누가 옳았는가? 유감이지만, 나는 스튜어트 밀이라고 생각한다. 모든 생물은 나이 법칙lois des âges에 복종하며, (갑작스러운 죽음이 그 삶을 중단시키지 않는 한) 그 모두가 유아기, 청년기, 장년기, 노년기의 연속적인 단계를 거친다는 것을 알게 된, 확실히 아주 오래전의 시대부터 생물학이 구성되었다고 말할 수 있는가? 그래도 이 나이 법칙은 3단계 법칙보다 훨씬 더 일반적이고 심오하다.

대신 그 속에 들어있는 진실을 볼 때, 3단계 법칙이 나이 법칙보다 발견해내기가 훨씬 더 어려웠다는 것은 사실이다. 우리의 생명이 상대적으로 아주 짧아 그 동물들이 잇달아 태어나서 성장하고 늙어 죽는 것을 우리가 볼 수 없다면, 관찰과 박식한 연구에 기초한 일련의 추론을 통해 동물 세계에서 이 단계의 연속이 빈번히 일어나며 보편적이라는 사실을 처음 발견한 학자는 당연히 얻는 바가 많은 대담한 일반화의 장본인으로 찬사를 받을 것이다. 그의 나이 법칙은 생리학의 기초 중 하나로 여겨지지 않겠는가? 우리 인간 개개인과 인간 사회 간의 관계는 내 가설에서는 인간과 동물의 생명 간의 관계와 같다. 따라서 콩트의 원리가 그 창안자가 생각한 만큼의 일반적인 적용 범위와 확실한 진실을 지녔다면, 우리는 그 원리가 사회 세계를 구성하

---

* 프랑스의 철학자이자 언어학자(1801~1882).

는 법칙 중 하나라는 것에 기꺼이 동의할 것이다. 불행하게도 그 원리의 적용은 사회의 지적 발전에 그친다. 이 영역에서조차 예외가 없지 않으며, 게다가 그 원리는 사회의 경제 발전에도 예술 발전에도 확대 적용되지 못하고 있다.

언어의 변화가 그런 식으로 설명된다는 것은 이해할 수 없다. 종교의 변화도 마찬가지다. 종교의 모든 진행 과정은 세 단계 중 첫 번째 것에 갇혀 있기 때문이다. 그런데 리트레는 어찌 다음과 같이 주장할 수 있었을까? 즉 콩트는 그토록 모호하고 불완전한 법칙을 공식화했는데, 그가 사회학에 준 도움이 비샤Marie Bichat*가 생체 조직의 기초적인 속성을 발견해 생물학에 준 도움과 아주 똑같다고 말이다. 스튜어트 밀이 지적한 것처럼, 실증주의 학파 지도자의 업적(다른 점에서 보면 매우 중대한 업적)에 절대적으로 부족한 것은 사회 조직의 이 기초적인 속성이다.

스펜서 씨가 아주 오래된 은유를 주워 그것을 발전시키고 분명하게 말하면서 ― 그것의 불충분함을 인정할 때까지 ― 끝까지 밀어붙여 사회체를 생물체로 분류했을 때, 그는 더 적절했을까? 이 사회유기체 명제가 새로운 과학에 없어서는 안 되는 좋은 생각 중 하나이며 적어도 그 발판으로서 많은 결실을 맺었다고 우리는 말할 것인가? 그것은 단지 실망스러운 부득이한 해결책에 불과했다고 나는 생각한다. 즉 이 사회유기체 명제가 없다면 **자연**과 **역사** 사이에 다리를 놓을 수 없다고 판단한 사람들이 매달린 구조의 나뭇가지, 하지만 썩은 나

* 프랑스의 해부학자이자 심리학자(1771~1802).

뭇가지에 지나지 않았다고 나는 생각한다. 따라서 인류를 어떤 의미에서는 신비스럽지 않게 하는 데 적합한 어떤 다른 견해가 나타나게 되면, 이 사회유기체 명제는 바로 사라지지 않을 수 없다. 사회과학이 확립된 것은 결코 사회와 유기체를 비교해서가 아니었다. 사회끼리 그 다양한 측면에서, 예를 들면 언어, 종교, 정치 등의 측면에서 비교해서였다. 1897년 7월 파리에서 열린 지난 국제사회학 대회에서 이 문제가 철저히 다루어졌는데, 그것은 **사회유기체론**의 완전한 대패로 끝났다. 이 사고방식이 사회과학에 불러일으킨 진보를 단 하나라도 지적할 수 있는 사람은 아무도 없었다. 그리고 그 사고방식이 사회과학에 들여왔거나 암시해준 위험한 오류는 쉽게 보인다. 공허한 말에 만족하는 경향, 즉 현실을 "군중의 혼"과 같은 실체로 대체하는 경향, 사회발전을 (배胚의 연속에 비할 만한) 어찌할 수 없는 단일한 단계의 연쇄에 종속시키고 싶은 욕구, 마지막으로 사회에서 가장 진실로 사회적인 측면, 즉 언어와 종교에 대한 몰이해(유기체 존재에는 그에 상응하는 것이 없기 때문이다), 따라서 언어와 종교의 중요성을 줄이거나 이러한 것들을 사회학에서 제거하려는 성향이 그 위험한 오류다. 그러므로 순수한[기품 있는] 역사가나 철학자적인 역사가는 이러한 모습으로 나타나는 새로운 과학에 대해 약간 경멸적인 항의를 하는데, 이는 이해된다.

따라서 이론이라고 자처하는 이것은 실패로 끝난 시도, 일을 그르치는 분류 기도에 불과한 것으로 간주하자. 기껏해야 에스피나스Alfred Espinas* 씨에게 인정할 수 있는 것은, 사회유기체론은 제쳐놓더라도 어느 정도의 사회 생기론vitalisme†, 보다 정확히 말해 어느 정도의 국민

실재론의 여지가 아직도 있으며, "사회생활"의 실재성이 확실하다는 것이다. 그래 좋다. 이 "사회생활"이라는 것이 무엇을 의미하는지 알 필요가 있다. 그것은 사회적 관계에 있는 개인 생활들에서 생겨나는 산물에 불과한 것이 아닌가? 아니면 다른 어떤 것인가? 첫 번째 의미의 것은 시적詩的인 표현에 불과하다. 두 번째 의미의 것은 신비주의적인 생각일 뿐이다.

오귀스트 콩트는 과학의 서열에 대해서 아주 대단한belle[†] 법칙을 표명하였는데, 이 서열이 예외없이 옳다면 그 법칙은 사회학이 생물학에 부탁하는 도움을 전적으로 정당화할 것이다. 산수에서 역학, 물리학, 화학, 생물과학을 거쳐 사회과학에 이르기까지 모든 과학은 — 그가 보기에는 — 그 대상의 단순성과 일반성이 큰 것에서부터 작은 것의 순서로 늘어서 있다. 서열이 가장 낮은 과학은 가장 단순하면서도 가장 일반적인 대상을 갖고 있다. 따라서 각각의 과학은 자기보다 바로 밑에 있는 과학에 의지해야지 그 반대가 되어서는 안 된다. 왜냐하면 서열이 낮은 과학은 기초적인 실재들을 연구하고, 서열이 높은 과학은 그것들이 더 복잡하게 결합된 것을 파악하기 때문이다. 예를 들어 생리학자에게는 화학 지식이 없어서는 안 되는 반면에, 화학자는 유기 화합물에 관심을 둘 때도 자연사 지식이 없어도 된다. 이것은 확실하긴 하지만, 그래도 한 가지 조건에서 그렇다. 즉 연이은 과

---

* 프랑스의 사회학자(1844~1922).

† 생기론: 생물의 생명 현상은 자연법칙이나 물리화학적인 현상으로 설명될 수 없는, 생물 특유의 생명력 또는 활력에 의해 지배된다고 생각하는 이론. 활력론活力論이라고도 한다.

‡ 타르드는 이 '대단한'이라는 표현을 조롱조로 쓰고 있다.

학들의 대상인 연속적인 실재는 지질학의 지층처럼 포개지는데, 보다 최근에 생겨난 위층은 이전에 생겨난 아래층의 변형이나 조합에 의해서야 비로소 형성될 수 있었다는 조건에서다. 그런데 이 과학 계층의 어느 정도 높은 곳에서, 높은 산의 뜨거운 수원水源에 비할 만한 아주 새로운 사실이 돌연 나타났다고 가정해보자. 이 수원은 그 밑에 있는 모든 층에 스며들다가 땅의 단단한 층 중 가장 낮은 것보다 더 낮은 곳에서는 올라온다. 가장 높은 생물계에서 의식이나 자아의 출현이 이런 종류의 놀라운 수원이라고 가정한다면, 주변 현상이나 이전以前 현상으로 환원되지 않는 이 현상(결코 그런 현상들에 의해 생겨나지 않고 다만 그런 것들에 의해 좌우될 뿐인 이 의식이나 자아의 출현이라는 현상)에 관심을 두는 과학은 다른 모든 과학의 대상보다 더 복잡하고 더 특별한 대상을 지닌 것으로 간주될 수 있는가? 그 문제의 과학이 서열이 가장 높은 과학이라 하더라도 말이다. 반대로 심리학은 모든 것 중에서 어쩌면 가장 단순하면서도 가장 중요한 것일지도 모르는 숨은 현실을 밝혀내기 때문에, 이 심리학이라는 과학은 자기 밑에 있는 자매 과학들에게서 기대할 깨우침보다 그것들에게 가르쳐 줄 것이 더 많이 있을 수 있다. 그리고 사회현상은 — 이것은 본질적으로 심리적인 것이기 때문에 — 그 자체가 겉보기보다 더 일반적이라고 생각할 이유가 있다면, 사회학의 경우도 바로 그러할 것이다.

사실 거기에는 꽤 그럴듯한 몇 가지 이유가 있지 않겠는가? 생명의 중대한 비밀에 가장 밝은 빛 또는 가장 어둡지 않은 빛을 비춰준 것은 사회를 유기체와 동일시해서가 아니라 유기체를 사회와 동일시해서가 아닌가? 세포 결합으로 인식되거나 세포 사회 또는 세포 군집의 연방으로 인식될 때, 생물체는 인간의 시선이 처음으로 뚫고 들어갈 수 있는 것이 된다. 세포 이론이 자연선택보다 훨씬 더 잘 생명의 비밀을 설명할 수 있는 길을 우리에게 가르쳐준다. 자연선택이 지금은 생명의 열쇠로 분류되지만, 그것은 더 이상 누구에게도 만능열쇠인 것 같지는 않다. 자연선택의 원칙적으로 부정적인 효과, 즉 유해한 변종을 제거하고 종을 순화시키는 그 미덕에 대해서는 더 이상 이의를 제기하지 않지만, 그것에 진실로 창조적인 힘이 있다고는 점점 더 보지 않는다. 역사의 진보를 사회선택으로 해석하는 불행한 시도들은 그 원리의 불충분함과 부정적인 성격을 드러냈다. 실제로 호전적인 형태의 사회 경쟁도 상업적이거나 산업적인 형태의 사회 경쟁도 인간 혁신의 필수 조건인 주요 발명 중 단 하나라도 불러일으키기에 충분치 못했다. 대포 화약이나 다이너마이트의 발견은 전투의 해묵은 분노 때문에 이루어진 것인가? 나침반의 발명은 여러 시대 동안 바다를 둘러싸고 다툰 페니키아나 베네치아 소형 상선들의 돈 벌 욕심 때문에 이루어진 것인가? 증기 기관의 발명은 경쟁 기업들 간의 절제되지 않은 적대 관계 때문에 이루어진 것인가? 전혀 그렇지 않다. 전사들, 상인들, 산업가들은 수천 년 동안 계속 싸웠을 수도 있었을 것이며, 발명이라는 관점에서는 그들의 모든 노력이 쓸데없는 짓이었을 것이다. 도처에 몇몇 탐구자들, 싸움을 좋아하지 않고 호기심이 많은 열정적인 사람들(고대 이집트의 화학자나 연금술사에서 오늘날의 라부아지에Lavoisier나 파스퇴르Pasteur에 이르기까지, 아르키메데스에서 파팽Denis Papin*이나 와트Watt에

---

* 프랑스의 물리학자이자 발명가(1647~1714). 증기 기관의 원리를 최초로 생각해냈다.

이르기까지, 칼데아의 목동에서 뉴턴이나 라부아지에에 이르기까지)이 없었다면 말이다. 이들은 자연에서 그 비밀을 몇 개 조금씩 얻어내 여기저기에 전했기 때문이다. 전투 혹은 상업적인 경쟁에서 직접 생겨난 산업적인 진보나 군사적인 진보는 없다. 또는 증오 및 전쟁의 세계와 무관한 어떤 사람을 ─ 그는 병사나 경쟁자에게 직접적인 무기를 제공할 때까지는 알려지지 않은 채로 있었다 ─ 아버지로 삼지 않는 산업적인 진보나 군사적인 진보는 없다. 물론 전쟁, 갖가지 종류의 투쟁, 격정이나 이해관계에 따른 증오에 찬 갈등은, 발명 정신이 어디에선가 생겨나 역량을 발휘할 때 그 발명 정신에 도와달라고 외친다. 그호소가 발명 정신을 크게 자극하지만, 발명 정신을 낳은 것은 그런 전쟁, 투쟁, 갈등이 아니다. 오히려 이것들은 얼마나 자주 발명 정신의 싹을 죽여버렸는가? 발명 정신은 평화, 사랑, 가족이나 동업자 조합을 요람으로 삼았으며, 진리나 미에 대한 사심없는 숭배를 영혼으로 삼았고, 운명이 도와준 천재를 엔진으로 삼았다. 운명은 그 기원이 다양한 관념들을 (그것들이 적절하게 조화를 이룰 수 있는지를 판별한 재능이 있는) 어떤 뇌에서 만나게 했는데, 그 뇌는 말하자면 그 관념들의 상호적인 사랑의 중매인으로서 그것들의 상호적인 수정受精을 행하였다. 그리고 이러한 생각을 우리의 관심사인 본 연구에서 검증하자면, 사회학자들이 그 과학을 구성하는 관념을 기대할 곳은 사회 문제에 대한 언론의 매일매일의 논쟁이 아니라 오히려 고독한 성찰이 아닌가?

사회유기체라는 은유와 혼동하지 않도록 한 훌륭한 생각은 인간사회와의 유사 및 차이의 관점에서 쓴 **동물사회** 연구였다.

이 연구는 에스피나스 씨에 의해 행해졌는데, 잘 된 연구다. 발전 가능성이 매우 많은 길을 연 그의 책*에 후계자가 없었다는 것이 애석할 뿐이다. 또한 만일 그가 오늘날 그 책을 다시 쓴다면, 그는 아주 열등한 동물종의 유사 사회와 우리 사회처럼 심리적인 성질을 지닌 진정한 사회 간의 구분을 보다 명확하게 나타냈을 것이라고 생각해야 한다. 아주 열등한 동물종의 유사 사회에서는 개체들의 유대가 — 만일 개체들이 있다면 말이다 — 폴립polypier†의 경우처럼 완전히 생리적이지만, 심리적인 성질의 진정한 사회는 척추동물이나 고등 곤충의 특권이기 때문이다. 집약웅예集約雄蕊‡의 꽃이 사회가 아닌 것처럼 폴립도 사회가 아니다. 사실 식물 사회는 없다. 왜 그런가? 하나의 식물은 따로 떼어놓으면 사회가 될 수 없기 때문이 아니다. 우리가 — 결국 다른 것과 마찬가지로 하나의 가설로서 — 그 세포들이 서로 알아보고 서로 잡을 수 있게 해주는 어떤 고유한 감수성에 자극받는다고 가정하더라도 말이다. 그러나 다시 한 번 말하지만, 바로 그것이 생명의 신비다. 게다가 이러한 관점에서조차, 식물은 그 이웃나라들과 아무런 국제관계도 갖지 않는 국가와 비슷할 것이다. 바로 이러한 국제관계, 말하자면 유기체 간의 관계가 사회과학의 대상이다.

---

* 『동물사회Des Sociétés animales』(1877).
† 강장동물의 기본적인 체형의 한 가지. 몸은 원통형이며 입 주위에 많은 촉수가 있고 아래쪽에는 족반足盤이 있어 다른 물건에 부착한다.
‡ 하나의 꽃에 있는 모든 수술의 꽃밥이 서로 들러붙어 원통형을 이룬 수술. 집약수술이라고도 한다.

3

이제 중요한 것은 방금 열거한 이 모든 좋은 생각을 이용해 상호침투시키고 서로 분명하게 하는 것이다. 여행가, 역사가, 통계학자, 고고학자, 자연학자, 심리학자가 사방에서 가져와 사회학자가 사용할 수 있게끔 모아놓은 저 방대한 묶음의 문서에 말하자면 불지르는 것이다. 그렇게 해야 한다. 시간이 촉박하다. 왜냐하면 사회생활의 법칙을 알고 싶어하는 오늘날 매우 일반적인 이 강렬한 욕구는 예전처럼 그 법칙을 따르는 것에 그치기는커녕, 그에 못지않게 깊은 욕구 즉 의식적이며 심사숙고한 집합 행동에의 욕구를 드러내기 때문이다. 사회는 의도적으로 자신을 개혁하고 다시 주조하기 전에, 자신을 이해하려고 한다. 진보하기 전에 그리고 변하면서 진보한다고 확신하기 위해서는, 사회가 "진보의 척도mètre du progres"를 갖고 있어야 하지 않겠는가? 불행은, 이제 막 싹트기 시작한 과학 속에 불일치의 싹이 있다는 것 이외에도 그 과학이 갖가지 종류의 외부 반대에 부딪친다는 것이다. 그 반대자의 종류는 세 가지다. 어떤 사람들은 자유의지의 영역인 사회적 사실에 과학의 소재가 있다는 것을 부정한다. 다른 사람들은 사회적 사실이 그 아주 독특한 성질에도 불구하고 그 명확성과 일반성 때문에 자연과학에 속할 만한 단 하나의 과학의 소재가 된다고 보지 않고, 자연과학적인 성질은 전혀 없는 모호한 (그렇지만 그들의 주장에 따르면 아주 진보한) 여러 과학, 즉 지금까지 "정신 및 정치 과학"이라는 이름으로 지칭된 여러 과학의 소재가 된다고 본다. 마지막으로 또 다른 사람들은 — 우리는 이들에게만 대답할 것이다 — 언젠가 (그러나 먼 후일이 되겠지만) 역사학, 고고학, 선사학이 그들의 일을 완성하고 역사 시대와 선사 시대의 땅과 지하층을 파헤쳐 마침내 "최종적인 말"을 했을 때, 구성되는 과학이 하나 있다는 것에 동의하고 있다.

그렇다면, 언젠가는 햇빛을 본다는 과학은 어떤 것인가? 예를 들면 천문학은 가장 많이 개량된 망원경으로 하늘의 가장 깊숙한 곳까지 관찰되는 것을 기다렸다가 태어났는가? 다행히도 그렇지 않다. 관찰 수단이나 관찰 방법을 점점 더 개선하고 관찰 자료를 점점 더 많이 쌓는 일은 어느 정도 지나가면, 과학을 진전시키는 가장 확실한 방법이 되지 못한다. 뉴턴의 법칙이 최근의 망원경 개선 전에 발견되지 않았다면, 이 개선은 아마도 그 기본적인 원리의 출현을 도와주기보다는 지체시키는 데 기여했을 것이다. 사실, 행성의 주기적인 운동이 그 타원 궤도에 많은 들쭉날쭉함을 주는 기이한 수많은 섭동攝動과 함께 보다 정확하게 그려짐에 따라, 그 타원과 섭동, 그 규칙과 예외가 동일한 원인의 결과, 동일한 사실의 반복이라는 것을 의심하기가 더욱 어려워졌다. 어떤 사람이 이러한 추측을 제기했다면, 사람들은 그 추측을 틀림없이 가장 기초적인 과학적 방법의 이름으로 거부했을 것이다. 사회학도 마찬가지다. 사회학을 구성하기에 적합한 이론을 감히 표명하기 전에 학자들이 과거에 대해서 마지막 조사를 시도하는 것, 말하자면 슐리만Heinrich Schliemann*같은 사람들이 그리스나 다른 곳에 마지막 곡갱이질을 하는 것을 기다릴 필요가 있다고 확신하는 것, 이것은 케플러, 갈릴레이, 당시의 모든 이론적인 천문학자

---

* 독일의 고고학자(1822~1890).

그리고 이들에게 협력한 무명의 사람들이 너무 서둘러서 천문학을 창시했다고 말하는 것이 된다.

사람들은 여기서 아주 상이한 두 가지 것을 혼동하고 있다: 사회의 법칙과 "역사의 법칙". 이 혼란은 법칙이라는 말의 유용한 수용 때문에 조장되고 있는데, 모든 사람이 이 말을 남용하고 있다. 그럴지도 모르지만, 두 가지 종류의 법칙이 있다. 현상의 생산, 좀 더 정확하게 말하면 현상의 재생산의 법칙과 그 진화의 법칙이 그것들이다. 전자는 예를 들면 역학, 화학, 일반생리학의 법칙이다. 후자는 정해진 특정한 환경에서 전자가 실행되는 것을 지배하거나 지배하는 것 같다. 라플라스Pierre Simon de Laplace*의 성운이론이나 해켈Ernst Heinrich Haeckel†의 진화론이 그러한 것이다. 따라서 현상의 진화법칙은 그 생산이나 재생산의 법칙보다 더 복잡하기 때문에, 이 법칙의 뒤를 따르지 그것에 선행할 수 없다. 천문학에서는 성운이론 전에 뉴턴의 법칙과 역학의 법칙이 먼저 있었다. 생물학에서는 사실 만유인력의 원리에 비할 만한 것이 발견되지 않았다. 자연선택의 법칙이 발견되기 훨씬 전에 많은 인과법칙이 세포조직의 성질이라는 이름으로 발견되었다. 그리고 이 자연선택 법칙 자체도 순수한 진화법칙은 아니며, 오히려 새로운 인과법칙이다. 생물학 역사의 법칙은 ─ 법칙이 있다면 말이다 ─ 다윈의 후계자들에게 물어보아야 한다.

불행하게도 사회학의 다윈 같은 사람이나 해켈 같은 사람이 비샤Bichat 같은 사람보다 먼저 왔다. 보쉬에Jacques Benigne Bossuet에서 비코,

---

* 프랑스의 수학자, 물리학자이자 천문학자(1749~1827).
† 독일의 생물학자(1834~1919).

몽테스키외, 헤겔을 거쳐 오귀스트 콩트에 이르기까지 역사라는 강의 흐름 전체를 단일한 시각에서 이해하고 하나의 공식 속에 집어넣는 데 몰두하는 천재들, 그것도 아주 유명한 천재들밖에 보이지 않는다. 이들은 그 정수역학靜水力學hydrostatique*을 먼저 연구하는 데 관심이 있었던 것 같지 않다. 그들의 주장은 이미 무모하다. 그러나 스펜서 씨와 모든 새로운 진화론자의 기도企圖에 비하면 어떨까? 이 새로운 진화론자들도 스펜서처럼 다음과 같이 믿었다. 즉 사회생활의 기초적인 사실에 적용할 수 있는 일반적인 법칙을 찾아내기도 전에, 가장 복잡한 그 현상들을 설명해주는 원리를 공식화해 실제 역사의 과정, 좀 더 정확히 말하면 모든 실제 역사의 과정뿐만 아니라 (실제로 그들은 몇 개의 큰 독립된 역사의 계열을 올바르게 구분한다), 있을 수 있는 모든 역사의 과정도 그릴 수 있다고 그들은 믿었다. 사실 바로 이것이 이 학파의 사회학자들의 목표다. 나는 그들의 목표를 비난하기는커녕, 그들이 그 점에서 인과법칙이든 진화법칙이든 모든 과학법칙의 본질적으로 보편적인 성격을 암암리에 — 명시적이었다면 더 좋았겠지만 — 인정했다는 것을 칭찬한다. 지도가[스펜서]가 사회변화는 통합적 변화, 물질 증가와 운동 감소라는 그의 일반적인 법칙을 따른다고 말할 때, 제자들은 언어, 종교, 법, 정치, 예술, 도덕의 변화를 더욱 엄격하게 상세히 규정한다. 예를 들면 제자들은 한 공동체의 관용어가 단음절성에서 교착성으로 그 다음에는 굴절로, 마지막으로는 **분석주의**l'analytisme로 이행할 수밖에 없으며, 또는 가족은 난혼에서 모권제로

---

* 정지한 유체에 작용하는 힘, 또는 유체에 의해 작용되는 힘을 연구하는 학문.

그 다음에는 부권제 등으로 나아간다고 선포한다. 이때 이런 공식이나 다른 공식으로 그들은 알려진 사회든 알려지지 않은 사회든 모든 사회에 일어난 것, 또 실현될 수 있는 (나는 상상할 수 있는 이라고는 말하지 않는다) 모든 사회에서 일어날 것을 표현하려고 하지 않는가? 외부 우주의 변화든 인간세계의 변천이든 이렇게 인식되는 진화법칙은 셸링Schelling이나 헤겔, 콩도르세Condorcet나 오귀스트 콩트 식으로 이해하는 **자연철학**이나 **역사철학**과는 아주 다르다. 이들 각자는 보쉬에의 세계사를 자기 나름대로 다시 만들었다. 17세기의 주교이자 위대한 생물변이론자[보쉬에]의 경우처럼 그들에게서도 자연사든 인간사든 역사는 그 배우가 연속적인 종種이나 국민인 동일한 드라마다. 이 드라마는 기적적이거나 신비로운 첫 장면에서 시작해 미리 정해진 길을 거쳐 공통된 결말로 이어지며, 그 드라마는 한 번만 상연될 것임에 틀림없고 또 그럴 수밖에 없다. 우리 시대의 진화론자들에게는 역사란 다수의 드라마, 그러나 근본적으로 수없이 상연될 수 있는 다수의 드라마다.

이런 관점에서 보면, 진화법칙은 인과법칙과 대립되는 것을 멈춘다. 인과법칙과 마찬가지로 진화법칙도 현상의 재생산을 지배하지만, 훨씬 더 복잡한 현상의 재생산을 지배한다. 따라서 기초적인 사실들이 아직 정해지지 않았는데 복합된 사실들을 지배한다는 주장은 위험한 오류라는 것이 분명해진다. 그리고 이 오류는 또 다른 오류를 전제하는데, 이 또 다른 오류보다 더 심각한 것은 있을 수 없다. 그것은 다음과 같이 생각하는 오류다. 즉 (보편적으로 적용될 수 있는 것으로 인식하는) 그 어떤 역사 진화법칙이 사실의 부인에 저항하는 데 성공하지 못한다면, [달리 말해서] 이런 종류의 모든 규칙이 뜻밖의 예외에 좀먹어 산산조각 나거나 다소 높은 개연성만을 표현할 수밖에 없게 된다면, 사회학이 이젠 공허한 말에 지나지 않은 것이 되리라고 생각하는 오류다. 거의 모든 사회학 발간물은 무엇보다도 반대해야 하는 이 잘못된 견해를 퍼뜨리기 위해 만들어진 것 같다. 사회들이 걷기 시작할 때(실제로는 그 대부분이 정체 상태에 있지만), 우연한 상황이나 타고난 성향의 다양성에도 불구하고 그 사회들이 거의 유사한 길(그 각각의 길에서의 발걸음처럼 반복되는 길)을 따라가는지를 아는 것이 문제다. 이 문제는 아마도 부정否定으로 해결될 것이다(그렇다고 해서 나는 이 문제가 해결되었다고 주장하는 것은 결코 아니다). 그렇다고 해서 사회과학이 불가능하다는 결론이 이어지는 것은 아니지만 말이다. 그것은, 라플라스의 성운이론이 일반화될 수 없다는 것이 증명되었으며 또한 하늘의 여러 곳에서 관찰된 별의 형성은 단 하나의 공식으로 환원될 수 없는 서로 어긋나는 길을 내달린 것 같다는 것이 증명되었기 때문에, 천문학도 역학도 더 이상 불가능할 것이라고 말하는 것이나 마찬가지다. 고백컨대, 창공이 비길 데 없는 단조로움의 방대한 전개가 아니라고 생각한다고 해서 별이 총총한 하늘의 장관이 추해지는 것은 결코 아니다. 그리고 똑같은 이유에서, 역사를 읽을 때 역사에서 끝없는 뜻밖의 일이 규칙적인 인과관계가 복잡하게 얽힌 것에서 돌출하고, 자유가 질서에서, 독창성이 리듬에서, 자수刺繡가 바탕천에서 생겨난다는 것을 본다고 해서 내 마음이 상하지는 않을 것이다.

따라서 새로운 과학을 창시하려면 모든 인간 역사의 출발점으로까지 거슬러 올라가는 것으로 시작해야 하고 그 어떤 단계도 빠뜨려서는 안 되며, 만일 그 연쇄의 고리 하나라도 놓치면 모든 것을 잃어버릴 것이라고 확신함으로써 사람들은 길을 잃어버렸다. 그러한 생각에서 여행자 이야기나 고고학 발굴에 종종 지나친 중요성이 주어졌다. 이러한 것들은 언제나 사회학자의 주의를 끌 만하지만, 그렇다고 해서 결코 사회학자에게 과학의 미래가 그러한 것들의 결과에 달려있다고 생각하게 할 정도는 아니다. 스튜어트 밀처럼 심리학자나 논리학자가 되는 것으로도 충분히 사회학자가 될 수 있다고 말해서는 안 되지만, 처음에 해야 할 일은 자신이 속해 있는 특정한 사회상태를 아주 주의 깊게 분석해 가설을 찾아내는 것이라고는 말할 수 있다. 그 가설이 나중에 외부 사회와의 충분히 확대된 비교를 통해 검증되거나 수정되면, 그것은 마침내 사회학의 기초적인 원리로서 모습을 나타낼 것이다.

반복해서 말하지만, 경제학자들만이 이 방법의 필요성을 직감했다. 이들의 뛰어난 공적은 그들의 영역에 적용할 수 있는 인과법칙을 찾아내 그 법칙으로(예를 들면 최소 노력의 법칙, 공급과 수요의 법칙 또는 지대地代이론으로) 구체적인 정치경제학보다 뛰어나며 또 필연적으로 그것에 앞선 추상적인 정치경제학을 구성한 것이었다. 사실 오귀스트 콩트가 모든 종류의 사실에는 하나는 추상적이고 또 하나는 구체적인 두 종류의 과학이 존재한다고 지적한 것은 옳았다. 예를 들면, 있을 수 있는 모든 별의 법칙을 제정하는 추상적인 천문학과 이 추상적인 천문학의 법칙을 실제 별에 적용하는 구체적인 천문학이 존재한다고 말이다. 그는 똑같은 구분이 사회학에도 적용될 수 있다고 덧붙여 말했다. 그러나 그가 그렇게 한 것은 경제학자들이 그들의 영역에서 이미 실천한 것을 일반화한 것에 불과하다. 그 정도가 고르지는 않지만, 어쨌든 그들의 예를 따랐다. 사회의 종교, 언어, 법, 도덕 및 정치, 예술 측면을 학자들이 비교방법에 따라서 차례차례 연구하였다. 그들은 수많은 대조를 통해 아주 일반적인 중요성을 지닌 많은 고찰을 이끌어내는 데 성공했다. 그 고찰 중에는 확실히 법칙이라는 명칭을 지닐 만한 것들이 있다. 이 모든 부분적인 과학의 응축이나 상호침투는 추상적인 사회학이라고 부를 수 있는 것이다. 그 기초를 세우는 것이 콩트의 일이었을 것이다. 그러나 추상적인 과학이 그에 해당되는 구체적인 과학에 앞선다는 자신의 지적을 어기면서, 그는 깊은 통찰이 아주 많은 자신의 저작들에서 우리에게 구체적인 사회학을 개괄적으로 그려주었다. 그런데 뉴턴의 인력법칙이 아직도 알려지지 않았다면, 달이나 화성에 대한 이론은 어떤 것이 되었을까? 그리고 보편적인 사회학적 설명이라는 열쇠를 소유하고 있지 않다면, 로마사나 아랍 문명에 대한 이론을 어떻게 만들어낼 수 있는가? 몽테스키외는 『로마인의 성쇠원인론*Grandeur et décadence des Romains*』[1734년 출간]에서 사회학적 직감을 지닌 대작을 썼다. 그러나 사실 그가 매혹된 독자의 눈에 던진 것은 날카롭지만 상호연관성이 없는 통찰들의 부스러기, 반짝이지만 여러 가지 색의 부스러기다.

따라서 비교 문법학, 비교 신화학, 정치경제학 및 그 밖의 사회과학에 의해 켜진 빛들을 응축시키고 종합해야 한다. 이들 과학은 제각기 법칙을 표명하거나 떠듬떠듬 말했다. 대부분의 경우 불완전한 법칙이며, 그 모두가 그러한 종합을 통해 다시 주조해야 할 법칙이라는 것을 인정하지 않으면 안 된다. 그렇지만 훌륭한 종합의 첫 번째 조건은 훌륭한 분석이다. 그 법칙들을 분석해보자. 그러면 우리는 무엇보다도 먼저 그것들의 공통점이 일반적인 사실들, 말하자면 반복되거나 또는 무한히 반복될 수 있다고 여겨지는 유사한 사실들을 대상으로 한다는 것을 어렵지 않게 볼 것이다. 이 점에서는 그 법칙들이 모든 자연법칙과 비슷하다. 그렇지만 그러한 점에서 그것들은 역사 이야기와 다르다. 한 인간의 개인적인 전기든 한 국민이나 집단 또는 일련의 국민의 집단적인 전기든, 역사 이야기는 언제나 단수單數, 독특한 것, 유일무이한 것을 기초로 해서 전개되기 때문이다. 그 역사의 대상이 아무리 일반적인 사실로 구성되어도 소용없다. 역사가 그 대상을 고찰하는 것은, 더 이상은 다시 볼 수 없는 그 조합의 특성 때문이다. 이와 반대로 단수가 자연과학뿐만 아니라 사회과학에서도 나타날 때, 그것은 일반적인 사실들의 만남, 말하자면 유사나 반복의 만남에 의해 형성된 것으로 여겨진다. 언어학자가 관심을 두는 어근, 어미, 문법 형태, 그리고 이런 요소들의 조합은 수백만 개의 입을 통해 수십억 번 반복되어온 것이다. 그리고 그것은 정확하게 반복되어 왔는데, 이는 언어의 지속성을 그 언어를 말한 세대들이 빠르게 사라지고 끊임없이 새로워지는 것과 비교한다면 진실로 놀라운 일이다. 하지만 그들의 일시성[순간성]이 그 언어의 영속성을 유지시켰으며, 그들의 다양성이 그 언어의 동일성을 지속시켰다. 종교 과학이 관심을 두는 신화, 의례, 교의도 그에 못지않을 정도로 많이 또 꾸준히 반복되어 온 것이며, 여러 시대와 여러 인종을 통해 전해져 온 것이다. 법학은 매일 재발하며 수 세기 동안 언제나 똑같이 되풀이 되는 법률 관계를 다룬다. 사람들은 정확하게 똑같은 두 소송은 없다고 말해왔다.

사실이다. 서로 비슷한 두 가족이 없다는 것이 사실인 것처럼 말이다. 그럼에도 불구하고 어떤 소송이 불러일으킨 법률 문제나 그것에 연루되어 있는 법률 관계는 — 하나씩 따로 떼어놓고 보면 — 다른 많은 소송이 불러일으키거나 그것들에 연루된 같은 종류의 문제나 관계와 동일하다. 정치경제학은 생산과 소비, 즉 종종 매우 오랫동안 충실하게 끊임없이 되풀이되는 행위를 다룬다. 미학의 대상은 수 세기 전부터 똑같이 반복된 리듬, 기법, 미술 기교, 활 놀림, 붓질을 예술가나 문인이 독창적으로 사용한 방식이다.

이러한 관점에서 보면, 사회는 그 본질적인 세부 사항에서 생물계나 물리계 못지않게 행위나 사실의 정확한 반복, 꾸준하며 동일한 연속을 나타낸다. 그 결과 방금 지적한 현실의 그 두 측면[생물계와 물리계]과 똑같은 자격으로, 사회는 수와 측정을 적용하기에 알맞다. 수와 측정은 일반적인 고찰을 과학적인 법칙의 수준으로 높여줄 수 있다. 그리고 다음과 같은 사실을 지적해야 할 것이다. 즉 이처럼 자연현상뿐만 아니라 사회현상도 과학적으로 처리할 수 있는 데서 얻어지는 이점은 그 두 종류의 사실 — 그 경계선은 여전히 아주 분명하다 — 을 혼동해서 얻어지는 것도 아니며, 또 완전히 자연주의적인 사회관의 요구에 인간의 개성을 희생시켜서 얻어지는 것도 아니라는 사실을 지적해야 할 것이다. 이러한 각도에서 사물을 보면 우리는 자유의지라는 성가신 문제를 제쳐 놓을 수 있다. 왜냐하면 결정론자든 아니든, 우리는 사회적인 인간이 행하는 그 각각의 기초적인 행위에서의 필연적인 동조성을 부인할 수 없기 때문이다. 그 행위들의 조합이 아무리 독창적이라 하더라도 말이다. 사람들은 자신이 매순간 동시대나 과거의 동류들을 모방한다는 것을 부인할 수 없으며, 이러한 사정에서 생겨나는 연속적인 본보기의 규칙적인 계열이나 규칙적인 방사를 인정하지 않을 수 없다. 사회학은 지금까지 도덕의식에 부딪쳤는데, 여기에는 그 이유가 없는 것이 아니었다. 도덕의식은 사회학 공식들의 전횡에 반발했으며, 인류의 진화가 거치지 않을 수 없다고 대부분의 사회학자가 선고하는 획일적으로 연결된 엄격한 단계들의 연속에서는 숨이 막히는 것을 느끼기 때문이다. 그러나 이 철학자들은 기초적인 질서(즉 사회적인 사실들이 나타내는 근본적인 반복 방식, 본질적으로 모방적인 것으로 여겨지는 반복 방식)를 알아차리지 못했기 때문에, 그들은 복잡한 자의적인 질서를 생각해내지 않을 수 없었다. 즉 그들은 역사의 모호하고 혼란스러운 큰 전체적인 현상들도 마찬가지로 ─ 누구에 의해선지 왜 그런지는 모르지만 ─ 더 할 나위없이 규칙적인 진행을 따라 반복될 수밖에 없을 것이라고 추정하였다. 또 다시 말하지만, 그들은 그러한 것을 생각해내지 않을 수 없었다. 왜냐하면 반복되는 사실들, 반복되면서 일반화를 발생시키는 사실들을 인정하지 않으면, 과학을 구성하고 법칙을 공식화하는 것이 불가능하기 때문이다. 그런데 실제적인 정밀한 일반화가 없다면, 혼란스러운 공상적인 일반화를 사용할 수밖에 없다.

그렇지만 아무리 부정확하더라도 이 획일적인 진화법칙은 인간 개인의 개성적인 특징과 그 고유의 실재성을 치명적으로 해친다. 이에 반해 인간은 모방에 관한 공식이 그 상대적인 정밀함에도 불구하고 그에게 부여하는 폭넓은 발전 범위 안에서는 편하게 숨쉰다. 하지만 우리가 보게 되는 것처럼, 이 관점에서도 사회적 사실들은 서로 완전히 유리된 모습으로 나타나지 않는다. 그 특징적인 반복과 그 특징적인 변이를 통해서도, 사회적 사실들은 보편적 현실의 그 밖의 단계가 나타내는 특수한 변이나 반복과 비교할 수 있다.

4

　사실 모든 종류의 사물에서는 제일 먼저 큰 구분을 해야 하는데, 이 구분은 임시로는 받아들일 수 있다. **반복되는 것과 반복되지 않는 것의 구분**이 그것이다. 그리고 인간사회에만 뜻밖의 일, 다양성, 개성적인 것 등이 획일적인 것의 단조로운 회전에서 매순간 돌연 나타나는 것은 아니다(인간 자유의 행동 때문이라고 사람들은 말하지만, 이는 상관없다). 그러한 일은 생물계와 물리계에서도 일어난다. 게다가 여기에서나 거기에서나 다양성은 획일적인 것의 결말, 존재 이유, 마지막 꽃이다.
　별의 규칙적인 공전, 에테르의 균일한 파동, 거리와 시간에서의 천체 역학 법칙의 무한히 엄청나게 반복되는 적용, 이러한 것들은 무엇으로 귀착되는가? 각 태양계의 독특한 특성으로, 그 각각의 태양계 안에서는 항성들, 행성들, 그리고 그것들을 구성하는 혜성들의 고유한 성격으로 귀착된다. 또한 그 가장자리가 완전히 독특하면서도 생동감 있게 마무리되는 상이한 대륙이나 강 유역을 지닌 행성 표면 고유의 지리학으로 귀착되며, 아마도 아주 특별한 땅의 층위層位를 지녔을 것으로 추측되는 행성 고유의 지질학으로 귀착될 것이다. 그리고 우리의 정신 상태 만큼이나 일시적인 기상 상태를 지닌 행성 고유의 기상학으로 귀착된다. 생물의 반복, 심장의 고른 박동, 공기를 들이마시는 것과 내쉬는 것, 교대로 이루어지는 세포조직의 산화와 탈산화, 성장하는 각각의 세포조직에서는 모두 비슷한 세포 증식, 그 세포들이 다시 만들어지는 것(이때 세포들의 생식은 계속 이어지면서도 똑같을 정도로 유사하며 아울러 그 특별한 형태의 침착물沈着物*을 고스란히 서로에게 전한다), 이러한 것들 역시 무엇으로 귀착되는가? 다시는 존재하지 않을 독특하고 특징적인 생물 개체로, 즉 한 유형의 일시적인 변이로 귀착된다. 그런데 생물체에서 신경계를 따로 고찰한다면, 각각의 신경에 퍼져 몇몇 신경절[림프절]에 일정하게 쌓이고 이 신경절에서 기계적으로 뇌 중추에 전해져 그곳에서 마찬가지로 변함없이 감각과 관념으로 변하는 비슷한 진동들은 무엇으로 귀착되는가? 독창적인 정신 상태로, 망막에서의 그림이나 고막에서의 자국으로, 음색과 소리, 색깔과 모습, 지각, 개념, 욕망의 조합(다시는 나타나지 않았으며 곧 사라지는 조합)으로 귀착된다. 이러한 고찰을 그 모든 구체적인 현실에서 포착된 정신 상태에 적용하면 할수록, 그것은 더욱더 사실일 것이며 또 더 쉽게 확인될 수 있을 것이다. 그 정신 상태란 외부 자연의 모든 작용과 사회 환경의 합류점, 즉 수많은 물리적인 힘과 수많은 역사적인 흐름(어떤 관념, 감정, 본보기, 관습이나 유행의 흐름)이 처음이자 마지막으로 서로 교차하는 복잡한 교차로다. 이때 이 역사적인 흐름은 어떤 언어의 단어, 어떤 종교의 의례, 어떤 법의 절차[소송], 국

* 세포조직 내의 농양 분비물의 축적물.

가적이거나 국지적인 습속의 형태로 개인의 정신에 각인시키며 또 그 대신 그 개인의 정신으로부터는 새로운 흔적[영향]을 받는다.

따라서 현실의 모든 층에서, 반복되는 사물은 우리에게 줄기로 나타나며, 반복되지 않는 사물은 그 줄기에서 꽃이 피며 만개하는 것이다. 이 점에 관해서, 상위층은 다른 두 층과 결코 구분되지 않는다. 올라갈수록, 반복되지 않는 사물의 중요성이 반복되는 것에 비해 점점 커질 것이라고 말할 권리가 우리에게 있는가? 결코 그렇지 않다. 확실히 천체들이 무게, 부피, 모습, 화학적 성분, 지질층, (대륙과 바다, 산맥과 계곡의) 지리적 분포, 대기현상에서 서로 다른 특징만큼 중요한 것은 없다. 다른 모든 것도 다양성 여하에 달려 있다. 다양성이 없다면, 태양계, 보다 정확히 말해 하늘 전체가 거대한 평범함의 전개, 견디기 어려운 아주 놀랄 만한 단조로움의 전개일 것이다. 지구전도全圖 보다 우리의 신체 특징이나 얼굴 모습에 더 많은 가치를 부여하는 것, 또는 우리의 가장 독특하거나 가장 고상한 정신 상태가 우리의 망막이 싫증내지 않는 저 기이한 큰 광경(말하자면 별이 총총한 창공의 생동감)보다 더 경이롭다고 확신하는 것은 진실로 인간이자 지각地殼의 기생충 같은 존재인 우리 자신의 작은 특성을 너무 대단하게 생각하는 것이 될 것이다. 그런데 저 굉장한 무질서의 웅대한 과시가 없다면, 아름다운 밤은 공공 기념물의 대칭적인 조명만큼이나 가만히 바라보기에는 지루한 뭔가가 될 것이다.

우리는 그저 물리적 특성이 생물의 특성이나 특히 심리사회적 특성보다 더 우연적이며 더 피상적이지만 더 깊지는 않은 성질 및 기원을 갖고 있다는 것밖에는 말할 수 없는가? 이젠 그렇지 않다. 어떤 종류의 사실에서건 유사, 질서, 불변성은 깊은 곳에 있고 자유로운 다양성은 표면에만 있다고 생각하는 것은 그럴듯한 오류다. 근본적인 것은 모두 미분화된 것임에 틀림없는 것처럼 보인다면, 이는 멀리 떨어져 있다는 착각 때문이다. 이 착각이 우리 눈을 흐리게 해, 아주 멀리 있는 것처럼 보이게 한다. 그것처럼 널리 퍼져 있고 깊이 뿌리박힌 견해를 몇 마디로 반박하는 것은 나로서는 불가능하다. 나는 말이 나온 김에 그 견해의 허약성을 지적할 수 있을 뿐이다. 스펜서가 소위 **동질적인 것의 불안정성** 법칙을 말했을 때, 그는 다른 몇 가지 편견에 대해서와 마찬가지로 이 중대한 편견에 대해서도 단지 위엄있는 공식만을 제시했을 뿐이다. 그가 그렇게 한 것은 동일한 요소들이 불변적인 법칙에 지배받는다는 가설과, 이질적인 것들이 현실에 가득 들어있는 현상을 일치시키고 싶은 욕구 때문이다. 따라서 그에 따르면, 처음의 근본적인 동질성은 불안정한 균형 상태다(모든 사람과 마찬가지로 그도 여기에서 출발한다). 이 균형 상태가 조금이라도 동요하게 되면, 그것은 점점 더 빠르게 흔들린다. 불행하게도 처음의 차이 요인, 즉 보편적 차이화[분화]를 일으키기에 충분할 작은 효모를 요구할 수밖에 없는 처지에 있게 된다. 그러나 이 씨앗의 생산 자체를 여전히 설명하지 못하며 또 설명할 수 없다. 그리고 아무런 근거도 없이, 그 최소한의 차이가 주위의 많은 유사한 것들 속에 본래부터 파묻혀 있다고 추측하면서 그것이 그 속에서 사라지기는커녕 기원을 만들었다고 생각한다. 정말이지, 우주의 두드러진 사실은 **이질적인 것의 불안정성**이 아닌가? 흐트러져 있는 것들이 조화를 이루어가고, 혼돈에서 세상이 만들어지며, 다양성이 동화되는 것을 어디에서나 보지 않는가? 사실 우리가 여기서 반박된 가설의 소재와 유사한 현실을 대면할 때, 예를 들어 우리가 비교적 동질적인 물질인 철사에서 하나의 힘인 전기가 돌아다니는 것을 볼 때, 감지될 수 있는 변화가 일어나지 않으면서도 기초적인 물리적 사실들이 얼마나 놀랄 정도로 복잡하게 얽히고 빠르게 반복될 수 있는지를 전화의 경이로움은 우리에게 증명하지 않는가? 인간의 말을 그 음색이나 억양과 함께 그처럼 순식간에 재생하는 것은 ― 이것은 수백 개의 장소를 가로지르는 파동의 연쇄가 굉장히 복잡하게 얽히는 것을 전제로 한다 ― 어떤 동물이나 식물의 특징이 난세포를 통해 유전적으로 전해지는 것만큼이나 놀라운 일이다. 그리고 인간의 말을 그처럼 순식간에 재생하는 것은 반복이 복잡하게 얽히는 것에서 새로운 현상의 생산을 기대할 필요가 없다는 것을 보여준다. 모든 자연법칙이 엄격한 규율로 이루어져 있는 것을 볼 때, 본질적으로 기복 없는 이 법칙이 동일한 요소들 간에 적용된다면, 현상들의 풍부한 다양성이 획일적인 것과 동일한 것의 그러한 조합에서 돌연 나타나는 일이 어떻게 일어날 수 있을까? 따라서 물리적 차이든 생물적 차이든, 정신적 차이든 사회적 차이든, 사물의 밝은 표면에 나타나는 차이는 그 내부의 잘 알려지지 않은 깊은 곳에서만, 즉 한없이 서로 동맹관계를 맺기도 하고 다투기도 하는 눈에 보이지 않으며 무한히 작은 그 행위자[동인]들agents에게서만 나올 수 있다. 이 때 그 행위자들이 규칙적으로 나타난다고 해서 우리는 그것들이 똑같을 것이라고 믿어서는 안 된다. 이는 멀리 떨어진 숲에서 부는 바람이 단조로운 휘파람 소리를 낸다고 해서 아주 상이하며 서로 다르게 흔들리는 나뭇잎들이 비슷할 것이라고 믿어서는 안 되는 것과 같다.

그렇지만 내가 방금 말한 것처럼, 반복되는 사물과 반복되지 않는 사물을 구분해야 한다. 지금은 다음과 같은 것을 지적해야 할 때다. 즉 반복되지 않는 사물조차 반복되기를 갈망하고 있으며 또한 운 좋은 어떤 것들은 그렇게 하는 데 성공한다는 사실을 말이다. 변이가 반복에서 생겨난다면, 반복은 언제나 변이(즉 그 환경에 다른 것보다 더 잘 적응하며 퍼지면서 일반화되는 변이)에서 유래한다. 모든 종류의 사실에서 변이와 반복, 개별적인 것과 일반적인 것의 진정한 관계를 찾아내 분명하게 정의하는 것이 중요하다. 이 원리는 다음과 같이 제시할 수 있다: 개별적인 것 모두가 일반적인 것이 되는 것은 아니지만, 일반적인 것은 모두 개별적인 것으로 시작하였다. 이 원리는 사회과학에서와 마찬가지로 물리학과 생물학에서도 사실이다. 그러나 그 원리는 생물학보다는 사회과학에서, 또 물리학보다는 생물학에서 확인하기가 더 쉽다. 이것은 물리학, 화학, 천문학에서는 우리가 추론을 통해서만 사물의 기원으로 거슬러 올라가기 때문이다: 그 어떤 별의 빛이라도 지금은 무한한 공간에 무수히 많은 비슷한 진동으로 퍼져 있지만, 처음에는 ― 그 별이 탄생했을 때는 ― 공간의 한 작은 점에서 돌연 나타난 불티였다고 우리는 매우 확신한다. 물질은 영원하다고 인정하면서도, 그 특별한 형태인 산소, 질소, 수소가 언제나 있지는 않았다고 우리는 생각한다. 또한 그 각각의 기체는 오늘날 그 분자들이 수세기 전부터 같은 주기운동을 마찬가지로 반복하는 모든 천체에 퍼져 있는데, 그 기체는 처음에는 어딘가에서 생겨나 그곳에서 퍼져나갔음에 틀림없을 것이라고 우리는 추측한다. 자연에서는 아직까지 듣도 보도 못한 새로운 물체가 어딘가에서(예외적으로는 우리의 어떤 화학자 실험실에서) 생겨나며, 만일 그것이 우리 욕구에 유익하다면 전세계에 보급되는 것처럼 말이다. 반복해서 말하지만, 우리는 그렇게 추론한다. 그리고 우리는 그렇게 추론하지 않을 수 없다. 그렇지만 우리의 관찰은 우리의 가설을 결코 명백하게 확인해주지 않는다. 생물학에서 이미 우리는 더 행복하다: 우리가 여기서 더 이상 의심 할 수 없는 것은, 한 동물종이나 한 식물종이 지금은 하나의 대륙이나 여러 대륙에서 무수히 많은 표본으로 재생산되지만, 처음에는 어떤 좁은 지역이나 한구석에서 형성되었다는 것이다. 거기에서, 개체 변이 즉 예를 들면 교잡의 열매인 수태 이형異形의 고정에 의해서든 축적된 일련의 개체 변이의 선택에 의해서든 어떤 방식으로든 탄생한 동물종이나 식물종은 새로운 생물적 조화를 생기게 했는데, 이 새로운 조화는 처음엔 아주 제한된 것이었지만 곧 무한히 늘어났다. 어쨌든 종의 기원을 설명하려면 — 아가시Jean Louis Rodolphe Aagassiz*처럼 첫날부터 떡갈나무들은 숲이었고 개미들은 개미 무리였으며 인간들은 국민이었다고 용감하게 인정하지 않는 한 — 언제나 별개의 한 존재로 처음 구체화된 개체 변이, 생생하면서도 이례적인 독특성, 생명의 발명에서 출발해야 한다. 그리고 여기서 우리는 이미 경험을 약간 내세울 수 있다. 우리 정원사나 사육사의 독창성에 의해 유발된 식물이나 동물의 인위적인 품종이 나타나 퍼지는 것은 사실 그런 식으로 해서가 아닌가?

그렇지만 사회학에서만은 그러한 관점의 진실이 어떤 모호함도 없

---

* 스위스 출신의 미국 지질학자이자 고생물학자(1807~1873).

이 나타난다. 사회계에서는 모든 진보의 원천인 저 독특하면서도 중대한 사실, 말하자면 개인적인 창의가 종종 우리 눈 앞에서 태어나거나 솟아나는 것을 본다. 이 최초의 자극은 한 마디로 말하면 발명이다. 천재에 의한 것이든, 유명하거나 잘 알려지지 않은(때때로 작자불명인) 한 인간의 재능에 의한 것이든, 또는 연속적인 일련의 발명자나 때때로 무의식적인 협력자에 의한 것이든 그 발명은 곧이어 한 지역에, 한 지방에, 한 제국에, 지구 전체에 점점 보급될 것이다. 파리의 아파트, 시골의 초가집, 미개인의 오두막집, 아무 집이나 들어가 보라, 심지어는 유목민의 천막에도 들어가 보라, 가구, 무기, 연장, 가재도구, 옷을 보게 될 것이다. 종교 의식, 육체적이든 지적이든 전문적인 노동을 목격하게 될 것이다. 대화, 노래, 신에게 드리는 기도, 아이에게 하는 훈계를 듣게 될 것이다. 그 모든 것은 다소 오래전부터 꽤 넓은 지방에서 통용되는 습속, 관습, 예의범절, 법과 일치하고 있다. 그리고 이 모든 것이 지금은 그 지역에서 일반적이지만 처음에는 특이하고 개인적인 것이었다: 박식한 사람이라면 오늘날 모든 벽난로에 걸려 있는 추시계 중 그 최초의 것, 모든 사람이 입고 있는 셔츠 중 그 최초의 것이 어디에서, 언제 만들어졌는지를 제법 자주 말해줄 수 있을 것이다. 그는 또한 모든 마구간이나 축사를 가득 채우고 있는 개, 말, 소의 품종이 어디에서 만들어졌는지도 말해줄 수 있을 것이다. 지금은 수백만 명의 신자들이 행하는 이런저런 의식, 성사, 기도의 보잘 것 없는 기원이 무엇인지도 말해줄 수 있을 것이다. 모든 문명 세계에서 효력을 발하는 이런저런 법전, 이런저런 도덕규범이 갈릴리, 그리스, 라티움Latium*의 어느 지방에서 유래했는지도 말해줄 수 있을 것이다. 예를 들면 아시아의 한 작은 쟁반이 지구의 어느 구석에서 생겨났는지도 말이다. 또한 놀랄 정도로 정확하게 모방되어 아버지에서 아들로 충실하게 전해져 현재 수백만 개의 입에 의해 반복되는 이런저런 어근, 이런저런 문법형태가 누군지는 모르지만 확실히 그 누군가에 의해, 먼 옛날 어디에서 시작되었는지도 말해줄 수 있을 것이다. 보다 최근의 창조물의 경우에는, 우리는 그것을 만들어낸 개인의 이름을 대면서 그것을 생각하게 된 환경을 분명하게 말할 수 있을 것이다. 우리는 이런저런 은어, 이런저런 훌륭한 은유를 누가 유포시켰는지를 안다. 지구 전체를 그 철도망이나 전선망으로 뒤덮어버리고 있는 저 기관차나 전신 중 그 최초의 것을 만들어낸 사람이 누구인지, 또는 그 연속적인 발명자들이 누구인지 우리는 안다. 누가 저 민주주의 사상이나 사회주의 사상을 입 밖에 냈는지 우리는 안다. 세계에 혁명을 일으키는 중에 있으며, 그중 어떤 것은 세계에 영구히 정착될 저 민주주의 사상이나 사회주의 사상을 말이다. 그리고 우리는 뉴턴과 같은 사람의 뇌가 이러저러한 날 우주의 근본적인 법칙을 생각해냈다는 것을 안다. 지금은 조금이라도 교양을 갖춘 모든 사람의 정신 속에 수백만 개의 표본으로 복제되어 있는 그런 법칙을 말이다. 따라서 사회적으로 볼 때, 일반적인 것은 모두 처음에는 개인적인 것이었다는 사실은 의심할 바 없다. 그리고 이 원리가 매우 자주 반박당했다면, 피상적이고 공상적이며 완전히 자의적인 설명을 위해 확신을 갖고 그 이론을 부정했다 하더라도, 이는 아주 오래된 제도의 경

---

* 이탈리아 중부 지방의 고대 로마 발상지.

우 그 기원에 대한 우리의 빈번한 무지 때문인 것에 지나지 않을 것이다. 그 근원이 먼 과거의 안개 속에 있어 우리 눈에 보이지 않는다. 우리가 청동기 시대나 신석기 시대의 유물을 어디에서나 발견하는 것처럼 만 년이나 십만 년 후에는 철로, 기관차, 전신의 금속 조각을 어디서나 발견하고는, 그 유사점을 무의식적인 행위자들의 협력으로, 즉 군중의 혼, 사회 환경이나 어떤 다른 실체의 자발적인 작용으로 설명하는 고고학자들이 있을지도 모른다. 파팽, 와트, 앙페르, 에디슨에 대한 전설을 신화 속으로 쫓아버리고는, 그 전설을 집합적이며 비개인적인 요인들의 단순한 의인화, 편협한 개인주의의 유치한 발상으로 여길 고고학자들이 있을지도 모른다.

안이한 반론을 예방하기 위해, 나는 서둘러 다음과 같이 부언한다. 즉 주위의 군중에 분산되어 있는 수많은 도움의 협력이 없다면, 발명가의 출현도 그의 성공도 생각할 수 없을 것이라는 사실을 말이다. 가장 독창적인 발명도 오로지 이전以前 발명들의 종합일 따름이다. 그리고 그것의 전파가 가능한 것은 오로지 그 발명이 이미 제기된 문제나 이미 생겨난 욕구에 대한 적절한 대답으로 보일 때뿐이다. 이러한 진실을 표현할 때, 천재적인 인간은 한 민족의 갈망이나 욕구의 단순한 결과이며 그는 때가 되면 언제나 온다고 말하는 것은 그러한 진실을 과장하며 왜곡하는 것이다. 한편으로, 천재가 오기 위해서는 그를 부르는 것으로 충분하지 않다. 삶의 어렴풋한 기반에서, 삶이 불러일으키는 개인적인 변화들의 교차에서, 일련의 행복한 결혼에서 대중의 욕망에 들어맞는 재능의 다양성이 돌연 나타나야 한다. 아즈텍인과 잉카인은 라마lama 이외의 가축, 단음문자*표기법, 바다 항해에 적절한 배에 대한 욕구를 아무리 지녀도 소용없었다. 그들은 어느 정도 문명화 되었지만, 그 필요한 것들 없이 지내지 않으면 안 되었다. 왜냐하면 그들 민족은 [개인에게] 그러한 것들을 생각해내고 그 생각을 실현하기에 충분할 정도로 높은 개성을 주지 않았기 때문이다. 로마 제국은 야만인들을 물리치기 위해서 화약 발명에 대한 가장 큰 욕구를 지녔을 것이다. 또 다른 한편으로, 천재는 부르지도 않았는데 종종 온다. 그때 무슨 일이 일어나는가? 그의 진가가 인정받지 못한다. 그리고 발견의 씨앗은 어떤 도서관 어딘가에 있으며 미래의 발굴을 기다릴 것이다. 그것이 영원히 유산되지 않는다면 말이다. 또는 아무도 부르지 않은 그 사람은 그의 출현 자체로 인해서, 그가 대답할 것으로 여겨지는 부름이나 그가 만족시켜 주는 욕구를 유발하는 재능을 갖고 있다. 그는 이 욕구를 만족시키면서 그 욕구를 불러일으키거나 자극한다. 예를 들어, 신문을 읽고 싶은 욕구는 현재 억제할 수 없을 정도로 아주 보편적인데, 그 욕구를 조금씩 불러일으켜 점점 더 만족시킨 인쇄술의 발명이 없다면 그 욕구는 어디에서 오겠는가? 부아시에Gaston Boissier† 씨가 보여준 것처럼, 로마 제국 시대에 손으로 쓴 여러 종의 신문이 있었다. 그러나 빨리 발행하는 기계 수단이 없어 그러한 언론은 발전할 수 없었기 때문에, 공중의 호기심은 그러한 것을 요구하지 않고 다른 곳으로 향했다. 이 경우, 천재적인 인간이 제때에 왔다고 말하는 것이 정확한가? 오히려 사실은, 그가 추시계의 바늘

---

* 언어를 표음적表音的으로 표기하는 문자 체계에서, 자음과 모음으로 구분되는 낱낱의 자모가 단음單音을 나타내는 글자. 한글 자모와 알파벳이 이에 속한다.
† 프랑스의 역사가이자 문헌학자(1823~1908).

을 앞당겼으며(또는 늦췄으며), 그는 적어도 어느 정도는 자기 마음대로 시기를 선택했다. 확실히 욕구는 아무리 인위적이고 **사치스러운 것**이라 하더라도, 그 욕구가 유기체의 원초적인 욕구에 기초를 두는 한에서만 지속성이 있고 끈질기며 사회적으로 중요하다. 이때 이 유기체의 원초적인 욕구는 풍부한 흐름이며, 그 특정한 욕구는 결국 거기에서 파생된 작은 수로에 불과하다. 이것은 이리저리로 향하면서도 일련의 **체인식 양수기**에 의해, 말하자면 교육과 문화의 힘으로 움직이는 일련의 승강기에 의해 더 높은 수준에 도달한다. 그러나 근본적인 욕구의 이러한 유도와 승화, 특정화나 세련화는 수많은 상이한 방향을 지닐 수 있으며 또 수없이 상이한 정도로 높아질 수 있다. 먼 옛날의 발명가든 최근의 발명가든, 발명가들은 매우 오래된 이 관개灌漑 작업의 기술자였다. 유기체적 욕구, 인종 특성 그리고 기후 자원이 부과하는 한계 안에서, 그 기술자들은 상당히 큰 자유를 누렸다. 그리고 이 자유가 최근의 각 발명가에게 제한되어 있다면, 이는 오래전의 잊힌 발명가들이 — 이들의 축적된 좋은 생각이 주지의 영역이 되어버린 만큼 — 그 계승자가 성공하고 싶다면 고려하지 않으면 안 되는 일반적인 자극을 결정했기 때문이다. 마시고 싶은 욕구가 왜 여기서는 맥주를 마시고 싶은 욕구, 다른 곳에서는 포도주를 마시고 싶은 욕구가 되었으며, 또 다른 곳에서는 왜 홍차, 마테차maté, 사과술을 마시고 싶은 욕구가 되었는가? 차나 포도주에 익숙한 나라에 새로우면서도 더 나은 맥주 제조법을 도입하려고 애쓰는 맥주 양조업자나, 포도재배에 알맞기는 하지만 맥주에 익숙해진 나라에서 새로우면서도 더 좋은 포도나무 품종을 발견한 포도 재배자가 성공하지 못할 정도로 말이다. 성공하지 못하는 이유를, 서로 다른 재배에 몇몇 희미한 경계를 그은 기후에게만 물어보아서는 안 된다. 특히 아주 오래된 몇몇 조상, 지역의 몇몇 노아Noä나 바커스Bacchus의 전통적인 영향에게도 물어보아야 한다. 포도나무가 야생 상태로 자란 수많은 지역에서조차 포도주를 몰랐던 것은, 유럽인이 도착하기 전에는 바커스도 노아도 없었기 때문이다.

악천후로부터 몸을 보호하려는 유기체적 욕구가 왜 여기서는 모피를, 다른 곳에서는 모직물을, 또 다른 곳에서는 견직물이나 면제품을 입으려는 사회적인 욕구가 되었는가? 그리고 왜 여기서는 간단한 옷을, 저기서는 긴 바지를, 여기서는 고대에 토가toge*를, 저기서는 아라비아풍의 외투burnous†를 입으려는 사회적인 욕구가 되었는가? 어떤 민족에게서 새로운 옷을 수입해 오는 상인들은 전全 주민을 변화시키려면 왜 어느 정도는 이들의 습관을 따라야 하는가? 그 상인들로 인해 일본의 경우처럼 외국 유행을 받아들이려는 혁명적인 욕망이 그 전 주민 집단에서 태어날 때까지 말이다. 그 이유는 마찬가지로 그들 거의 모두가 신원미상인 일련의 창의력이 풍부한 조상들에게도 물어보아야 한다. 이들이 사냥 기술, 짐승 가죽을 보존하는 기술, 양이나 누에를 기르고 목화를 재배하는 기술, 양털을 빗어 실로 만들거나 베를 짜는 기술을 생각해 냈으며 서서히 개선시켰기 때문이다. 조금씩 국민 관습으로 인정받은 옷 재단법을 유행시킨 먼 과거의 신원불명 재단사들에게도 물어보아야 한다. 기후의 다양성이 옷의 변화에

* 고대 로마인이 즐겨 입은 길고 펑퍼짐한 옷.
† 두건 달린 소매 없는 겉옷.

어떤 역할을 했다는 것을 나는 잘 안다. 그렇지만 그 기후의 다양성이란 발명자들의 재능이 각기 아주 다른 해결책을 찾지 않으면 안 되는 문제의 여건에 불과하였다. 이 물리적인 조건이 간접적으로 부추기기는 하지만 직접적으로는 아무 것 설명하지 못한다는 증거는 다음과 같은 것이다. 즉 유럽인의 산업이 오늘날 아프리카의 한쪽 끝에서 다른 쪽 끝에 이르기까지, 아메리카와 아시아의 북에서 남에 이르기까지 지구 전체에서 현지의 모든 옷감이나 모든 의상을 유럽인의 옷감이나 옷 재단법으로 대체하는 중에 있다는 것이다.

기분전환하고 싶은 유기체적 욕구가 왜 여기서는 폼paume*, 저기서는 체조, 다른 곳에서는 마상馬上 시합이나 투우에 대한 사회적 욕구가 되었는가? 또는 그리스 음영시인吟詠詩人†의 노래를, 프랑스 음유시인의 노래를, 성가를, 성사극聖事劇을, 고전 비극을, 희곡을, 풍속희극을 듣고 싶은 욕구가 되었는가? 대답은 똑같을 것이며, 또한 그 대답은 더욱 명백하게 옳을 것이다. 공공 오락에 관해서나 예술에 관해서, 특히 좋아하는 국민 취향은 체질이나 기후의 유혹에 의해서는 아주 어렴풋하게만 유발될 뿐이다. 유명한 사람, 찬사를 받는 주창자, 천재적인 시인이나 예술가가 연속해서 가져다주는 명백한 결정이 없다면, 그러한 유발은 결실을 맺지 못한 상태에 있을 것이다. 그런 사람들이 출현했을 때, 그들 각각은 이미 확립되어 있는 일반 대중의 취향을 변화시키면서도 그것을 만족시키지 않으면 안 되었다. 그런데

---

* 테니스의 전신.
† 고대 그리스에서 리라lyre(네 줄에서 열한 줄로 된 고대 악기)로 반주하며, 신이나 영웅을 찬양하는 시를 노래하거나 낭송하는 시인.

그 일반 대중의 취향은 누구에 의해서 확립되었는가? 무수히 많은 선행자들에 의해서다. 그리고 이 선행자들이 그 취향을 만들어낸 방식을 알려면, 우리는 새로운 천재들, 즉 널리 알려져 있는 저 유명한 사람, 주창자, 천재적인 시인이나 예술가가 그것을 개혁하거나 변화시키기 위해 발휘하는 힘을 보는 것으로 충분하다. 셰익스피어 같은 사람의 특별한 재능이 영국인의 취향에, 베르길리우스Virgile 같은 사람의 특별한 재능이 고대 로마인의 취향에, 라신Racine, 라퐁텐Lafontaine, 몰리에르Molière, 볼테르Voltaire 같은 사람의 특별한 재능이 프랑스인의 취향에 어느 정도로 영향을 미쳤는지는 잘 알려져 있다. 바그너Wagner 같은 사람의 혁신이 처음에는 음악을 듣는 귀나 심미적인 판단의 뿌리 깊은 습관과 부딪쳤지만 결국은 박수갈채를 받았다는 것은 경이롭지 않은가?

욕망의 큰 흐름을 따른 동시에 그것을 조종하고 이용해 한 방향으로 유도한 예술가, 산업가, 정치인과 같은 발명가에 대해 방금 말한 것은, 욕망과는 부분적으로 독립된 또 다른 큰 흐름 즉 믿음의 강에 똑같은 영향력을 행사한 학자, 신학자, 철학자와 같은 발명가, 보다 정확히 말하면 발견자에 대해서도 말할 수 있다. 충분히 지능을 갖춘 어떤 민족에게 어떤 발견이 주어졌는데 그것을 누구도 받아들이지 않을 때, 즉 그것을 누구도 믿지 않을 때(그것이 아무리 증명된 것이나 그럴듯한 것이라 하더라도), 이 문제를 그 원주민들의 뇌 구조나 그들의 주거 성질로 설명하는 것은 유치한 짓일 것이다. 그러한 거부는 오로지 다음과 같은 것에 기인한다. 즉 그 새로운 생각이 원주민들의 정신 속에 이미 자리 잡은 굳건한 믿음과 모순된다는 판단에 기인한다. 그런데 왜 그러한 믿음이 그 원주민들의 정신 속에 있는가? 종교 창시자나 전도자나 광신적인 발견자. 신념을 지닌 지도자처럼 씨를 뿌리는 몇몇 유명한 사람이 다소 오랜 시기에 걸쳐 그 믿음을 퍼뜨렸기 때문이다. 케플러나 갈릴레이의 발견의 전파에 기독교 국가들이 오랫동안 반대한 저항은 근본적으로 그 새로운 발견자들과 옛 발견자들(기독교 교의를 세우고 조정해 온 그리스나 라틴 교회의 신부들) 간의 투쟁에 지나지 않는다. 마찬가지로, 새로운 과학이론이 사실의 뒷받침을 아주 강력하게 받는다 하더라도 학자들이나 유식한 사람들의 세계에서 받아들여지는 데 어려움을 겪는다면, 이는 그 새로운 과학이론의 창시자들이 널리 유포되어 있는 이론의 옛 창시자들과 실랑이를 벌이고 있기 때문이다.

5

이러한 예는 무한히 늘릴 수 있을 것이다. 앞에서의 예는 사회에서의 개별성과 일반성의 진정한 관계, 변이와 반복의 진정한 관계를 보여주기에 충분하다. 우리가 분명하게 보는 것처럼, 이 관계가 여기에서는 그 밖의 자연에서와 똑같다. 한편으로, 개별적인 특이성 즉 새로운 조합 모두가 퍼져서 일반화되는 데 성공하는 것은 아니다. 그러나 다른 한편으로, 어떤 순간에 퍼져서 일반화된 것 모두는 언제나 처음엔 하나의 발명에 비할 만한 특이한 사실이었다. 게다가 생물계나 물리계에서와 마찬가지로 사회계에서도, 반복되는 변이만이 과학의 고유한 영역이 된다는 것을 우리는 알고 있다. 반면에, 반복되지 않는 변이 — 사물과 존재, 역사적인 상황, 초상화, 장면 등의 여러 변하는 모습의 표현에서 순간적인 것, 독특한 것, 결코 다시는 찾을 수 없는 것 — 는 예술의 가장 소중한 전유물이다. 예술은 이 찌꺼기를 금으로 바꾸고 일시적인 것을 영원히 전하는 재능을 갖고 있기 때문이다. 과학과 예술의 합류점인 철학에 대해 말하자면, 철학은 현실의 이 큰 두 얼굴을 극도로 복잡하게 이해하고 있다. 따라서 이러한 관점에서 보면, 사회학은 다른 과학들의 무리 속으로 복귀하는 데 전혀 어려움이 없다. 동시에 사회학은 그 다른 과학들에 전혀 예속되지 않으며, 그 고유의 독자성에 대한 어떠한 침해로부터도 벗어나 있다. 사회학은 더 이상 생물학에 예속될 필요가 없다. 즉 사회학은 생물학에서 그 방법과 틀, 용어 자체를 빌려오거나 해부학이나 생리학에서 얻은 그릇된 은유를 아낌없이 쓰면서, 사회의 역사적 변화를 배胚의 발전과 비슷한 것으로 상상하며 과학적인 색깔의 모습을 꾸밀 필요가 더 이상 없다(배胚는 엄격하게 미리 정해진 배아 단계의 주기를 거쳐 성숙 상태에 도달하며, 그리고 똑같은 길을 따라갈 새로운 배로 재생산된 다음에는 노화와 죽음에 이른다). 그렇다. 사회과학을 구성하기 위해, 사회진화를 그런 식으로 이해할 필요가 없다. 사회진화의 공식은 철도 회사가 변함없는 회로 속에 갇힌 여행객들에게 제시하고 강요하는 미리 정해진 경로에 비할 만한 것이 될 것이다. 이는 내가 유추나 비교의 방법을 배척하기 때문이 아니다. 나는 그런 방법을 많이 이용했다. 그러나 여기서는 — 여담으로 말하면 — 비교의 항項을 잘못 선택했다. 변함없는 진화 공식에 따라 재생산되는 생물과 유사한 것은 국민이 아니다. 그 전체로서 이해되든 그 일반적인 중대한 측면 중 하나(언어, 정부, 종교 등)에 따라 고찰되든 말이다. 생물과 사회적으로 비슷한 것은 노동자나 예술가가 만들어낸 작품, 일정한 수사 규칙에 따라서 웅변가가 행한 연설, 고전 비극, 미사, 의식, 일련의 규정에 따른 작업을 통한 기관차의 제조, 그리고 최종적으로 마모될 때까지의 그것의 이용 등이다. 여기에는 단계의 엄격한 연쇄와 무한한 재개가 있다. 그러나 연속적인 **작품종**種의 계열, 즉 그 각각의 작품종이 생겨난 연속적인 발명의 연쇄를 찾아본다면, 그 작품종을 생물종의 연속에 비유해야 할 것이다. 달리 말해서, 고생물학자가 우리에게 그려주려고 그토록 애쓰는 아주 생생하고 불규칙하며 파란만장하고 기복이 심한 계통수에 비유해야 할 것이다. 이 계통수에서, 험난하고 구불구불한 어떤 일반적인 발전 방향은 오로지 후퇴, 뒤얽힘, 끊임없는 좌절을 통해서만 드러난다.

그런 유사점이 무엇이든 상관없다. 따라서 천문학이 있기 위해서, 하늘의 모든 태양계가 똑같은 형성 기간을 보내지 않을 수 없는 것으로 생각할 필요가 있는가? 지질학이 있기 위해서, 모든 행성이 일련의 겹쳐진 옷(즉 일련의 연속적인 지층, 동물상과 식물상)을 입지 않을 수 없는 것으로 생각할 필요가 있는가? 화학이 있기 위해서, 우주의 모든 화학적 진화가 똑같은 순서로 전개되지 않을 수 없는 것으로 생각할 필요가 있는가? (무한한 공간에는 다른 화학적 진화가 있다 하더라도, 우리에게 알려져 있는 물질은 아마도 그런 화학적 진화의 연속적인 산물이겠지만 말이다.) 바로 이런 것들은 대부분 해결할 수 없으며, 적어도 엄밀하게는 해결할 수 없는 문제다. 그리고 가장 그럴듯한 해결도 단선적인 진화론자들의 주장을 정당화하는 것 같지 않다. 게다가 우리는 이 문제들을 억지로 해결할 필요가 전혀 없다. 우리가 서로 연관되어 있는 일반적인 사실들, 즉 반복되는 비슷한 사실들의 덩어리, 증가하거나 감소하는 덩어리를 파악하는 데 성공할 때 어떤 사실들의 질서로 구성된 과학이 있다는 것을 우리는 안다. 이때 그 덩어리의 증가나 감소는 수와 측정을 적용할 수 있는데, 그러한 증가나 감소는 정비례하든 반비례하든 서로 밀접한 관계를 맺고 있는 모습을 나타낸다. 이 비슷한 사실들의 덩어리는 양量 말고 다른 것인가? 양量, 이것은 근본적으로 반복과 유사, 달리 말하면 일반적인 사실에 지나지 않는다. 양이 있는 곳에는 어디에나 과학이 있다. 사실, 양 개념의 가장 순수한 유형은 물리학에서만 실현되는 것 같다. 그러나 이것은 아마도 착각에 지나지 않을 것이다. 어쨌든 여기에서나 다른 곳에서나, 양 개념은 언제나 한데 모은 반복으로 귀착된다. 화학 물질의 무게, 산소량이나 질소량의 무게는 그것을 구성하는 비슷한 분자들의 덩어리가 많이 있는가 적게 있는가에 불과하다. 물체의 열은 그 속에서 이루어지고 있는 열진동, 즉 부피와 속도를 어느 정도 지니고 있는 열진동의 덩어리가 많이 있는가 적게 있는가에 있다. 동물이나 식물의 세포조직, 근육조직, 점막조직 등의 생명력도 역시 아주 똑같은 세포들의 증식으로 이루어지는 양이다. 마지막으로, 사회통계학이 서로 비슷한 인간 행위나 산물을 대상으로 하고(언제나 그렇게 해야 할 것이다) 또 이질적인 사물들을 한데 모으지 않을 때(그런데 너무 자주 한데 모은다), 그 곡선은 앞서 말한 것들에 비길만한 수數의 상승과 하락을 나타낸다. 그 여러 곡선의 평행이나 위치가 뒤바뀌는 것은 물리학자의 공식이나 자연학자의 고찰이 표현하는 양量의 상관관계의 의미와 똑같은 의미를 갖고 있다.

따라서 모든 과학은 무엇보다도 양과 반복을, 그것도 그 과학에 고유한 양과 반복을 전제로 한다. 그리고 이러한 양과 반복은 그 과학의 공식의 요소로서, 자기보다 하위에 있는 과학이나 과학들의 양과 반복에 더해진다. 이것은 우선 물리 현상에 특유한 반복 양식, 생물 현상에 특유한 다른 반복 양식, 사회 현상에 특유한 또 다른 반복 양식이 있다는 것을 뜻한다. 그러므로 사회과학의 자율성은 사회과학이 그 나름의 고유한 반복 양식을 갖고 있다는 것이 밝혀진다면 확실해질 것이다. 진정한 의미에서의 물리적 반복이란 무엇인가? 그것은 파동이나 인력의 운동의 주기성이다. 사실, 파동과 인력은 주기적인 운동의 연속, 아주 작든 아주 크든(이것은 상관없다) 왕복 운동의 연속, 직선이든 타원형이든 왕복 운동의 연속이다. 이때 직선적인 왕복 운동과 타원형의 왕복 운동은 그 차원이 상당히 다름에도 불구하고, 같은 속屬의 두 종種으로서 서로 관련되어 있을 수 있다. 직선은 무한정 뻗어 있는 타원으로 간주될 수 있다. 돌이 물에 빠질 때, 그 돌이 물에 빠진 다음 건드리는 물 분자들은 처음 수준 이상으로 올라가 그 대략적인 균형 상태를 오랫동안 유지한다. 이 잇단 수직적인 진동은 마찰력이 점점 없어지지 않는다면, 영원할 것이다. 동시에, 물 분자들은 그 진동 운동을 옆으로 퍼뜨린다. 그러나 그것은 갈수록 꽤 빨리 약해진다. 한편 인력에 끌리는 행성은 또한 계속 흔들리는데, 태양을 중심으로 해서 그 위아래로 오르락내리락하면서 흔들린다. 이 흔들림은 결코 멈추지 않는다(왜냐하면 여기에서는 마찰력이 약해지는 것이 눈에 띌 만큼 상당하지 않기 때문이다). 비교를 계속해보면, 각 행성의 인력은 무한히 계속되는 동시에, 인접한 천체들의 운동에 반영되며 자기 주위에서는 커진다. 인접한 천체들은 주기적인 섭동의 형태로 그 인력의 아주 약한 모습을 재현한다.[1]

계속하고 싶지 않다. 이것만으로도 다음과 같은 사실을 충분히 보여준다. 즉 물리적 파동과 천체의 인력을 동일한 일반화로 파악하는 것이 무모한 짓이 아니며, 간단히 말해서 그 둘에 파동이라는 이름을 부여할 수 있다는 사실을 말이다. 지상에서든 하늘에서든 그러한 운동의 기반인 화학물질에 대해 말하자면, 그 분자들 자체는 — 가장 그럴듯한 가설에 따르면 — 아주 복잡한 주기적인 운동, 즉 무한히 작은 궤도 속에 갇힌 보이지 않는 파波의 연쇄 및 얽힘에 불과하다.

---

1 허셜William Herschel[독일 출신의 영국 천문학자. 1738~1822]은 그의 『천문학 개론 traité d'astronomie』에서 다음과 같은 원리를 제시하는데, 그는 그 원리의 적용을 우리 태양계 천체들의 무수한 섭동을 서로 연결시키는 내적 상관성에서 보여주고 있다: 『물질적인 관계에 의해서든 상호 인력에 의해서든 그 부분들이 결합되어 있는 체계에서, 그 부분들의 일부가 (체계와는 무관하든 그 구성에 내재하든) 그 어떤 이유 때문에 계속 주기적이며 규칙적인 운동 상태로 유지된다면, 이 운동은 체계 전체에 퍼져 각각의 부분에 주기적인 운동을 발생시킬 것이다. 이때 이 운동의 기간은 본래의 운동의 그것과 똑같을 것이다. 진동이 반드시 동시에 일어나지 않거나 또는 그 최대 순간과 최소 순간이 반드시 일치하지 않더라도 말이다.』 이것은 예를 들면 지축 변화와 달의 교점 운동 간의 비교로 입증되며, 또한 지구 주위에서 달의 인력에 따른 변동인 조수 현상에서 더 명백하게 증명된다.

태양계에서 소위 섭동 작용에 의해 그런 식으로 생기는 작은 주기적인 운동은 궤도라고 불리는 주요 파동을 들쭉날쭉하게 하는 종류의 파波다. 비교는 허셜 자신의 것이다.

태양계는 그 운동의 관점에서 보면, 무한히 늘어나며 복잡해지는 주기적인 운동의 연쇄로 간주될 수 있다.

그러면 진정한 의미에서의 생명의 반복이란 무엇인가? 그것은 영양 섭취다. 이 영양 섭취를 통해 각 생물체의 조직 세포들이 재생산되기 때문이다. 그리고 그것은 생식이다. 이 생식을 통해 각 종種의 개체들이 재생산되기 때문이다. 게다가 영양 섭취는 내부 생식에 지나지 않는다. 그러므로 영양 섭취와 내부 생식을 이 내부 생식으로 합쳐도 문제가 없을 것이다. 이러한 반복 양식은 생물의 특징이다. 사실 아무리 단순주의자가 되어 생명의 신비에 대한 기계론적 설명으로 기울어져도 소용없다. 태어나 성장하며 늙어서 죽는 동물이나 식물에서 그것이 죽기 전에, 똑같은 운명이 예정된 비슷한 존재가 생겨나는 것을 보지 않을 수 없다. 그것은 커지거나 작아져서 다른 똑같은 파로 재생산되는 더 복잡한 파와는 다른 것이다. 확실히 생식에는 단순한 운동 전달로는 풀 수 없는 어떤 것이 있다(무엇인지는 말할 수 없지만, 우리는 그것을 느낀다). 그런 이유에서 생물학은 어느 정도까지는 물리학과 상관없는 자율적인 과학이다. 열파, 광파, 전파, 음파, 그 어떤 분자 진동과 같은 물리적인 힘이 거기에서 큰 역할(즉 고등기능을 하는 데 없어서는 안 되는 도구역할)을 하지만 말이다.

6

자 이제는, 진정한 의미에서의 사회적 반복이란 무엇인가? 우리는 이미 말한 바 있다. 그것은 모방이다. 즉 한 뇌가 또 다른 뇌에 그의 생각, 의지, 심지어 느끼는 방식도 반영하는 먼 거리에서의 정신적인 인상이다. 단지 겉보기에 불과한 예외나 반론에도 불구하고, 바로 이 모방이 기초적이며 보편적인 사회적 사실이라는 것이 증명된다면, 누구도 사회과학의 자율성을 부정하지 않을 것이라고 나는 추측한다. 왜냐하면 모방이 생식으로도 파동으로도 환원될 수 없을 것이라는 사실은 틀림없기 때문이다. 그럼에도 불구하고 마지막의 두 반복 양식, 말하자면 인종이나 기후 같은 생물적 사실과 물리적 사실은 모방 흐름의 방향에 큰 영향을 미치기 때문에, 그것들은 사회학에서 상당한 중요성이 있다. 그렇지만 그 중요성은 보충적이고 부차적이다.

모방이 그 여하한 사회적 관계 모두에 함축되어 있다는 것, 모방이 그러한 관계들의 공통점이라는 것을 얼른 증명하는 것은 쉬운 일일 것이다. 그렇지만 우선 말할 수 있는 것은 그러한 관계들이 몇 가지 범주로 분류될 수 있다는 것이다: 언어 관계, 종교 관계, 학술 관계, 정치 관계, 법률이나 도덕 관계, 경제 관계, 미적 관계. 그리고 이 각각의 관계는 서로 관련되어 있는 한 쌍의 말로 요약될 수 있다: 말하다와 듣다, 교리를 가르치다와 교리를 배우다. 기도하다와 기도의 대상이 되다(여기에서는 사회적 관계가 신자와 신 사이에 존재하는 것으로 여겨진다), 가르치다와 교육받다, 명령하다와 복종하다, 어떤 사람에게 권리가 있다와 어떤 사람에게 의무가 있다, 생산하다와 소비하다, 팔다와 사다, 노래를 부르다와 노래를 듣다, 그림을 그리다와 그림을 보다, 시를 짓다와 시를 읽다 등. 보는 바와 같이, 언제나 능동과 수동의 이중성이 있다. 왜냐하면 언제나 문제되는 것은 기본적으로, 결국에는 한 사람이 다른 사람에게(또는 그의 영향을 받는 다른 사람들에게) 미치는 작용이기 때문이다. 때때로, 심지어는 종종 그에게 곧 반대로 영향을 미치는 경우를 제외하면 말이다.

그런데 만일 이 기초적인 관계 각각을 따로 떼어놓는다면, 그 관계가 기계적인 생리적 작용과 심리적인 작용의 특별한 결합으로 이루어진다는 것을 우리는 보게 될 것이다.[2] 기계적인 생리적 행위는 정신활동의 일부와 서로 아주 다르지만, 전부 합치면 심리적으로는 말하자면 어떤 공통된 실체, 즉 정신에서 정신으로 전해지는 믿음이나 욕망이 있다. 믿음이나 욕망의 대상이 되는 사물의 성질(즉 감각으로 귀착되는 그 성질)은 범주마다 다르다. 그렇지만 믿는다는 것과 욕망한다는 것은 정신의 양이며 힘이다. 감각을 집행하는 지점은 다양함에도 불구하고, 이 정신의 양과 힘은 항상 똑같은 상태에 있고 정도만 다를 뿐이다. 그리고 그 정신의 양은 외부의 양과 마찬가지로, 그 성질이 본질적으로 변하지 않으면서도 영零에서 무한까지 양陽이나 음陰의 두 눈금을 두루 돌아다닐 수 있다. 어떤 사물에 대한 긍정의 강도는 완전한 확신에서 모든 개연성의 정도를 거쳐 절대적인 의심으로 내려갈 수 있으며, 그 다음에는 그 사물에 대한 부정이 될 수 있다. 그리고 이 부정의 강도는 새로운 완전한 신념, 소위 확신이라고 불리는 것으로까지 조금씩 올라갈 것이다. 어떤 사물에 대한 욕망의 강도는 강렬한 열정에서 단순한 일시적인 열정을 거쳐 무관심으로 내려가고, 마침내는 바로 그 사물에 대한 가벼운 반감, 강한 반감, 격렬한 반감이 될 수 있다.

---

[2] 예를 들면, 말한다parler는 것은 성문聲門[후두부에 있는 발성기관]의 수축, 입술과 혀의 운동, 공기의 진동이 뇌의 특별한 기능과 결합하는 것을 전제로 한다. 듣는다écouter는 것은 공기의 진동, 고막의 올바른 기능 등을 전제로 한다.

사회학이 시작하는 입구부터 매우 주목할 만한 성격을 지적할 필요가 있다. 이 성격은 개인 의식의 범위 — 독특한 것, 특이한 것, 비길 데 없는 것, 순수한 성질 등의 영역으로 여겨지는 범위 — 에서 동질적인 두 실재(한 정신이 어떤 상태에서 다른 상태로 바뀔 때뿐만 아니라, 한 정신에서 다른 정신으로 전해질 때도 변함없이 동일한 두 실재)를 구분할 수 있게 해 준다. 사실 이런 식으로 해서 또 오로지 이런 식으로 해서만, 심리학이 외면화되어 사회학으로 변할 수 있다. 여러 자아moi가 사람들이 때때로 추측하는 것처럼 이질적이라면, 즉 그것들에는 서로 이질적인 것밖에 들어있지 않다면, 그 여러 자아는 어떻게 아무것이라도 서로에게 전하거나 알릴 수 있겠는가? 그리고 전달이 없다면, 공통된 것이 없다면, 그들은 어떻게 결합해 우리를 형성할 수 있겠는가? 이 이질적인 자아들의 병렬이 겉으로는 사회적인 집단인 것처럼 보이게 한다는 것을 인정하더라도, 서로 비교될 수 없는 그 여러 결합체, 즉 상이하며 서로 무관한 사실들로 구성된 여러 결합체에 대한 관찰 및 비교에서 어떤 과학을 이끌어낼 수 있겠는가? 집합심리학, 따라서 뇌간inter-cérébrale 심리학, 사회학이 가능한 것은 오로지 다음과 같은 이유 때문이다. 즉 개인심리학, 뇌내intra-cérébrale 심리학이 한 의식에서 다른 의식으로 전하거나 알릴 수 있는 요소들을 지니고 있기 때문이다. 달리 말하면, 개인들 간의 환원 불가능한[확고부동한] 단절hiatus에도 불구하고 서로 접합되거나 더해져서 진정한 사회적인 힘과 양(여론의 흐름이나 대중적인 열정의 부추김, 국민적인 전통이나 관습의 끈질긴 에너지)을 형성할 수 있는 요소들을 지니고 있기 때문이다.

　　모든 기초적인 사회적 관계에는 믿음 또는 욕망의 전달이나 전하려는 시도가 있다고 나는 말한 바 있다. 그것을 확인하려면, 앞에서 열거한 일련의 관계를 한 번 쳐다보는 것으로 충분하다. 모든 말parole 은 어떤 판단이나 의도, 어떤 생각이나 의지를 표현한다. 말은 설득하거나 충고하는 경향, 가르치거나 명령하는 경향이 있다. 종교적인 말이나 학술적인 말, 정치적인 말이나 법률적인 말, 즉 성직자의 가르침이나 세속적인 교육, 정부의 명령이나 법전의 명령도 모두 마찬가지다. 모든 책, 모든 신문은 본질적으로 설득하는 것이거나 자극을 주는 것, 독단적인 것이거나 강압적인 것이다. 모든 생산 노동, 모든 상업적 진열은 소비 욕망이나 구매 욕망을 떠올리게 하는 경향이 있으며, 또 대부분의 경우에는 눈에 띄지 않는 암시, 그런 만큼 더 효과적인 암시를 통해 공급된 제품의 유용성(그 제품으로 표현되는 안락함의 약속에 일단은 다소 무의식적인 유용성)에 대한 판단을 불러일으키는 경향이 있다. 이것은 예술노동에서 더욱 분명하다. 예술 노동은 사람의 마음을 사로잡을 정도로 어떤 새로운 생각이나 이상, 새로운 인생관을 뛰어나게 잘 암시하기 때문이다. 예술 노동의 붓질이나 활 놀림은 뜻밖의 완전히 새로운 행복으로의 환상적인 초대다.

이제부터는 모든 정신의 저 이중적인 공통기반, 모든 정신이 그 속에 빠져 있으며 또 그 계속적인 교환 속에서 모든 정신에 끊임없이 스며드는 저 이중적인 내적 환경을 인정하는 것이 중요하다. 바로 그것이 심리학과 사회학의 근본적인 이원성이기 때문이다. 그러나 그 두 에너지의 옮겨 붓기tranvasement로 인해 정신에서 정신으로의 모든 커뮤니케이션이 서로 비슷하긴 하지만, 그 형태에서는 그것들이 기이할 정도로 다르다. 분명하면서도 특이한 **감각** 요소가 그 내적인 양들과 결합되어 있기 때문이다. 명확한 관념, 명백한 판단, 명확한 욕망, 일정한 행위나 욕구로 표현 되는 믿음, 바로 이것이 모방을 통해 의식에서 의식으로 퍼지는 것이다.

이 현상으로 돌아가 보자. 모방이란 무엇인가? 그것은 한 뇌가 다른 뇌에 행하는 특별한 종류의, 멀리서의 작용, 주어진 것이든 받아들인 것이든 어떤 정신적인 자국[영향]이다. 이 정신적인 자국은 그런 식으로 해서 어떤 전염 방식을 통해 퍼지는데, 이 전염 방식은 두 화학 물질이 조합되는 중에 있을 때 생겨나는 저 주기적인 운동의 전달과 완전히 다를 뿐만 아니라, 수정한 난세포가 성장해 생물이 생겨날 때 이루어지는 이미 정해진 생명 단계의 전달과도 완전히 다르다. 이 정신적인 자국은 두 가지 성격을 갖고 있다. 첫째, 그것은 말의 발음, 종교 의식, 명령된 행위, 가르쳐진 관념, 산업이나 예술의 배운 기법, 주입된 미덕이나 악덕, 자신이 모방하는 그 여하한 본보기, 음화 등의 자국, 그 정확한 재현이다. 이때 그것은 그 음화를 인화한 것인데, 이번에는 그 자신이 다시 음화가 된다. 둘째, 그 자국은 머리로 하는 정신적인 것이며, 본질적으로 심리적인 것이다. 그렇기 때문에, 분명한 사실을 무시하면서 하려고 했던 것처럼 심리학을 사회과학에서 내쫓으려고 하는 것은 불가능하며, 사회학에서 다른 기반을 찾아내려고 하는 것은 쓸 데 없는 짓이다.

모방은 기초적이며 특징적인 사회적 사실이라고 나는 말한 바 있다. 이 명제의 중요성에 대해 해명할 때다. 사회의 구성원들은 사회적인 관계만 있는 것이 아니다. 젖먹이와 엄마의 관계 또는 남녀 간의 성관계는 생물학적인 것이다. 밀집한 군중 속에서 서로 몸을 바싹 대고 본의 아니게 서로 짓밟고 쓰러뜨리는 개인들 간의 관계는 역학적이고 물리적인 것이다. 그러나 그들의 진정한 의미에서의 사회적 관계는 모두 모방적인 것이거나 모방을 통해 형성된다. 서로 다른 사회에 속한 사람들 사이에도, 인간과 그가 길들이는 동물종 사이에도, 당연하게도 소위 사회성이 있다[군집생활을 한다]는 말을 듣는 동물종의 개체들 사이에서조차 모방이 있는 곳이면 어디나 사회 또는 사회의 시작이 있다. 각각의 개미, 꿀벌은 그 움직임에서 다른 개미나 꿀벌의 예를 따르며, 그것들 모두는 그 우두머리를 본받는다. 본능적인 충동이 그것들을 서로 독립적으로 움직이게 하는 한, 그것들은 생물의 집합체를 형성할 뿐이다. 하지만 그 개미들이나 꿀벌들이 서로 모방하는 한, 그것들이 그 중에서 다른 개미나 꿀벌보다 더 천재적인 몇몇의 탁월한 창의(나는 발명이라고 말하고 싶었다)를 때때로 순순히 따르는 한, 그것들은 진정한 사회집단을 형성한다. 개가 그 주인과 공감할 때, 개가 주인의 고통이나 기쁨을 반영할 때, 그 개는 주인의 단순한 사냥 도구로 쓰일 때보다 훨씬 더 많이 주인과 사회적 관계에 들어가기 시작한다. 사실 상호적인 도움이든 일방적인 도움이든 도움 관계가 존재들 사이에 (설령 사람들 사이에조차) 있다 해도, 그들 간에 모방에서 생겨난 유사가 없다면, 그 관계는 그들을 사회적으로 결합시키기에 불충분하다. 인간의 계급들이 서로에게 더 필요해지고 서로 도움을 많이 줌에 따라, 그 계급들이 ─ 자신들이 본보기로 삼는 전형典型의 이질성으로 인해 언어, 종교, 행동, 습속, 노동이나 취향의 성질에서 ─ 서로 다르게 되면, 그 계급들은 그들 상호간의 유익성이 증가함에도 불구하고 그들의 모방적 유사가 줄어들기 때문에 점점 더 별개의 사회를 형성하는 경향이 있다. 사회 구성원들 간의 사회적 유대의 힘과 범위는 그들에게 공통된 전형, 음화, 본보기의 수와 중요성, 말하자면 발명, 옛 것이든 최근 것이든 개인적인 창의의 수와 중요성에 비례한다. 서로 반박할 때조차 그들이 말하는 방식, 서로 파문할 때조차 그들이 신에게 기도하거나 제물을 바치는 방식, 서로 경쟁할 때조차 그들이 노동하는 방식, 의무적으로 서로 죽일 때조차 그들이 그 의무를 이해하는 방식은 똑같이 모방을 통해 전파되는 그러한 발명이나 창의에서 유래한다.

확실히 기존 사회에서는, 아무리 좁은 사회에서조차, 서로 말하는 사람들이 서로를 설득하는 데 언제나 성공하는 것은 아니다. 다른 어떤 사람들을 모방하려고 하기는커녕(즉 그들의 옷 재단법, 몸짓, 습관, 표현, 생각을 재현하려고 하기는커녕), 그러한 전염에 저항하려고 애쓰거나 그 전염을 전혀 느끼지도 못하는 사람들이 많이 있다. 바로 이것이 앞서 말한 것에 대한 반론, 또는 규칙에서의 예외인가? 전혀 그렇지 않다. 그러한 사람들이 서로 간의 모방에 (즉 그들의 정신상태의 공감적 재현에) 반발하는 한, 그들은 갈라서는 경향이 있다. 그럼에도 불구하고 그들이 여전히 결합된 상태에 있다면, 이는 그들의 뇌가 ― 그들이 서로에게 자국을 남기기를 거부함에도 불구하고 ― 관습이나 유행을 통해 자신들에게 언어, 사상 또는 행위의 요소들을 전해준 조상이나 동시대인의 똑같은 뇌의 자국[흔적]을 지니는 한에서다. 이 경우 모방은 그들의 직접적이지는 않지만 간접적인 사회적 유대다. 그것은 반드시 고려해야 할 만큼 단연 가장 중요하다. 생물의 동족성이 공동의 생식자를 갖는 것에 있는 것처럼, 사회적 동류성은 공동의 본보기를 갖는 것에 있다.

그런데 두 사람, 두 유럽인, 두 프랑스인은 더구나 그들의 기억과 습관에서 무수히 많은 복사본으로 재현되는 공통된 본보기라는 큰 자산을 갖고 있는데도, 왜 그들은 서로 모방하려고 하지 않는가, 또 서로 모방하지 않는 것에 왜 그토록 자주 성공하는가? 때때로 그 이유는 물리적이거나 생리적인 차원의 자연스러운 혐오감에 있는데, 이 혐오감은 이해할 수 없는 많은 반감의 원천이다. 이 경우는 우리가 관여할 일이 아니다. 그러한 경우를 따로 떼어놓으면, 우리는 다음과 같은 것을 볼 것이다. 가장 흔히 볼 수 있는 이유, 그러면서도 진실로 사회적인 단 하나의 이유가 이 완고한 비모방의 경우를 설명해준다. 즉 그 이유는 제시된 본보기와 반대되는 본보기의 매력으로 인해 그 제시된 본보기의 영향이 약해졌다는 것이다. 이러한 설명의 진실성이 분명하게 나타나는 것은 다음과 같은 때다. 즉 국민에게 어떤 정신 혁명이 일어나 그들이 전통에서 벗어나고 옛 관행을 배척하기 시작할 때, 달리 말하면 그들이 자기 조상의 관습을 더 이상 지키지 않고 또 그때까지 자신들의 본보기로 삼았던 귀족이나 궁정을 본받는 모습을 더 이상 나타내지 않을 때다. 이 현상은 프랑스에서 일어났는데 1761년부터 1789년까지 점점 커졌다. 이는 왕국 전체에서 왕의 본보기적인 위세, 각 마을에서 영주의 위세, 각 가정에서 아버지의 위세 위에 그들 못지 않은 새로운 교육자, 철학자, 저술가의 본보기적 위세가 쌓이고 또(이 교육자나 철학자, 저술가 덕분에) 외국의 본보기의 위세, 특히 이 시기에 유례없이 강렬하게 창궐한 영국 숭배l'anglomanie의 맹위가 쌓이면서 조금씩 이러한 것들로 대체되었기 때문이다. 어떤 관습이 이처럼 퍼지기를 멈출 때마다, 이는 어떤 유행의 쇄도에 기인한다. 모방의 원천들이 바뀐 것이다. 어떤 원천은 말라버렸고 다른 원천이 돌연 나타난 것이다. 그렇지만 물은 계속 흘렀다.

여기서 이미 우리는 이 모방 이론이 사회적 존재를 자동인형으로 간주하게 하며 그의 개성을 무력화시키기에 적합한 것으로 여겨온 비판가들의 오류를 볼 수 있다. 아이는 사실 태어날 때는 거의 자동 인형이다. 미개인이 그러하듯이, 아이도 모방적 암시에 거의 저항하지 않는다. 그러나 모방 연습을 통해 무의식적 자동성automatisme에 물들기는커녕, 모방하는 덕분에, 특히 학창 시절에 매일 더 많이 모방하는 덕분에 그는 자동 인형에서 벗어나 조금씩 자율적이 된다. 그의 독창성은 이 축적된 모방들로 키워진다. 그 본보기들에 대한 강제적인 선택은 점점 줄어들고 자발적인 선택이 점점 늘어나는 그러한 선택을 통해, 그는 자기에게 그 나름의 독특한 본성이 있음을 깨닫고 그것을 발휘하며 두드러지게 한다. 자유로운 검토와 자유로운 토론이 독서, **응용**, 연구, 지적 훈련을 통해 생겨난다. 모든 이설異說 주창자는 동조주의자가 되는 것으로 시작했으며 또 그렇게 시작하지 않을 수 없었다. 모든 학파의 지도자도 제자가 되는 것으로 시작했으며 또 그렇게 시작하지 않을 수 없었다.

같은 사회의 두 사람 사이나 동일한 문명에 속하는 두 사람 사이에 아무리 끈질기고 증오에 찬 자발적인 비모방non-imitation이 있다 해도, 그들이 여전히 많은 간접적인 유대를 통해 또는 그들에게 공통된 많은 전통적인 관습적 본보기를 통해 서로 모방하는 관계를 맺고 있다면, 동향인 사이에서도 꽤 자주 일어나는 반反모방contre-imitation의 관계를 들어 나에게 반대할 근거가 더 줄어들 것이다. 어떤 사람들은 주위의 본보기, 널리 유행하는 관념이나 습관과 정반대되는 입장을 취하면, 자기 동류들과 구분되어 돋보인다고 생각한다. 그렇지만 그들의 노력은 그들이 맞서 싸우는 모방적 전염의 힘을 보여주는 데 성공할 뿐이다. 그들의 역설은 진부한 생각을 뒤집어놓은 것에 불과하다. 그들의 독창성은 거꾸로 된 진부함에 지나지 않는다. 음화陰畫도 마찬가지로 상象image이다.

7

다른 관찰을 보자. 이것은 아주 중요하다. 어떤 섬이나 대륙을 발견한 후, 또는 넘을 수 없는 것으로 여겨온 어떤 사막이나 산을 건너간 후, 그때까지 서로 무관한 상태에 있었던 두 민족이 처음 접촉할 때, 그들은 깊은 불일치에도 불구하고 자신들의 몇몇 제도가 나타내는 우연한 일치에 종종 놀란다. 이것은 다음과 같은 것을 의미한다. 즉 맞서 싸워야 할 똑같은 혹독한 기후라는 외부 자극, 또는 인간 유기체 욕구를 위해 이용해야 할 똑같은 동물상이나 식물상이라는 외부 자극으로 거의 비슷한 몇몇 발명이나 창의가 그 두 나라에서 자연발생적으로 돌연 나타났는데, 그것이 모방의 법칙을 통해 그 각각의 나라에 퍼져서 일반화되었다는 것을 의미한다. 두 나라 사이에서 확인되는 이런 의미의 모방적 유사가 ― 그 두 나라가 가령 서로에게서 빌려온 것도 없고 서로 모방한 것도 전혀 없음에도 불구하고 ―

서로 간에 사회적 유대를 확립하기 때문에, 바로 이것이 내가 출발점으로 삼은 원리에 대한 반론이 된다고 말할 것인가? 내가 인정할 수 있는 것은 다음과 같은 것뿐이다. 즉 제도나 관념의 이 우연한 일치가 (더구나 그 일치는 언제나 상당히 불명확하며 여행자들에 의해 과장되고 있는데) 그 유사를 의식하는 사람들에게는 사회적 관계에 들어가 서로 결속하고 접목되게 할 수 있다는 것뿐이다. 그러나 이 사회적 관계가 시작하지 않는 한, 그들 중 한쪽은 행사하고 다른 쪽은 받아들이는 이 사회적 작용이 ─ 교역을 통해, 종교 선전을 통해, 타산적이든 헌신적이든 사도의 임무(이것은 언제나 본보기를 수입하는 데 있다)를 통해 ─ 실현되지 않는 한, 그들을 결합시키는 진정한 사회적 관계는 결코 없을 것이다. 에스파냐인이 아즈텍인과 잉카인에게 가한 대우를 생각해보기만 하면 된다. 아메리카의 그 두 반¥문명이 여러 가지 측면에서 우리와 유사성을 나타냄에도 말이다. 중국과 일본은 산업적으로, 법적으로, 심지어는 정치적으로도 많은 점에서 우리와 아무리 비슷해도 소용없었다. 우리가 중국인과 일본인을 동맹이 가능한 사람들로, 즉 우리와 함께 국제 사회를 형성할 수 있는 사람들로 간주하기 시작한 것은 오로지 우리가 우리의 산물과 ─ 또 이와 함께 ─ 우리의 본보기를 함께 교환했을 때부터였다.

독립된 국민들 간의 이 비모방적 유사는 매우 흥미로우면서도 아주 방대한 주제를 제공한다. 나는 다른 곳에서* 어느 정도 상술했기 때문에, 여기서 그것을 탐구할 생각은 없다. 그렇지만 그것을 완전

* 『모방의 법칙』

히 지나칠 수는 없다. 그 비모방적 유사는 자연주의 사회학자들이 감히 제시한 사회진화 공식에 ― 그들에 따르면 ― 사회학의 모든 것이 될 것이라는 핑곗거리를 제공하였다. 이것은 그들이 즐겨 쓰는 주장이다. 따라서 그 학자들의 명백한 경향은 한편으로는 수입하고 빌려온 많은 유사를 그 자연발생적인 유사에 포함시키면서 이 자연발생적인 유사의 비중을 최대한 늘리는 것이며, 또 다른 한편으로는 그 수입하고 빌려온 유사의 중요성을 가능한 한 줄이는 것이다. 그들은 이 수입하고 빌려온 유사가 철학자적인 역사가에게는 전혀 중요하지 않으며, 그 자연발생적인 유사에만 그의 주의를 집중시켜야 한다고까지 말하였다. 그들은 이처럼 중대한 오류를 범했기 때문에, 모든 사회적 행위에서의 모방의 보편적 존재와 그 대단한 전파 능력을 인식하지 못했다. 다윈 이전의 생물학자들이 유사한 많은 종種을 현지산現地産으로, 즉 그 땅에서 자연발생적으로 생겨난 것으로 간주한 것도 그들이 생식의 확장 능력을 몰랐기 때문이 아닌가? 그들은 씨앗들이 대초원이나 이 대초원을 갈라놓은 해협을 뛰어넘는 일은 선천적으로 불가능하다고 판단했기 때문이다. 생식에게 활동할 시간을 주어보라. 그러면 한 종이 지구 거의 전체에 걸쳐 여기저기에 퍼진 변종들을 가질 때가 올 것이다. 모방에게 활동할 시간을 주어보라. 그러면 어디에선가 발명된 어떤 무기, 농기구, 산업기술 ― 규석으로 만든 긁는 연장, 몽둥이, 활 ― 이 지구를 한 바퀴 도는 때가 올 것이다. 커뮤니케이션이 가장 힘들었던 선사시대에서조차, 규토硅土나 금속으로 만든 똑같은 도구 조각이 여러 대륙에 동시에 눈에 띌 정도로 퍼진 것은 그러한 이유에서다. 흙으로 만든 단지가 발견되는 곳이면 어디서나 도기 발명의 자연 발생을 믿는 것은, 폴리네시아인들이 그들 각각의 섬에서의 자생自生을 믿은 것에 비할 만한 착각이다.

그렇지만 나는 그런 곳[흙으로 만든 단지가 발견되는 곳]에서는 아주 용이한 발명, 매우 단순한 관념에 대해 말한 바 있는데, 그런 발명은 시대에 가장 뒤떨어진 중소부족에서조차 저절로 생겨났음에 틀림없을 것 같다. 사실 그러한 발명은 틀림없이 서로 독립된 여러 발생 중심지를 지녔을 것이다. 생각해내기가 어렵거나 실행하기가 어려운 보다 복잡한 관념의 경우, 그러한 발생지가 많을 가능성은 적으며 또 몇몇 경우에는 그 가능성이 아주 적다. 여기에서는, 그런 관념을 생각해내거나 실행하기 위해서는 천재라는 우연성이 필요해진다. 그러나 이것은 바로 사회학자들이 원하지 않는 것이다. 그들은 사회의 진행을 모든 사회에 거의 불변적인 순회여행으로 간주하기 때문이다. 이러한 조건이 없으면 사회과학이 불가능하다고 생각하는 오류에 젖어있기 때문에, 그들은 위인들의 교란 작용을 무력화시키는 비개인적인 요인으로 모든 것을 설명할 필요가 있다. 그 교란 작용은 사회학자들을 눈에 띌 정도로 난처하게 한다. 천재를 제거하는 것, 이것이 그들의 명백한 관심사다. 만일 이 중대한 문제에서 천재만이 문제가 된다면, 우리는 그에 대한 관심이 없을 수도 있을 것이다. 그러나 천재뿐만 아니라 우리의 개인적인 독창성, 우리 모두의 개인적인 재능, 바로 이것의 효력과 그 존재 자체도 문제가 된다. 왜냐하면 어떤 면에서는 우리 모두가 — 유명하든 잘 알려지지 않았든 — 모방하는 동시에 발명하고 개선하며 변화시키기 때문이다. 우리 중에, 살면서 언어, 종교, 과학, 직업, 예술에 깊든 미미하든 자신의 주름을 남기지 않는 사람은 하나도 없다. 만일 시, 신화, 교의, 예술, 과학의 위대한 발명가들이나 위대한 창조자들이 그 시대의 단순한 산물이었다는 것이 증명된다면(이것은 그들을 통해 작용했지만 그들이 없었어도 마찬가지로 잘 작용했을 비인격적인 힘의 허망한 의인화다), 만일 그것이 사실이라면, 다음과 같이 말하는 것이 더 참될 것이다. 즉 큰 행위는 큰 환상인 것처럼 우리 모두의 작은 행위는 작은 환상이며, 우리 중의 누구도 아무 쓸모 없었고, 인간의 개성은 속임수[환상]라고 말하는 것이 더 참될 것이다. 이것은 반드시 인정해야 하는 것이다. 역사의 진정하면서도 유일한 행위자가 인간이 아니라, 사람들이 말하는 요인facteurs이라 하더라도 말이다. 그리고 이러한 결론을 피하고, 개인에게 그 진정한 가치나 진정한 존재 이유를 회복시켜줄 수 있는 것은 오로지 다음과 같이 할 때뿐이다. 즉 역사를 차이와 반복, 발명과 모방의 연쇄로 설명할 때와, 그들 행위의 발명적인 측면은 아니더라도 모방적인 측면으로 인해 인간 개인들은 종교 진화, 정치 진화, 산업 진화의 공식보다 훨씬 더 정확한 공식이 가능한 법칙에 따른다는 것을 보여줄 때뿐이다. 진화의 공식에서는 여러 사회 간의 비슷한 측면만을 보여주기 위해, 그 사회들의 차별적이고 본질적이며 특징적인 측면을 숨기려고 너무 많은 수고를 하고 있다. 모방 이론은 — 이것은 발명 이론을 함축하고 있기 때문에 — 사회과학에 사회의 생동감을 그처럼 포기할 것을 요구하지 않는다. 오히려 모방 이론은 통계학의 일정한 수와 고고학의 발굴을 똑같은 관점 속에 포함할 수 있게 해준다. 통계학은 비슷한 행위들의 계열이나 집합을 측정하고 다양한 모방의 방사 영역을 명확히 확정하기 때문이고, 고고학은 연속적인 발명들의 계보를 밝혀주고 그것들의 계통수의 불규칙한 가지를 그려주기 때문이다.

　모방에 따르지 않은 유사라는 이 중요한 주제는 말이 났으니 지적할 수밖에 없다. 사회 생활의 바로 가장 본질적인 측면에서는, 이 비모방적 유사가 매우 드물다. 그리고 그 유사가 모방에 따르지 않은 것이라는 생각은 상당한 억측의 성질을 지니고 있다. 두 언어 사이에서, 모방(즉 동일한 모어로부터 아버지에서 아들로의 전달. 또는 승리자에서 패배자로의 전달, 아니면 유행을 통한 차용 및 도입)을 원인으로 하지 않은 문법이나 어휘의 모든 유사는 대단히 모호하고 가설적인 것이다. 서로 완전히 무관한 상태에 있던 두 예술 간의 비모방적 유사도 그에 못지않게 불확실한 것이다. 두 예술은 발전하면 할수록 점점 서로 멀어진다. 마지막으로, 우리 유럽의 과학과 그 밖의 독립된 과학 사이에서 그 어떤 유사를 찾는 것은 쓸데없는 짓일 것이다. 이는 다음과 같은 이유 때문이다. 그 이름에 걸맞는 과학의 진화는 하나밖에 없으며, 그것은 우리의 과학이기 때문이다. 그 결과, 우리는 과학의 진화가 따르는 법칙을 공식화할 수 없다. 규칙을 정할 권리를 가지려면 일반화할 수 있어야 하는데, 하나의 사실은 적어도 그것의 두 사례(단 하나가 아니라)가 있을 때에만 일반화할 수 있다. 아무튼 우리 근대의 과학 진화, 즉 고등사회의 가장 뛰어난 특징이 단 하나밖에 없는 현상이며, 그런 만큼 본질적으로 진화 공식을 벗어나는 현상이라는 것은 명백한 사실이다.

8

앞서 말한 것을 요약해 보자. 우리는 사회과학의 구성에 반대하는 반론은 무시하였다. 우리는 사회과학의 구성이 어떤 조건에서 가능한지, 또 어떤 기반에서 가능한지를 보여주었다. 현실의 커다란 중첩된 국면 각각은 그 현실에 고유한 변이와 반복의 성질로 특징지어지며, 과학의 특별한 역할은 이 현상을 반복 측면에서 고찰하는 것이라는 점을 우리는 보았다. 물리학은 파동이나 인력 같은 주기적인 운동으로 재생산되는 사실을 연구한다. 생물학은 내부 생식이나 외부 생식으로 재생산되는 물리화학적 사실을 연구한다. 사회학은 모방으로 재생산되는 심리적 사실을 연구해야 한다. 따라서 그 고유의 반복, 계산, 측정 영역을 찾아낸 이상, 사회학의 자율성은 확보된다. 사회학을 위해서 강압적이며 공상적인 진화 공식을 생각해 낼 필요가 없다. 사회과학이 연구하는 반복은 그 형태에서만이 아니라 내용에서도, 자연과학이 연구하는 반복과 아주 다르다는 것을 우리는 덧붙여 말했다. 자연과학이 연구하는 반복과 마찬가지로 사회과학이 연구하는 반복에도 양量이 들어있는데, 이 양은 믿음과 욕망이라는 전혀 다른 양이다. 하지만 외적인 양과 마찬가지로 이 양도 광대한 눈금을 오르내릴 수 있으며, 양陽과 음陰의 — 수학에서는 매우 생산적인 — 대립을 나타낼 수 있다.

각각의 과학은 반복뿐만 아니라 변이도 본질적인 대상으로 삼으며, 반복의 성질에 의해서뿐만 아니라 이 변이의 성질로도 특징지어진다. 내가 말하는 변이란 지속성이 있으며 번식력이 강한 변이, 즉

06

새로운 계열의 반복을 위한 출발점인 변이다. 생물학은 특히 이 개별적인 혁신, 새로운 **적응**adaptations이 어떻게 일어나는가를 몹시 알고 싶어 한다. 생물학은 종의 발생을 그러한 혁신으로 설명하려고 했기 때문이다. 그 개별적인 혁신은 새로운 과학이나 새로운 산업이 유래하는 천재적인 발명에 견줄 수 있다. 우리는 모든 종류의 사실에서, 개별적인 것l'individuel이 일반화되는 데 언제나 성공하는 것도 아니고 대부분의 경우 성공하지 못하지만, 일반적인 것le général은 개별인 것에서 생겨난다는 것을 보았다. 따라서 과학은 반복의 원천을 이루는 변이를 소홀히 해서는 안 된다. 결실을 맺지 못하고 죽지만 그래도 종종 그 가치나 매력이 있는 변이의 경우, 이것은 예술가가 많이 찾는 먹이다. 예술가는 풍경과 표정에서 뚜렷하면서도 특히 순간적인 모습을 지닌 모든 것을 사랑하기 때문이다. 따라서 예술가적인 역사가는 역사적인 장면, 즉 단 한번 순간적으로 일어난 행위들이나 행위자들의 독특한 만남에 열정적으로 몰두한다. 과학자적인 역사가는 빈번히 모방되는 본보기를 사회계에 도입한 혁신이나 혁신가만을 고려할 것 같다. 예술가의 관점과 과학자의 개념을 동시에 고려하면서 그것들을 함께 조화시키는 것은 철학자적인 역사가만의 몫이다.

그러나 여기서 문제되는 것은 과학이지 사회철학이 아니다. 방금 말한 것처럼 그 범위를 정한다면, 사회학은 두 개의 주요 문제를 자신에게 제시해야 한다: (1) 발명, 성공한 창의, 그리고 생물의 적응과 유사하며 이 생물의 적응에 못지않게 그 기원이 잘 알려지지 않은 사회적 **적응**의 원인은 무엇인가? (2) 왜 다름 아닌 바로 이 창의가 모방되었는가? 그토록 많은 본보기 중에서 왜 이런저런 본보기에 선택이 주어졌으며, 다른 본보기들은 왜 어떤 모방자도 얻지 못했는가? 달리 말하면, 모방의 법칙은 무엇인가?

이 두 문제 중에서 첫 번째 것은 두 번째 문제를 논의하고 해결한 다음에야 비로소 거론되고 해결될 수 있다. 지금까지 구성된 사회학 체계들이 성공하지 못한 것은 이 순서가 뒤바뀐 데서 기인한다. 생물학은 여기서 우리에게 교훈적인 예를 준다. 생물학은 유전생식이든 영양생식*이든 생식의 법칙을 깊이 연구하기 전에 종의 기원 문제를 파헤칠 생각이나 해보았겠는가? 마찬가지로 모방의 법칙은 확실히 사회과학의 전부가 아니다. 그러나 그것은 사회과학의 첫 번째 장章이다.

모방의 법칙에 대한 연구는 다른 곳에서 했기 때문에, 여기서는 그것을 공식화할 필요가 없다. 여러 가지 관점에서 볼 때, 그 법칙이 파동의 법칙이나 유전의 법칙과의 실제적이면서도 분명한 유사를 나타낸다고 말하는 것으로 충분할 것이다. 특히, 선택된 본보기도 차단되지 않은 물리적인 파波처럼 또는 성공한 생물의 변종이나 종처럼 등비수열(규칙적으로 늘어나는 우리의 많은 통계 곡선이 확인해주는 등비수열)을 따라 늘어나면서 퍼지는 **경향이** 있다고 말하는 것으로 충분할 것이다. 그렇지만 이 유사는 사람들에게, 민족들에게 그들의 고유한 움직임의 자유재량을 맡긴다. 그리고 그것은 언제나 뜻밖이며 항상 새로운 그들의 진화의 풍부한 다양성(이것은 역사의 열렬한 관심사다)과 놀랄 정도로 잘 양립한다. 사회학이 생물학의 단순한 부속물 같은 모습을 나타낼 때, 이 사회학에 대해서 순수한[기품 있는] 역사가들

* 무성생식의 한 종류. 일반적으로 식물이 씨앗이나 포자를 이용하지 않고 잎, 줄기, 뿌리와 같은 영양기관을 이용해 번식하는 방법.

이 지닌 노골적인 적대감은 충분히 이해된다. 하지만 보다 나은 변모된 심리학, 즉 방금 간략하게 지적한 기초적인 원리에 근거한 것으로서 관념의 논리학인 동시에 행위의 논리학인 사회논리학으로 보충되는 심간 심리학psychologie interpsychique에 대한 그들의 불신은 이해할 수 없다.

사회 진화의 동인으로서의 발명*
‖ - 가브리엘 타르드

이 글의 제목은 어떤 의미로는 나에게 부과된 것인데, 나의 사상을 잘 표현하지 못한다. 내가 사회 변화는 모방한 개인적인 창의 創意로 설명된다고 말할 때, 나는 발명 즉 성공한 창의가 효력있는 유일한 힘이라고 말하는 것이 아니며, 심지어는 사실상 가장 강력한 힘이라고 말하는 것도 아니다. 사회 변화를 결정하며 설명해주는 주된 힘이라고 말하는 것이다.

새의 날개가 살짝 건드려 눈사태가 일어날 때, 그 날갯짓은 중력이나 분자 응집력에 비하면 아주 약한 힘이다. 일정한 힘들의 불안정한 균형이 그 작은 우연적인 충격으로 깨진 것이다. 이 작은 충격은 그래도 눈사태의 이유다. 한 포도나무 뿌리에 묻어 들어온 한 쌍의 포도

---

* "L'invention considérée comme moteur de l'évolution sociale". 타르드는 이 글을 1902년 6월 12일 파리 사회학회에서 처음 발표한 후, 같은 해 《국제사회학평론Revue Internationale de Sociologie》(1902; 10)을 통해 활자화했다.

나무뿌리 잔디병은 어떤 의미로는 포도나무의 힘을 억제하는 것에 지나지 않는다. 축축한 들보 속에 들어온 한 쌍의 흰개미는 거기서 물리적—화학적인 힘의 작용을 억제할 뿐이다. 성냥개비를 그으면, 그 성냥개비는 불이 붙어 극장을 불지른다. 이것은 아주 큰 결과의 작은 원인이다. 그 마찰은 에테르^{éther}나 무게를 잴 수 있는 물질에 숨어있는 엄청난 힘의 균형을 흐트러뜨렸을 뿐이다. 그래도 그것은 역시 화재의 이유다.

이 모든 예에서, 변함없는 (말하자면, 그 작용에서 주기적인) 큰 힘의 방향이 우연한 새로운 작은 힘에 달려있다는 것을 볼 수 있다. 이 작은 힘이 그 큰 힘과 접목되면 새로운 종류의 주기적인 재생산을 일으킨다. 달리 말하면, 반복에 새로운 반복의 출발점인 변화가 접목된다.

사회계에서도 마찬가지다. 우연한 일, 씨앗이라는 변화 요소가 여기에서는 발명이라는 개인의 창의로 나타난다. 반복 요소는 기후, 토양과 인종, 그리고 전통, 관습, 교육받은 관념, 획득된 습관으로 구성된다. 기후와 인종은 운동의 재생산으로 이루어져 있다(지진, 무역풍과 반대무역풍, 밀물과 썰물 등의 주기성, 계절의 주기성, 흙의 화학 물질 등에 내재하는 분자 운동의 주기성). 똑같은 특성, 똑같은 기능을 유전적으로 재생산하는 한, 인종의 계속적인 생식도 주기적이다. 또 다른 한편으로 전통, 관습, 훈육, 교육은 모방적 반복, 본보기의 전달로 이루어지는 것에 불과하다.

태양, 대기, 대지, 생물의 힘이 주기적으로 주는 규칙적인 자극이 없다면, 그리고 교육받은 관념이나 주입된 습관의 전달 즉 모방적인 반복이 없다면, 발명이 아무리 나타나도 소용없다. 발명이 가능하며 심지어는 발명을 생각해낼 수 있다고 인정하더라도, 그것은 이끌어갈 것을 찾지 못하기 때문에 그 자리에서 죽을 것이다. 천재성은 그러한 활동 수단을 통해서만 발휘될 수 있다.

그러나 이 주기적인 힘만 작용한다면, 사회 변화는 전혀 없다. 모든 개인이 똑같을 정도로 비슷하고 유전적인 반복이 완벽해 그 어떤 개체 변이도 없으며, 유별난 동조주의가 그 어떤 개인적인 일탈도 없게 하는 어떤 인종이 있다고 가정해 보자. 외부에서 빌려오지 않는 한, 진보는 일어날 수 없을 것이다. 그렇지만 외부에서도 역시 문제의 가정이 실현되었다면, 외부의 혁신은 어떻게 생겨날 수 있었을까? 어려움은 뒤로 물러난 것에 지나지 않을 것이다.

사물의 기원이나 사회의 시작으로 거슬러 올라가지 말자. 모든 분야에서 기원 문제를 조금이라도 해명하는 유일한 방법은, 무엇보다도 사건의 중간에in medias res 자리잡고서 힘의 작용을 파악하는 것이다. 이 힘은 처음에는 사물의 변화를 설명하지만 나중에는 그 형성을 설명하는 데 소용될 수 있을 것이다. 이미 조직화된 살아있는 사회, 즉 언어, 초기 상태의 정치체제나 경제체제, 습속과 관습을 지닌 사회 속으로 들어가자. 그 민족이나 중소부족의 언어, 통치, 종교, 도덕, 예술이 어떻게 또 왜 갑자기 변하는지를 아는 것이 중요하다.

애매한 말에 만족해하지 말자. 정확한 사실을 찾아보자. 정치에서는 의심할 바 없다. 설명해주는 사실들을 현장에서 파악할 기회가 우리에게 주어질 때마다, 우리는 그것들이 지도자의 행위라고 생각한다: 한 정치가의 의지에 의해 결정된 전쟁이나 한 입법자가 바라는 개혁(솔론Solon*, 리쿠르고스Lycurgue†, 나폴레옹Napoléon) 등, 특히 1789년부터 1815년까지는 이 개인적인 우연의 중요성을 분명하게 알게 해준다. 혁명의 위대한 날마다, 제정帝政의 큰 전투 때마다 프랑스와 세계의 운명은 한 인간의 제안에, 때로는 아주 하찮은 인간의 제안에 놓았으며 그것에 달려있었다. 1809년에 나폴레옹을 죽일 뻔 했던 오스트리아 학생이 만일 그 사격을 잘못 계산하지 않았다면, 우리에게는 얼마나 큰 행운이 왔겠는가! 그리고 이 개인의 정치적 차원의 행위가 여론 상태만으로 성공하더라도, 이 여론이라는 것이 신문기자나 그 밖의 이전以前 주창자들의 정치적인 사건이나 사상에 의해 생겨난 작용의 결과라는 것을 잊지 말아야 한다.

과학에서는 더욱 분명하다. 거기에서는 진보가 개인에 의해 행해지고 다른 개인들에 의해서 다시 이어진 — 즉 서로 지혜롭게 연결된 — 연속적인 발견의 연쇄에 불과하다. 수학에서 (살아있는 사람들은 말할 것도 없고) 아르키메데스, 데카르트, 라그랑주Joseph Louis Lagrange†를 빼면 무엇이 남겠는가? 다른 사람들이 그들을 대신했을 것이라고 당신은 말할 것이다. 당신은 그것을 확신하는가? 다른 사람은 다른 것을 발견했을 것이며, 수학이라는 큰 강은 다른 흐름을 따랐기 때문에 훨씬 더 풍부해졌을지도 모른다. 그렇다면 천재적인 개인들이 그것에 그 물길을 낸 것이다. 그런데 과학의 움직임에서 (종교의 움직임은 그 일부분이거나, 좀 더 정확하게 말하면 민족의 기원에 상당한다) 사회의 모

---

* 아테네의 입법자(기원 전 638?~기원 전 558?).
† 스파르타의 입법자로 알려져 있지만, 생몰연대를 확인할 수 없는 전설적인 인물이다.
‡ 프랑스의 수학자(1736~1813).

든 움직임이 유래한다: 산업 응용을 통한 경제의 움직임, 이론적인 추론을 통한 법률이나 도덕의 움직임. (내 생각에 종교는 이제 막 싹트기 시작한 과학에 포함된다. 왜냐하면 진정한 의미의 과학이 펼쳐 보이는 실제적인 발견은 상상적인 발견, 즉 주위의 우주의 수수께끼에 해결책을 감행한 공상가들이 생각해 낸 우주생성이론과 밀접하게 관련되어 있기 때문이다. 진리란 상상의 한 경우에 불과하다.)

언어에서는 비개인적이며 무의식적인 정교화라는 환상을 피하기가 더 어렵다. 그렇지만 실제로, 몇몇 경우에는 이러한 신어新語, 저러한 새로운 어법이 어떻게 생겨났는지를 우리는 직접 눈으로 보지 않는가? … 우리는 종종 이런저런 새로운 말이나 이런저런 고풍스러운 표현(미조네이즘misonéisme*, 세균 등, 김[수증기] 등), 이런저런 새로운 표현 (시골로 떠나다partir à la campagne, 그래도tout de même 등)을 유통시켜 다시 유행하게 한 학자나 문인의 이름을 알고 있을 뿐만 아니라 — 실제로 빅토르 위고Victor Hugo, 고티에Théophile Gautier†, 퇴폐파 작가들이나 상징주의 작가들은 언어의 조폐공이거나 위폐 제조자였다 — 우리 각자도 자신의 작은 지역에서 자신의 억양이나 말투를 다소간 멀리 퍼뜨리는 데 기여하지 않는가? … 그렇지만 나의 사상을 위인이론과 혼동하지 마시오. 내 생각에는, 세계를 이끌고 가는 것은 위인들이 아니라, 종종 아주 하찮은 사람들 속에 웅크리고 있는 위대한 사상이다. 얻는 바가 지극히 많은 다수의 발명(영zéro, 화약의 발명 등)은 작자 불명이다. 거의 알려지지 않은 개인들에게서 유래하기 때문이다 …

* 새로운 것, 변화를 싫어하는 보수주의적인 태도.
† 프랑스의 시인이자 소설가(1811~1872).

그러나 거기서도 여전히 사실에 대해 아주 피상적인 견해밖에 없다 … 더 앞으로 가보자 … 신화, 언어, 군사, 산업, 예술 등 사실들의 모든 영역에서 발명이나 개인적인 혁신의 특징, 그 원인 그리고 가능하다면 그 법칙을 탐구해보자.

우선 분류해서 그 근본적인 이원론에서 시작해보자: 이론적인 발명과 실제적인 발명. 앞의 것은 믿거나 긍정하거나 부정하고 싶은 욕구에 응답하는 것이며, 뒤의 것은 욕망하거나 바라거나 활동하고 싶은 욕구에 응답하는 것이다. 다시 세분해보자.

이론적인 발명: 신화의 구상, 철학 체계, 가설, 과학의 발견.

실제적인 발명: 말의 혁신(신어), 의례의 혁신, 산업 혁신, 군사 혁신, 법률 혁신, 도덕 혁신, 예술이나 문학의 혁신.

이론적인 발명이 논리적으로나 연대상으로나 실제적인 발명보다 먼저 생겨날 수밖에 없었다.

또 하나의 관점에서 다른 구분이 있다. 무한히 축적될 수 있는 발명과 대체될 수 있는 발명이 있다. 과학의 발견만이 무한히 축적될 수 있다. (활동수단으로서의) 산업 발명은 종종 다른 것으로 교체되며 서로 대체된다. 과학의 발견도 산업 발명도 일반적으로는 불가역적인 순서를 따른다. 왜냐하면 한편으로는 가장 단순한 발견이 가장 복잡한 것보다 앞서지 않으면 안 되기 때문이다. 다른 한편으로는 가장 쓸모없고 가장 거추장스러우며 가장 조잡한 기법이 가장 유용하고 가장 편리하며 가장 세련된 기법보다 앞서지 않으면 안 되기 때문이다.

지금 지적하고 싶은 것은, 어떤 범주에 속하든 발명은 언제나 모방 광선들의 교차, 모방들의 독창적인 조합이라는 것을 특징으로 한다는 사실이다. 이것을 설명해 보자. 나는 발생원으로 여겨진 어떤 발명의 재생 전체를 모방 방사rayonnement imitatif라고 부른다. 그리고 이 방사는 광선들로 분해된다. 내가 말하는 광선rayon이란 어떤 관념, 어떤 말, 어떤 산물의 첫 번째 창시자와 그 관념, 그 말, 그 산물이 문제의 모방자에게 이르기까지 그 연속적인 전파자들을 연결시키는 직선적인 연결을 뜻한다. 미적분을 배우는 수학도는 누구나 그 이전에 이 계산을 가르쳤었던 특별한 계열의 연속적인 스승들을 거쳐 라이프니츠와 연결된다. 사회학이라는 말을 입 밖에 내는 사람은 누구나 아주 특별한 연쇄의 연속적인 입술이나 펜을 거쳐 그 말을 처음 만들어낸 오귀스트 콩트와 연결된다. 이상과 같은 고찰은 모방한 모든 혁신에 적용될 수 있다. 그렇지만 이 모방 광선들은 햇빛이나 달빛처럼 간섭하며, 그것들의 간섭은 때때로 결실을 맺는다.

예를 들면, 모든 새로운 말은 새롭게 조합된 어근과 어미(진화론évolution-isme)로 만들어지거나, 다양한 어간(사진photo-graphie) 또는 (spec처럼 하나의 어근을 처음 만들어낸 사람으로 거슬러 올라간다면) 언제나 다른 것에서 배운, 즉 다른 것을 모방한 자음과 모음으로 만들어진다. (곧 보게 되겠지만, 이것만 있는 것은 아니다. 그러나 우선은 이러한 것이 있다.)

옷, 여성 의상, 가구의 모든 새로운 형태는 옛 유형의 조합이다. 현대적인 스타일조차 고풍스러운 스타일의 요소들을 식물 형태. 자연의 비대칭에서 빌려온 영감으로 조합한 것에 지나지 않는다.

가장 천재적인 시인이나 예술가라도 그는 이미 알려져 있는 예술 기법이나 오래전부터 있었던 리듬을 다양하게 조합해서, 세상만큼이나 오래된 감정이나 관념의 표현에 개인적인 특색을 주는 것에 불과하다. 이를 통해 알 수 있는 사실은, 창조자 개인은 사회에 빚지고 있다는 것, 아무리 천재적인 개인의 창조라도 거기에는 사회적인 협력 la collaboration sociale이 있다는 것이다. 이를 결코 잊어서는 안 된다. 개인적인 것에는 사회적인 것이 있으며 사회적인 것에는 개인적인 것이 있다는 사실을 항상 생각해야 한다. 서로 보완하는 이 두 진실만큼 모순되지 않는 것은 없다. 게다가 사회적인 것le social이란 우리 관점에서는 그 자체가 **오래전부터 있는 축적된 개인적인 것**l'individuel ancien et accumulé에 지나지 않는다는 사실을 잊어서는 안 된다. 그러므로 우리가 개인의 창의의 성공이나 실패는 사회 상태에 좌우된다고 말할 때, 이것은 결국 근본적으로는 다음과 같이 말하는 것이 된다. 즉 오늘날 눈에 띄는 개인이 그의 독창적인 행위에서 성공하기 위해서는, 예전의 눈에 띄는 다수의 개인에게서 어느 정도까지는 호감을 살 필요가 있거나, 좀더 정확하게 말하면 전에는 그들의 혁신이었는데 [이제는] 전통이나 관습이 되어버린 것으로부터 호의를 받을 필요가 있거나, 아니면 어느 정도 이상으로는 그들에 의해 저지당하지 않을 필요가 있다는 것이다.

더 정확하게 말하고 싶다면, 내가 앞에서 방금 말한 조합은 언제나 두 요소로 이루어져 있다고 말할 수 있을 것이다. 조합에 관해서나 투쟁에 관해서나 모든 것은 대칭적이고 이원론적이며 대조법적antithétique이다. 모든 것은 결투거나 결합이다. 실제로 모방 요소들이 교차해 새로운 발명(그 자체가 모방을 통해 퍼져나갈 운명에 있다)이 돌연 나타나는데, 이에 필요한 그 모방 요소들의 수가 얼마가 되든 간에 그것들은 서로 결합되는 두 개의 집단으로 나뉘어진다. 조합되는 요소가 마치 두 개밖에 없는 것처럼 말이다. 예를 들면, 어간과 어미, 배와 증기기관, 증기기관차와 레일이 그러하다. 마찬가지로 선거에서도 정당의 수가 얼마가 되든 그 정당들은 두 개의 동맹으로 나누어진다. 국가들도 마찬가지다(3국 동맹*과 프랑스-러시아 동맹). 보다 정확하게 말하면, 어떤 발명 전체에서 우리는 시간 간격을 두고 별개로 행해진 여러 발명 행위, 여러 기초적인 발명을 찾아볼 수 있는데, 이 각각의 발명은 두 요소의 조합, 즉 결합이다. 브레알*Bréal*은 그의 『의미론*Sémantique*』에서 이 일반적인 진실의 아주 자연스러운 적용을 언어학에서 지적하기에 이른다. 그는 다음과 같이 말한다: "합성어의 길이가 얼마가 되든, 그 합성어에는 결국 두 개의 용어밖에 들어있지 않다. 이 규칙은 자의적인 것이 아니다. 이 규칙은 그 관념들을 둘씩 결합하는 우리 정신의 본성에 기인한다." 그리고 다른 곳에서는, 새로운 의미의 발명에 대해 다음과 같이 말한다: "새로운 의미를 만들어내는 것은 그 순간 단 하나를 제외하곤 이전의 모든 의미를 잊어버린다. 그 결과, 관념 연합은 언제나 둘씩 이루어진다." 발명이란 하나의 판단이자, 두 항이 하나의 쌍으로 결합하는 것이다. 바로 이것이 정신의 기초적이며 필수적인 걸음이다. 그러나 우리는 그 점에 대해서는 강조할 필요가 없다.

비유로 말한다면, 요컨대 사회적인 정신이나 본질적인 즉 정신적인 관점에서의 인류를 별이 총총한 광대한 하늘로 상상해보자. 이 하

* 프랑스에 대항하기 위해 독일, 이탈리아, 오스트리아 사이에 체결된 방어동맹 (1882~1915).

늘에는 갖가지 크기의 많은 밝은 별이 있다. 그만큼이나 많은 작거나 큰 발명이 있거나 있었으며, 그 각각의 발명은 다소 방대한 영역에 (언제나 다소 느리게) 퍼져 나가거나 퍼져나갔다. 어떤 것들은 아주 먼 과거부터 불이 커졌기 때문에 그 모방 방사의 공간을 다 채우는 시간을 가졌다(매우 오래된 제도들, 매우 오래된 산업들, 민간 설화, 결혼, 도기 등). 다른 것들은 그 보다는 오래되지 않은 시대에, 근대에, 또는 아주 최근에 불이 켜졌다. 이러한 것들은 퍼져나가 조금씩 전파되는 중에 있다. 그러나 모든 것은 사람들의 뇌에서 그 모방 광선을 교차시킨다. 이 교차는 대개의 경우 아무 소용도 없고 아무런 해도 없지만, 때때로 효과적인 작용을 갖는다. 이 경우 그 교차는 어떤 때는 충돌 즉 서로 간의 파괴이며(관념 간에 또는 목적 간에 모순이 있기 때문이다). 어떤 때는 결실을 맺는 동맹이다. 이 후자의 경우 그 교차는 새로운 발생원에 불을 켠다. 따라서 새로운 별 자체가 빛을 방사한다. 그 결과 우리의 밤하늘과 달리, 이 빛나는 하늘에서는 별들이 그 광선들의 교차만으로 늘어난다. 이것이 바로 사회 진보다.

이제, 가능하다면 이것을 설명해보자. 이러한 현상의 법칙은 아니더라도 그 원인은 찾아보자. 새로운 발명의 근본에는, 이전以前의 발명들을 조합한 모방과는 다른 것이 있다. 그 조합의 독창성 자체가 있으며, 이 독창성이 무엇으로 이루어지는지를 알아야 한다. 이 독창성이 없다면, 언제나 똑같을 것이며 진짜 새로운 것은 없을 것이다. 그러면 이 모방 광선들의 독창적인 조합이 있게끔 하는 것은 무엇인가? 두 가지가 있다. 1. 광선들의 만남이 일어나는 개인의 뇌의 특징적인 정신 상태. (이것은 그 뇌가 모든 점에서 다른 뇌들보다 뛰어나야 한다는 것

을 의미하지 않는다. 그것은 단지 그 뇌가 달라야 한다는 것, 즉 그 뇌가 수
행할 기능의 분야에 더 잘 적응되어야 한다는 것을 뜻할 뿐이다.) 2. 개인의
뇌가 잠시 사회적 최면에서 벗어나 새로운 관점에서 외부 현실을 전
반적으로 직시하는 것. 사실 사회 세계는 서로 암시받은 몽유병자들
의 엄청난 무리로 간주될 수 있는데, 그중에는 얼마 동안은 반쯤 깨어
있는 몇몇 사람이 있다. 그리고 이들은 천재라고 불리는 사람들이다.
이런 사람들은 전통, 진부한 관념, 배운 것을 너머, 잠시 있는 그대
로의 현실을 본다. 무선전신이 발명된 것은 프랑스의 과학자 브랑리
Edouard Branly*가 특별한 정신 상태에서, 즉 특수한 관심사의 영향을
받아 헤르츠파†가 지나갈 때 금속분金屬粉의 연속적인 자화磁化와 소자
消磁[자력의 상실]를 언뜻 본 날이었다. 이를 위해서는, 우선 그가 헤
르츠파와 금속분을 아는 것이 필요했으며, 또한 그 두 관념이 그에게
서 만나야만 했다. 그렇지만 무엇보다도 필요했던 것은, 그 두 개를
동시에 생각하면서 그가 실험 관찰을 해 새로운 사실을 확인했다는
것이다. 즉 문제의 두 이전以前 발견이 없었다면 결코 알아차리지 못했
겠지만, 그가 그것들과는 다른 사실을 확인했다는 것이다.

예술에서 다른 예를 빌려오자: 빅토르 위고는 「올랭피오의 슬픔
Tristess d'Olympio」†을 썼는데, 그의 발명품을 분석해보자. 그가 쓴 시구
에는 이미 알려져 있는 단어들, 즉 그것들의 어근과 어미가 처음 발명

---

* 프랑스의 물리학자(1844~1940).
† 전자파. 1887년 독일의 물리학자 헤르츠Heinrich Rudolf Hertz(1857~1894)가 전기 진동
  실험을 통해 전자파의 존재를 입증했기 때문에 헤르츠파라고도 부른다.
‡ 빅토르 위고(1802~1885)가 1840년에 발표한 시집 『빛과 그림자Les rayons et les
  ombres』에 소개된 그의 유명한 시 중 하나.

된 이래로 여러 가지 변이형과 함께 수십억 번 반복되어 온 단어들밖에 없었다. 그리고 그 시에는 16세기 이후 이미 사용되고 수천 번 반복된 운율 형식과 수백만 번 표현된 관념이나 감정밖에 없었다. 그렇지만 이러한 모방들의 만남은 독특했고, 그것들의 조합은 독창적이었다. 왜 독창적인가? 자르뎅 데 푀양틴Jardin des Feuillantines의 풍경이나 이에 대한 생각을 떠올리게 하는 그 어떤 정원의 풍경이 위고의 영혼에서 그의 사춘기와 청춘기의 사랑, 즉 모든 사랑이 그러하듯 그 어느 누구도 닮지 않은 한 여자로 인해 생겨난 분명하면서도 그 자체로 독특한 사랑의 이미지를 불러일으켰기 때문이다. 그 사랑, 그 우아함, 그 독특한 아름다움에 배경으로 쓰인 여러 상황의 교차는 시인의 마음에 특이하고 들어본 적도 없으며 모든 것 중에서도 쉽게 알아볼 수 있는 특색 있는 감정을 심어주었다. 이런 이유에서, 「올램피오의 슬픔」과 라마르틴Alphonse de Lamartine의 「호수Lac」*가 똑같은 언어로 똑같은 생각을 표현했음에도 불구하고, 두 창작물은 지극히 상이하다. 이 위대한 시인들은 발명가이자 창조자다. 왜냐하면 독창적으로 모방하는 자들인 그들은 자신들이 이용한 수많은 본보기를 조화롭게 맞추어서 새로운 아름다움을 만들어낼 줄 알았기 때문이다. 이때 그들은 어떤 점에서는 들어본 적이 없을 정도의 매력과 힘을 가지고 느낀 생생한 현실, 자연스러운 아름다움을 직접 파악해 그 새로운 아름다움을 끌어냈다.

---

* 라마르틴은 프랑스의 시인이자 정치인(1790~1869)이다. 「호수」는 라마르틴의 처녀시집 『명상시집Méditations poétiques』(1820)에 수록된 시로, 프랑스 낭만주의를 대표하는 걸작 중 한 편으로 평가받고 있다.

음악이나 건축도 마찬가지다. 음악이나 건축도 언뜻 보기에는 자연계에서 빌려온 것이 아무 것 없는 것 같다. 건축과 음악에서 결실을 맺는 새로움은 현실을 직접 보면서, 즉 인간의 욕구, 고통이나 기쁨과 강렬한 혼이 직접 접촉하면서 그 성질이나 감정에서 새로운 감정을 느꼈다는 데 있다. 그뿐만이 아니다. 건축과 음악에서의 그러한 새로움은 반쯤은 강요되고 반쯤은 순종한 눈이나 귀의 습관을 이 새로운 정신 상태를 표현하는 데 쓰게 했다는 데에도 있다. 첨두尖頭 아치가 있는 건물은 이렇게 해서 생겨났다: 기독교 정신, 신비주의적 성향을 보이는 열정적인 건축 정신이 일 드 프랑스l'Ile de France의 큰 숲과 같은 자연 광경과 접촉한 데서 생겨났다. 우리가 보기에는 「펠레아스와 멜리장드Pelléas et Melisande」*같은 새로운 음악도 이렇게 해서 생겨났다. 이 음악에서는 리듬과 관계를 끊은 완벽한 음악가가 느껴진다. 그는 리듬을 절반은 가리거나 아니면 리듬에 순응하면서도 그것을 변형시킨다. 그러면서 그는 이미 알려져 있는 멜로디나 하모니의 요소들을 조합해 새로운 조합을 만들어낸다. 즉 자연의 자유로운 음악성을 통해 아주 현대적이고 독특한 영혼에 분명하게 영감을 줄 만큼 귀를 시원하게 해주는 소리, 졸졸 흐르는 소리, 중얼거리는 소리를 만들어낸다.

말이 났으니 하는 말인데, 과학이나 산업의 발명과 예술이나 심미적인 발명 간의 차이는 전자에서는 발명가의 정신 상태가 부차적인

---

* 벨기에의 시인이자 극작가 모리스 마테를링크Maurice Maeterlinck(1862~1949)가 1892년에 발표한 희곡 「펠레아스와 멜리장드」를 클로드 드비시Claude Debussy(1862~1918)가 오페라로 작곡하였다.

역할을 하고 객관적인 요소가 지배적인 역할을 하는 반면에, 후자에 서는 반대라는 것이다. 그렇지만 그 두 발명에서 필수불가결한 조건은 외부 자연에 어떤 식으로든 깊은 인상을 받은 뇌에서의 모방 광선들의 만남이다.

그리고 이처럼 외부 자연을 새로운 각도에서 인식하는 것 덕분에, 과학자, 엔지니어, 예술가의 뇌 안에서 모방 광선들의 만남이 결실을 맺어 발명으로 변한다. 실제로 자연과의 이러한 직접적이며 천재적인 접촉 덕분에, 이미 알려져 있는 것이기는 하지만 그때까지 아무런 공통점이 없는 것처럼 보인 두 관념이 원인과 결과라는 관계로 또는 동일한 원인의 상이한 결과라는 관계로, 그렇지 않으면 목적과 수단이라는 관계로 서로 관련된 것으로 나타난다. 사과가 떨어지는 것을 보면서, 뉴턴은 물체의 낙하와 지구 주위에서의 달의 인력을 동일한 두 현상으로, 즉 만유인력이라는 같은 원리의 결과로 인식하였다. 바다를 마주 보고 혼자 깊이 생각하면서, 콜럼버스는 아조레스 제도Açores* 를 넘어 대서양에서 서쪽으로의 항해가 희망봉을 우회하지 않고 중국에 도달하는 또 하나의 방법일 수 있다고 생각하였다. 이 두 경로에 대한 생각은 새로운 것이 전혀 없었으며, 그 두 경로는 그때까지는 다른 곳에 도달하는 것으로 생각되었다. 하지만 그는 그 두 경로가 똑같은 사실에 도달한다고 생각하였다. 그리고 바로 이 행복한 오류가 아메리카를 발견하게 하였다. 자침磁針이 휘는 것을 보면서, 외르스테드Christian Oerstedt†와 앙페르André Marie Ampère‡는 자기磁氣와 전기를 동

---

* 포르투갈 앞 바다에 있는 군도. 9개의 섬으로 이루어져 있다.

일한 힘의 변이로 인식하였다. 이 발견은 그때까지 서로 무관한 것으로 생각했던 두 힘을 확인시켰으며, 나중에 전신電信의 발명을 자극하기에 충분하였다. 그 발견은 그 밖의 천재적인 정신들 속에서 먼 거리에서의 정신적인 커뮤니케이션이라는 이미 오래된 욕구와 결합되었으며, 그들에게는 그러한 목적을 달성하기에 가장 좋은 방법인 것처럼 보였다. 마찬가지로 시인도 산책하다가 정원, 공원의 한구석, 강을 보고 영감이 떠오르면 인생의 짧음을 생각하거나, 우리의 슬픔을 보고도 미소 지으며 우리 무덤 위에서 축제를 계속하는 자연의 무감각을 생각한다. 단어나 이미지가 떠오르며, 그것들은 처음으로 동일한 목적 즉 그의 독특한 감정의 표현에 함께 협력한다. 이와 마찬가지로 음악가도 어떤 열정에 감동받아 흔들리면, 그는 이미 알려져 있는 멜로디나 화음의 단편들을 떠올려 그것들을 결합시켜서 어떤 음악효과를 낸다.

따라서 무엇보다도 사실의 모든 영역에서 발명은 논리적인 작업이나 목적론적인 작업을 한다. 발명이 지니는 우연성은 그것이 지니는 본질적인 합리성의 조건에 지나지 않는다. 발명은 판단이자 추리이며, 추론이자 적응이다.

그런데 우리는 발명의 발생과 계열에 관해서 약간의 일반적인 고찰을 정식화할 수 있다. 앞서 말한 바에 따라서, 우리는 발명들의 논리적인 연쇄, 계통수가 있다는 것을 알거나 또는 그렇게 추측할 수 있다. 이것은 다음과 같은 것을 뜻한다. 즉 모든 발명, 예를 들면 C는

† 덴마크의 물리학자이자 화학자(1777~1851).
‡ 프랑스의 물리학자(1775~1836).

기초적인 발명 A와 B의 조합이기 때문에 A와 B가 생겨난 다음에야 탄생할 수 있었으며(예를 들면 아메리카의 발견은 조선造船의 발명과 나침반의 발명 이후에야 생겨날 수 있었다 등), 게다가 그 A와 B의 방사가 한 뇌 안에서, 그것도 그것들을 결합하기에 적합한 뇌 안에서 간섭할 만큼 충분히 그 각각의 발생원을 넘어 퍼진 다음에야 비로소 C가 탄생할 수 있었다는 것을 뜻한다. 마찬가지로 발명 D가 나타나기 전에는, 발명 A, B, C도 역시 생겨나 퍼져서 다른 뇌 안에서 만나지 않으면 안 된다. 즉 그 예전 발명들에게는 결혼 첫날밤 잠자리로, 새로운 발명에게는 요람으로 쓰일 준비가 되어 있는 다른 뇌 안에서 만나지 않으면 안 된다. E, F, G 등의 경우도 마찬가지다.

그리고 주의해야 할 것은 이러한 발명들이 겉보기만큼 단순하지 않다는 것이다. 논리적인 추론을 통해 생겨나는 단 한 계통의 발명이나 단 한 계열의 발명만이 있는 것은 아니다. 각각의 발명으로부터는 그것이 가능하게 하는 수많은 발명이 있다. 그렇지만 그 발명들 모두가 현실화되지 않으며, 그것들 중 몇 개만이 현실화된다. 그런데 실제적인 발명들의 직선적인 계열을 이해하고 싶다면, 있을 수 있는 발명들의 방대한 범위를 고려해야 한다. 현실태는 가능태의 한 경우에 불과하다. 수학에서만 상상의 양의 계산이 실제 양의 계산에 필요한 것은 아니다. 모든 발견은 그 옆구리에 엄청나게 많은 다른 것들을 갖고 있다.

영(0)의 발견만이 대수, 고등계산의 발전을 가능하게 했다. 이러한 종류의 있을 수 있는 모든 정리定理가 정식화되었다고 말할 수 있는가? 미적분이 품고 있는 모든 정리가 세상에 나왔다고 말할 수 있는가? 식물이나 동물의 종種의 (마찬가지로 논리적인) 계통수가 있는 것처럼, 발명의 계통수도 있다. 존재할 수 있었던 종 모두가 존재한 것은 아니었다. 각각의 종은 무수히 많은 방향으로 발전해 무수히 많은 다른 종을 낳을 수 있었지만 그 중 일부만이 실현되었다. 그러나 사회 진화의 직선적인 공식을 믿는 통속적인 오류에 빠지지 않으려면, 상황 때문에 그 탄생이 유산되어버린 이 있을 수 있는 모든 것들을 생각하는 것이 중요하다.

어쨌든 다시 계속해보자. 우선 발명 M이 나타나기 위해서는, 기초적인 발명 A, B, C 등이 — 발명 M은 이것들의 조합이기 때문에 — 생겨나 퍼져서 그 조합에 적합한 뇌에서 만나야 한다. 따라서 A, B, C의 모방 전파가 빠를수록 또 방대한 영토에서 밀도가 높은 인구에 퍼질수록, 점점 더 그것들의 광선이 적절한 뇌에서 간섭할 가능성이 있다. 다른 한편으로 이 기초적인 발명들의 일정한 확대 범위가 주어졌을 때는, 교잡이나 — 너무 이질적이지도 않고 너무 동질적이지도 않은 — 혼혈 덕분에 그 인종에 개인적인 다양성이 풍부하며 개인 간의 재능의 다름이 깊고 분명할수록, 모방 광선 A, B, C 등이 조합되어 결실을 맺는 데 필요한 뇌의 기발함이 실현될 가능성이나 기발한 뇌가 그러한 조합을 실현할 가능성이 점점 더 많을 것이다.

여기에는 두 만남의 만남, 저절로 늘어난 우연성이 있다는 것을 보게 된다: 모방 광선들이 간섭해야 한다. 그것도 그 모방 광선들이 계통들의 간섭에서, 다소 우연적인 다수의 결혼에서 생겨나는 어떤 뇌 안에서 간섭하지 않으면 안 된다. 뉴턴 같은 사람이 세상에 나오기 위해서는, 또 케플러Kepler법칙과 인력에 대한 생각의 만남이 그의 뇌 안에서 있을 수 있기 위해서는, 서로 찾지 않았는데도 우연히 만난 정자와 난자가 얼마나 많이 필요했겠는가! 이때 그 인력에 대한 생각이란 사과를 보고 암시받았으며, 달과 지구의 거리의 진정한 측정에 의해 확인된 생각이다. 뉴턴이 케플러 법칙이 전혀 퍼져나가지 못한 세상의 다른 곳에 태어났다고 가정해보라. 또는 그의 시대에 프랑스나 영국의 과학자들이 라틴어를 이용한 빈번하고 용이한 커뮤니케이션을 하지 못했다고 가정해보라. 이 천재는 불임으로, 열매를 맺지 못한 채 죽었을 것이다 … 얼마나 많은 천재들이 그와 같은 이유로 결실을 맺지 못했는가!

또한 한편으로는 본보기들의 확대와 그것들의 간섭을 촉진시키는 모든 것(국가의 확장, 국경이 낮아지는 것, 언어들의 사용 지역 확대와 그 수의 감소 등), 다른 한편으로는 개인적인 다양성, 개인 간의 다른 재능, 독창성을 촉진시키는 모든 것(통혼권의 확대, 카스트의 폐지와 동시에 계급의 유지, 교육과 문화의 개인화)은 발명력을 증대시키는 경향이 있으며 사회 진보를 부추긴다.

계몽된 민주주의는 개인의 특이성이나 우월성을 두려워할 필요가 없다. 왜냐하면 모방의 전파 덕분에, 뛰어나거나 특이한 개인이 하는 일은 집단에 이익이 될 뿐이기 때문이다. 개인에게 있는 가장 좋은 점은 사회화된다.

문명화가 진전되면 그 개인적인 다양성이나 우월함의 필요성이 점점 더 필요없어질 것이라고 생각하는 것이 적절한가? 그렇지 않다. 사실 모든 것이 똑같을 경우, 가장 먼저 나타나는 것은 제일 쉬운 발명들이다. 이런 이유에서 그 많은 발명이 동시에, 옛날에, 서로 독립적으로, 지구의 그토록 많은 여러 곳에서 나타난 것이다(예를 들면, 난쟁이가 죽인 거인의 신화, 또는 햇빛으로 진흙을 굽는다는 생각, 자기(磁器)) … 사회가 옛 발명들의 모방적 확대를 더 용이하게 할수록, 새로운 발명의 어려움이 더 커진다. 이는 어떤 광산을 오래 채굴할수록 새로운 광물 채굴의 어려움 역시 더 커지는 것과 같은 이유에서다.

따라서 수학, 물리학, 생물학, 항해술 등의 오래된 줄기에서 새로운 가지가 나려면 더 유능한 천재들이 필요하다. 그리고 다섯 살짜리 어린 아이가 플레엘 피아노에서 한 옥타브 높여 연주하거나 6피트 높이에 위치한 과일을 손으로 따는 것이 불가능한 것만큼이나, 문명인들 중에서도 평균적인 인간이 새로운 발명에 이르는 것은 불가능하다. 그렇지만 키 큰 남자가 과학이라는 나무의 잔가지에서 매우 높이 있는 열매를 따면, 아무리 낮은 인종의 사람들이라도 그것을 먹을 수 있다. 일본인, 폴리네시아인, 아메리카 인디언조차도 유럽화된다. 비록 그들 스스로는 우리 유럽인같은 발상으로까지 높아진 적이 한 번도 없었다 하더라도 말이다.

지금까지 말한 것에서 나는 우연성의 몫을 과장한 것 같다. 그러나 이것은 겉보기에 지나지 않는다. 실제로 각각의 발명을 따로 떼어놓고 보면 그것은 우연적이다. 즉 그 발명은 더 일찍 또는 더 늦게 생겨날 수 있었으며 또 그것이 탄생한 곳과는 다른 곳에서 생겨날 수 있었다고 말할 권리가 항상 있다. 그럼에도 불구하고 발명 확률의 정도나 그 발명들의 논리적인 연쇄에 관한 일반적인 법칙이 그 발명들의 전개 전체를 지배한다는 것은 사실이다. 그러나 나는 여기서 그 법칙을 탐구할 필요가 없다. 내 주제는 너무 방대하기 때문에, 그것을 더 확대하려고 애쓰지 않겠다. 따라서 나는 너무 짧은 시간 속에 억지로 늘어놓은 나의 짧고 간결한 지적으로 충분치 않은 사람들에게는 내 저작들을 참조해보라고 말하지 않을 수 없다.

그 다음, 이러한 기여의 우연성이 무엇이냐 하는 것은 중요하지 않다 … 본질적인 것은, 각각 우연히 가져다준 그 발명들이 — 그렇지만 그 각각의 발명은 그 자체가 논리적이다 — 사회 논리에 의해 분류되며 체계적으로 조직화된다는 것이다(이때 이 사회 논리는 어떤 신화적인 실체가 아니라 모든 인간의 뇌 안에서 다소 발달되고 진보와 함께 증가하는 조화로운 조정 욕구이다).

그 발명들은 사람들이 문법, 언어, 종교, 육법전서, 법전, 통치 헌법, 경제체제라고 부르는 놀라운 체계로 조직된다. (과학적인 의미에서의) 우연은 논리의 공급자에 불과하다. 이런 식으로 해서 사회의 정교화와 생물의 정교화에서, 즉 우리 사회와 외부 자연에서 놀라운 상상력은 심오한 이성과 협력해 통일성과 다양성을 겸비한다 …

『사회법칙』영역판 서평*
– 소스타인 베블런

이 책의 편집자가 언급하듯이, 타르드 씨는 여기서 그의 이론 작업을 요약하며 하나의 체계를 구성해 보여주었다. 체계를 이처럼 그 개요로 축소하였기에, 그 위대한 독창력이 타르드 씨의 큰 저작들 속에 들어있는 자세한 설명에 의한 것보다 훨씬 더 강력한 인상을 독자에게 준다. 동시에 학설의 본질적인 피상성도 마찬가지로 더욱 명백하게 뚜렷이 드러난다. 그 학설이 대부분, 특히 그 일반적인 특색에 관해서는 은유와 유추를 대담하게 또 솜씨 좋게 이용하며 전개되지만 말이다. 여기에서 이론의 독창적인 착상을 제시하는 방식이 대담하다고는 말할 수 없지만, 어쨌든 그것을 간결하게 제시한 결과,

---

* *Jouranl of Political Economy*(1900, September 1900, vol.8, pp, 562~563).여기에서는 사회학자 캐믹Charles Camic과 기업연구가 호지슨Geoffrey M. Hodgson이 편집한 *Essential Writings of Thorstein Veblen*(London: Routledge, 2011)에 재수록된 것(p.280)을 번역하였다.

이 책이 타르드 씨의 사회학 학설의 유행을 단축시키는 데 실질적으로 한 몫 할지도 모르는데, 이것은 있을 수 있는 일인 것 같다.

제시된 진술의 본질적인 피상성은 예를 들면 다음과 같은 일반화에서 보여진다: "습관은 단지 일종의 내적인 유전일 따름이다. 그런데 파동 또는 주기적인 운동이 반복의 물리적 형태이고 모방이 그 사회적 형태인 것처럼, 유전은 생명에 적합한 반복 형태다"(p.22). 또 있다: "모든 실제적인 대립은 두 개의 힘, 경향, 또는 방향 간의 관계를 의미한다"(p.88). 모호하다고는 말할 수 없지만 이처럼 신축성 있는 용어로, "대립opposition"은 역학의 작용과 반작용, 산수의 양수와 음수, 정도의 변화, 전쟁, 산업 경쟁, 논쟁, 망설임과 같은 다양한 현상을 포함하고 있다. "대립"이라는 포괄적인 용어가 이처럼 잡다한 문제들의 논의에서 사용될 수 있는 것은 분명히 유추만의 교묘한 이용 때문이다. 이 모든 것의 성격은 18세기의 설교하는 사변을 생각나게 하며, 사람들에게는 정신이 이끄는 진보라는 형이상학적 관념을 만날 준비를 시키는데, 이 형이상학적 관념은 다음과 같은 결론에 표현되어 있다: "대립이라는 투쟁은 생물계와 무생물계에서처럼 사회계에서도 중간항 역할을 수행하는 것 … 같다"(p.133).

생애 - 서지 개요*
– 에릭 알리에즈

1843년 3월 12일 사를라(도르도뉴)에서 태어나다. 아버지는 사를라의 예심판사
이며, 어머니는 법률가 집안 출신이다.

1850년 아버지가 죽다. 외아들로 길러져 어머니가 죽을 때(1891년)까지 그 곁을
떠나지 않다.

1854년 사를라의 예수회 중학교에 입학하다.

1860년 문과 대학입학 자격시험에 평점 '매우 우수'très bien로 합격. 이어서 이과
대학입학 자격시험에도 합격하다.

1861년 파리 이공과 대학l'École Polytechnique 입학을 준비하다.

1862년 안질이 처음으로 발작. 멘 드 비랑Maine de Biran†을 발견하다. 법학을 위
해서 수학공부를 그만 두고 툴루즈에서 법학을 공부하다.

---

* Éric Alliez, "Notice bio-bibliographique" (pp. 139~151), in *Les lois sociales*(Le
plessis-Robinson, Institut Synthélabo, 1999).
† 프랑스의 철학자(1766~1824). 프랑스 유심론의 시조로 불린다.

1863년	쿠르노 책을 읽고 라이프니츠에 끌리다.
1864년	헤겔을 발견하다.
1865년	파리에서 법학 공부를 계속하다. 또 다시 안질이 발작해 신경쇠약에 걸리다.
1867년	사를라로 돌아온 후 사를라의 판사 조수가 되다.
1869년	사를라 검사국의 대리판사로 임명되다.
1870년	처음으로 「보편적 차이」라는 제목의 글을 쓰다.
1873년	뤼펙(샤랑트)의 공화국 검사 대리인으로 임명되다.
1874년	가능태에 대한 논문을 작성. 현상의 진화와 반복에 대해 연구하다.
1875년	사를라의 예심판사로 임명. 「멘 드 비랑과 심리학에서의 진화론」이라는 제목의 연구를 공개하다. 이는 가브리엘 타르드의 첫 번째 발표문이다.
1877년	보르도 법원 판사의 딸 바르디 들리슬^{Bardy Delisle} 양과 결혼하여 세 아들이 태어나다.
1880년	테오뒬 리보^{Théodule Ribot}*의 《철학평론》에 논문 「믿음과 욕망: 그것들의 측정가능성」을 처음 발표하다.
1882년	롬브로소^{Cesare Lombroso}† 및 이탈리아 범죄학파와 처음으로 서신을 교환하다. 《철학평론》에 「자연과 역사의 공통점」을 발표하다.
1883년	《철학평론》에 「최근 반세기의 범죄통계」, 「새로운 학파의 몇몇 이탈리아 범죄학자에 대해」 등 두 편의 논문을 발표하다.

* 프랑스의 심리학자(1839~1916).
† 이탈리아의 법의학자이자 정신의학자(1835~1909).

1884년   『미래사의 단편』을 쓰다. 《철학평론》에 「고고학과 통계학」, 「자연다윈
주의와 사회다윈주의」, 「현대 사회주의에 대한 연구」, 「사회란 무엇인
가?」 등 네 편의 논문을 발표하다.

1885년   《철학평론》에 「범죄인형型」을 발표하다.

1886년   『비교범죄론』(알캉 출판사) 출간. 《철학평론》에 「범죄성 문제」, 「에스
파니아인과 시칠리아인의 범죄행위」, 「도덕의 미래」 등 세 편의 논문을
발표하다.

1887년   의사 라카사뉴Alexandre Lacassagne*가 1886년에 창간한 《범죄인류학문
집Archives d'Anthropologie Criminelle》(이것은 Archives de l'anthropologie
criminelle, de criminologie, et de psychologie normale et
pathologique의 약자이다)에 「실증주의와 형벌」, 「1885년의 범죄 통
계」 등 두 편의 논문을 발표하며 참여하기 시작하다.

1888년   《철학평론》에 논문 「도덕의 위기와 형법의 위기」와 「사회변증법」을, 지
드Charles Gide†의 《정치경제학평론》에 「가치의 두 의미」를 발표하다.

1889년   제2회 범죄인류학 국제대회에서 롬브로소와 격렬한 논쟁을 벌이다. 이
논쟁은 타르드를 프랑스와 외국에 알리는 데 기여하다(프랑스에서는
레비 브륄Lucien Lévy Bruhl‡의 지지를 받으며 중요인물이 된다). 《철학평
론》에 「범죄와 간질」, 「논리범주와 사회제도」 등 두 편의 논문을 발표
하고 《범죄인류학문집》에 네 편의 논문을 발표하다.

1890년   『모방의 법칙』(알캉 출판사)이 출간되어 여러 언어로 번역되다. 『형
사철학』(스토르크와 말루안 출판사) 출간. 《철학평론》에 「최면술사
와 의사」, 「가난과 범죄행위」, 「정치범죄」를 발표하다. 《범죄인류학문
집》에 「범죄적인 프랑스」, 「병적인 사랑」을, 《과학평론》에 「모방의 병
폐」를 발표하다.

---

* 프랑스의 법의학자(1843~1924).
† 프랑스의 경제학자이자 경제사상가(1847~1932).
‡ 프랑스의 사회학자이자 민속학자(1857~1939).

1891년 《철학평론》에 「예술과 논리학」과 「범죄와 형벌에 대한 연구」를, 《범죄
        인류학문집》에 「블라디미로프 사건」을, 그리고 《두 세계 평론》에 「죄의
        식 관념」을 발표하다.

1892년 제3회 범죄인류학 국제대회의 명예회장이 되다. 보고문 「군중의 범
        죄」를 《범죄인류학문집》에 발표하고 같은 잡지에 「신이탈리아 학파: 비
        판적 실증주의」라는 제목의 논문을 발표하다. 『범죄와 형벌에 대한 연
        구』(스토르크와 마송 출판사)를 출간하고 정치와 문학 평론지인 《청색
        평론》에 문학에세이 「대머리 거인들」을 발표하다.

1893년 법무부 장관의 요구로 프랑스의 범죄통계 조직에 대한 보고서를 작성
        하다. 『사회논리학』(알캉 출판사)과 『법의 변형』(알캉 출판사)을 출간하
        다. 『법의 변형』에 이어 모방문제에 대한 논쟁 "베르틀로 씨에 대한 응
        답"(《형이상학 및 도덕평론》)을, 《국제사회학평론》에 「모나드와 사회과
        학」을 발표하다. 이 논문은 1895년 《사회학논문집》에 「모나돌로지와
        사회학」이라는 제목으로 재수록 되다. 《철학평론》에 「사회문제」와 「감
        정의 사회적 논리」를 발표하다. 《범죄인류학문집》에는 「생물학과 사회
        학」, 「범죄사회학과 형법」 등의 논문을 발표하다. 《두 세계 평론》에 「범
        죄 관점에서의 군중과 분파」를 발표하다.

1894년 법무부 법률통계국장으로 임명. 파리 사교계에 출입하다. 《국제사회학
        평론》에 「논리적인 상태의 역사적 계열」을, 《국제사회학연구소연보》
        에 「요소의 사회학」을 발표하다. 《범죄인류학문집》에도 논문을 발표
        하다.

1895년 『사회학논문집』(스토르크와 마송 출판사)을 출간하다. 《철학평론》
        에 「범죄성과 사회적 건강」을 발표하다. 이 논문에서 뒤르케임의 사회
        학에 맹렬한 비판을 가하다. 「사회변이설」을 발표하다.

1896년 베르그송Henri Bergson을 처음 만나다. 사회과학 자유대학에서 처음으로
        일련의 강의를 하다. 《국제사회학평론》에 '공상역사'소설 「미래사의 단
        편」을 발표하다. 《철학평론》에 「사회유기체사상」을 발표하다. 《범죄인
        류학문집》에도 논문을 발표하다.

1897년 사회과학 자유대학에서 강의를 하다. 『보편적 대립』을 출간하다. 《철학평

론》에 「대립 관념」과 「필적 감정」을 발표하다. 《범죄인류학문집》에도 논문을 발표하다. 《프랑세즈 데 댕부르 평론》에 「공감과 종합」을 발표하다.

1898년   사회과학 자유대학에서 일련의 새로운 강의를 하다. 『사회심리학연구』(지아르와 브리에르 출판사)와 『사회법칙』(알캉 출판사)을 출간하다. 《파리평론》에 「공중과 군중」을, 《철학평론》에 「범죄란 무엇인가?」를, 《범죄인류학문집》에 「범죄성 문제」를 발표하다.

1899년   『권력의 변형』(알캉 출판사) 출간. 《파리평론》에 논문 「여론과 대화」를 발표하다.

1900년   콜레주 드 프랑스의 현대 철학교수로 임명. 경제심리학 강의를 하다. 정신과학 정치학 아카데미 철학분과 회원으로 선출. 《콜레주 드 프랑스 연구》에 「현대철학 강의의 공개강좌」를, 《범죄인류학문집》에 「집단정신」을 발표하다.

1901년   콜레주 드 프랑스에서 "도덕의 변화"에 대해 강의하다. 『여론과 군중』(알캉 출판사)을 출간하고 「사회학의 공준」(《철학평론》), 「정신 간 작용」, 「범죄성과 경제현상」(《범죄인류학문집》), 「역사유물론에 대한 몇 마디 말」(《국제사회학연구소연보》), 「정신 간 심리학」(《국제사회학평론》), 「미래 사실의 작용」(《형이상학 및 도덕평론》) 등 많은 논문을 발표하다.

1902년   콜레주 드 프랑스에서 '형사철학'과 '쿠르노의 정치사상'에 대해 강의하다. 『경제심리학』(알캉 출판사)출간. 뒤르케임이 지휘하는 『사회학연보』의 처음 네 권에 대한 비판적인 연구를 하다. 「사회진화의 동인으로서의 발명」을 《국제사회학평론》에 발표하다.

1903년   콜레주 드 프랑스에서 '정신 간 심리학의 요소'에 대해 강의하다. 안질의 고통으로 건강 문제를 겪다. 「간間심리학」(《일반심리학연구소회보》), 「최근 20년 동안 프랑스에서의 범죄성」(《범죄인류학문집》), 「사회계급」(《국제사회학평론》), 「심리학과 사회학」(《국제사회학 연구소회보》) 등의 논문을 발표하다.

1904년   5월 12일 61세의 나이로 죽다. 논문 「샤를 레베크의 생애와 저작에 대한 소개」(《정신과학 정치학아카데미의 회의와 연구》), 「자서전 편지」(《세계

평론》), 「사회학과 사회과학」(《국제사회학평론》) 등을 남기다.

1922년   『경제심리학』 8판 출간. 이는 70년대에 타르드가 재발견되기 전 그의
저작의 마지막 판이다.

주註 — 장 밀레Jean Milet의 저작 『가브리엘 타르드와 역사철학』(파리, 브랭,
1970)에서 뛰어난 생애-서지 소개를 볼 수 있으며, 또 클라크Terry N.
Clark의 책 『가브리엘 타르드: 커뮤니케이션과 사회적 영향에 대하여』(시
카고대학 출판부, 1969)에서도 완전한 서지를 볼 수 있다.

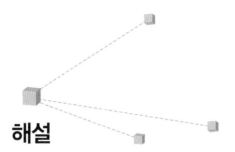

해설

모방이론은 발명이론을 함축하고 있다

I. 모방의 사회학자?

타르드는 1890년에 출간한 『모방의 법칙』으로 자신의 이름을 프랑스 지식인 사회에 널리 알렸을 뿐만 아니라 사회학자로서의 지위도 확립하였다. 그리고 그 책은 프랑스 밖에서도 상당수의 학자들에게 그 독창성을 인정받으며 사회학의 중요한 연구로 받아들여졌다. 하지만 타르드는 두 가지 비판에 시달렸다. 하나는 그가 모방 개념을 지나치게 확대해서 사용했다는 것이고, 또 하나는 사회생활에서의 발명(창조)의 중요성을 소홀히 했다는 것이다. 첫 번째 비판은 에밀 뒤르케임을 포함한 많은 학자가 지적한 것으로 가장 자주 제기되었다. 두 번째 비판은 첫 번째 것보다 그 빈도수는 적었지만, 마찬가지로 종종 행해지는 논평 중 하나였다.

첫 번째 비판에 대해 마침내 타르드는 5년 후에 출간된 제2판 서문에서 다음과 같이 대답하였다: "그러나 나는 '모방'이라는 말에 항상 매우 명확하고 독특한 의미를 부여했다. 한 정신에서 다른 정신으로의 원거리 작용, 즉 어떤 뇌 속에 있는 음화陰畵를 다른 뇌의 감광판感光板에 거의 사진처럼 복제하는 것으로 이루어지는 작용이라는 의미다. 어떤 순간에 사진의 감광판이 그 안에서 일어나는 것을 의식하게 되었다면, 그 성질이 바뀌는가? 내가 말하는 모방이란 말하자면 의도된 것이든 아니든, 수동적인 것이든 능동적인 것이든 정신 간에 이루어진 사진 촬영의 모든 흔적을 뜻한다. 두 생물 사이에 어떤 형태로든 사회적 관계가 존재하는 곳 어디에서나 이런 의미의 모방(한쪽이 다른 쪽을 모방하는 것이든, 아니면 그 둘이 제3자를 모방하는 것이든 간에 말이다. 후자의 예로는 한 사람이 다른 사람과 동일한 언어로 이야기할 때 매우 오래된 음화에서 새롭게 인화하는 경우[옛날 관습을 모방하는 경우]를 들 수 있다)이 있다는 것을 보게 된다면, 사회학자는 이 개념을 강조해도 무방하다는 내 생각에 사람들은 동의할 것이다"[1]

그리고 타르드는 기회가 있을 때마다 자신의 모방 개념을 변호했다. 예를 들면 그는 『사회법칙』(1898)에서 다음과 같이 주장하였다: "프린스턴 대학교(미국)의 심리학 교수인 볼드윈 씨는 『아동의 정신 발달』이라는 최근에 출간된 이미 유명한 책에서 모방에 매우 넓은 의미를 부여하고 있다. 이 매우 넓은 의미를 **모방**이라는 말에 줄 경우, 모방은 사회생활이나 심리생활에서뿐만 아니라 유기체 생명에서도 기초적인 사회적 사실이라고 말할 수 있을 것이다. 이때 유기체 생명

---

1 가브리엘 타르드, 『모방의 법칙』, 이상률 옮김(문예출판사, 2012), 8쪽.

에서는 모방이 습관과 유전의 조건이 될 것이다. 그런데 사실 이 명민한 심리학자의 명제는 내 것과 모순되기는커녕 내 명제를 가장 인상적으로 예증하고 확증한다. 내가 말하는 인간에서 인간으로의 모방은 동일 인간 안에서 한 상태에서 다른 상태로의 모방의 연장이다. 이 내적인 모방을 나 자신은 이미 습관이라고 불렀으며, 그것에는 아주 분명한 특징이 있기 때문에 나로서는 그것들을 혼동하지 않았다. 볼드윈 씨는 무엇보다도 생리심리학자이기 때문에 모방의 유기체적 발생이나 정신적 발생을 매우 잘 설명하고 있다. 그리고 그의 역할은 심리사회학자 역할이 시작하는 순간에 바로 끝난다. 그의 책이 내 책 『모방의 법칙』보다 먼저 나오지 않은 것은 유감스러운 일이다. 『모방의 법칙』이 그의 분석을 이용했을 텐데 말이다. 그렇지만 그의 분석이 나에게 내 책에서 발표한 법칙과 고찰을 수정할 필요를 전혀 느끼게 하지 않았다.

어쨌든 그의 책은 **모방**이라는 말의 의미를 너무 확대했다고 나를 비난한 사람들에게 내가 할 수 있는 가장 좋은 대답이다. 볼드윈 씨는 그 의미를 훨씬 더 확장해도 아무 문제가 없다는 것을 증명하고 있다."(이 책 35~36쪽)

타르드의 이러한 변론에도 불구하고 그의 모방 개념에 대한 이의제기는 계속되었다. 그런 비판 중에서 대표적인 것의 하나는 미국의 사회학자 로버트 에즈라 파크와 어니스트 버제스에게서 나왔다. 특히 파크는 타르드 이름을 미국 학계에 널리 알리는 데 아주 큰 공을 세웠지만, 타르드의 모방 개념에 대해서는 대단히 비판적이었다: "모방 개념의 이 부당한 확대로 타르드가 과학의 용서못할 죄the unpardonable sin of science를 저질렀다는 것은 부정할 수 없다. 즉 그는 모방 행동에 대한 주의 깊은 연구와 끈기 있는 관찰을 사회에서의 획일성에 대한 엄격하지 않으면서 겉만 번지르르한 일반화로 대신하였다."**2**

예전에 흔히 행해진 이런 식의 비판을 잘 알고 있는 오늘날의 타르드 연구가들은 타르드의 모방 개념에 새로운 해석을 제시한다. 예를 들면, 프랑스의 철학자 브뤼노 카르센티는 다음과 같이 말한다: "현재 타르드가 오늘날 다시 읽을 가치가 있다면, 이는 바로 — 이 회고적인 설명에도 불구하고 — 그의 사회학을 차츰 유명하게 해준 논쟁이 매우 깔끔한 종결에 이르지 못했기 때문이다. 우선, 타르드의 모방 개념이 개인주의 입장을 나타낸다는 것은 결코 자명하지 않다. 타르드의 간심리학interpsychology은 심리학이 아니다. 그것이 개인들 사이에서 일어나는 것을 파악하고 관계 자체를 이해하고 싶어하는 한에서는 말이다. 오히려 그것은 개인을 넘어서 있지만 아직은 집합표상에 포함되지 않은 심리현상을 연구하는 것을 목표로 삼는다. 사회학자는 표상적 사고와 그에 따른 부수적인 형태의 주관적 이해에 앞서, 믿음과 욕망에 초점을 맞추어야 한다. 엄밀히 말하면, **믿음들과 욕망들이 서로 모방하는 것이지**, 개인들이 서로 모방하는 것이 아니다Beliefs and desires imitate each other, not individuals. 이것은 — 우리가 앞으로 보게 될 것처럼 — 타르드의 간심리학의 열쇠이며 그것의 현대적인 유관적합성relevance의 가장 분명한 표시다."**3** 그리고 현재 타르드 부활의 중심인

---

2 Robert E. Park and Ernest W. Burgess, *Introduction to the science of socio-logy*(Chicago, The University of Chicago Press, 1925[1921]), p.423.

3 Bruno Karsenti, "Imitation:returning to the Tarde – Durkheim debate", in *The*

물인 브뤼노 라투르는 한 걸음 더 나아가 다음과 같이 주장한다: "타르드는 종종 모방이라는 하나의 관념을 지닌 사람으로 소개되고 있다. 그가 1890년 그의 책『모방의 법칙』출간 후에 유명해진 것은 사실이다. 그럼에도 불구하고, 그가 모방 관념에 사로잡혀 있지 않다는 것을 이해하는 것이 중요하다. 타르드의 요점도 또한, 마치 그가 몇몇 관찰에서 그의 나머지 사회심리학으로 일반화한 것처럼 인간들이 서로 어떻게 모방하는가에 대한 심리학적 주장이 아니다. 사정은 오히려 반대였다. 그는, 부분적으로는 의학에서 빌려왔고 나중에는 심리학에서 빌려온 그럴듯한 용어를 우연히 발견했을 때, 구조라는 발상의 나쁜 개념을 우회하는 길을 찾고 있었다. 모방, 그것은 문자 그대로 '관념의 전염'이다. 이 개념을 지님으로써 그는 사회과학을 충분히 과학적으로 만들 수 있었다. 그는 개인적인 특징들을 따라가면서도, 그것들이 모여 겉으로 보기에는 '비개인적인' 모델과 선험적인 구조를 형성할 때 그 개인적인 특징들을 식별해냈기 때문이다. '모방'이라는 용어는 다른 많은 것들(예를 들면 모나드monad, 행위자-연결망 actor-network, 또는 엔텔레키entelechy)로 대체될 수 있다. 이것들이 동등한 역할, 즉 개인 모나드들이 결코 구조를 만들어내지 않으면서 서로 공모하는 방식을 밝혀내는 역할을 지닌다면 말이다."**4**

Social after Gabriel Tarde, Matei Candea(ed.), London, Routledge, 2010, p.45.

4 Bruno Latour, "Tarde's idea of quantification", in The Social after Gabriel Tarde, p.149. 라투르는 이렇게 말하고 나서 다음과 같은 각주를 달았다: "이것이 나로 하여금 타르드를 행위자 연결망 이론의 진정한 발명자the real inventor of ANT로 간주할 수 있게 해준 것이다."(p.160)

두 번째 비판, 즉 모방의 중요성만 강조하고 발명 측면은 간과했다는 비판에 대해서도 타르드는 적극적으로 반론을 폈다. 그는 이탈리아의 잡지 《실증주의 학파》의 편집장 지울리오 피오레티가 쓴 『모방의 법칙』 서평에 대해 반론을 담은 편지(1891년 8월)에서 다음과 같이 말한다: "이 책에서 나는 사회현상 중 모방 측면을 더 특별하게 다루었지만, 이것은 그 모방 측면과 정말 끊을 수 없을 정도로 관련되어 있는 발명 측면을 무시했다는 것을 의미하지 않습니다."[5] 타르드는 그 증거로 『모방의 법칙』에서 몇몇 구절을 제시하며, 자신은 발명의 사회적 중요성을 결코 부정하지 않았다고 주장하였다. 게다가 그는 발명의 법칙을 주제로 한 책을 쓸 생각이 있다는 사실도 편지에서 말하였다. 실제로 그는 『모방의 법칙』에 대한 보충편으로 『사회논리학La logique sociale』을 1895년 세상에 내놓았는데, 이 책 제1부 4장에서 『발명의 법칙Les Lois de l'invention』을 다뤘다(247~330쪽). 타르드는 또한 논문 「사회학la sociologie」에서는 사회학이 다루어야 할 두 개의 주요 문제가 발명과 모방임을 분명하게 밝혔다: "방금 말한 것처럼 그 범위를 정한다면, 사회학은 두 개의 주요 문제를 자신에게 제시해야 한다: (1) 발명, 성공한 창의, 그리고 생명의 적응과 유사하며 이 생명의 적응에 못지않게 그 기원이 잘 알려지지 않은 사회적 적응의 원인은 무엇인가? (2) 왜 다름 아닌 바로 이 창의가 모방되었는가? 그토록 많은 본보기 중에서 왜 이런저런 본보기에 선택이 주어졌으며, 다른

---

5 가브리엘 타르드, 「부록 I: 지울리오 피오레티에게 보낸 가브리엘 타르드의 편지」, 『모방의 법칙』, 480쪽.

본보기들은 왜 어떤 모방자도 얻지 못했는가? 달리 말하면, 모방의 법칙은 무엇인가?"(이 책 207~208쪽) 이렇게 말하면서 그는 모방의 법칙은 사회과학의 첫 번째 장章이지 사회과학의 전부가 아니라고 부언하였다. 또한 그는 1902년 파리 사회학회에서 「사회진화의 동인으로서의 발명L'invention considérée comme moteur de l'évolution sociale」을 발표하였는데, 이 보고문은 타르드가 발명을 단독 주제로 삼았다는 점에서 매우 주목할 만한 논문이다. 그는 이 보고문을 같은 해 『국제 사회학 평론Revue Internationale de Sociologie』에 하나의 논문으로 활자화했다.

타르드는 이처럼 『모방의 법칙』 출간 때부터 줄곧 자신이 구상하는 사회학의 주요 주제가 모방과 발명이라는 것을 여러 차례 밝혔다. 그럼에도 불구하고 동시대나 후대의 상당수 학자들에게는 타르드의 관심이 모방에 한정되어 있다는 인식이 강했다. 에밀 뒤르케임 역시 동시대에 타르드를 모방의 사회학자로 인식한 사람 중 하나였다. 따라서 그는 『사회분업론』에서 타르드를 겨냥해 "모방 그것만으로는 아무 것 설명할 수 없다l'imitation ne peut rien expliquer à elle seule"[6]고 비판하였다. 참고삼아 말하면, 뒤르케임의 이 비판에 대해 타르드는 같은 해 (1893년) 발표한 서평 논문 「사회문제Questions sociales」에서 다음과 같이 말하였다: "그[뒤르케임]는 모방에 대해서는 꽤 자주 관심을 두지만, 발명에 대해서는 전혀 관심을 두지 않는다. 한쪽은 다른 쪽에서, 즉 모방은 발명에서 나옴에도 말이다."[7] 한편 미국에서 파크와 버제

---

6 Émile Durkheim, *De la division du travail social*, (Paris, Librairie Félix Alcan, 1932[1893]), p. 368.

스는 『과학으로서의 사회학 입문』에서 다음과 같이 기술하였다: "예를 들면 가브리엘 타르드는 바로 이 문화 형태의 발생이 아니라 그 전달과 전파를 설명하려고 하였다. 타르드에게는 커뮤니케이션(문화 형태와 특징의 전달)이 사회생활의 유일한 중심적이며 의의 있는 사실the one central and significant fact of social life이다."[8]

프랑스 사회학계에서의 뒤르케임의 영향력 그리고 초기 미국 사회학계에서의 파크와 버제스의 위치를 고려한다면, 이들이 제시한 타르드 이미지는 일종의 정설定說로 자리잡기에 충분했을 것이다. 오늘날에도 타르드를 모방의 사회학자로 묘사하는 글이 가끔 나오고는 있다. 하지만 조금 전 보여준 것처럼 그를 '모방과 발명의 사회학자'로 인식할 때 그리고 한 걸음 더 나아가 그가 인간을 모방하며 발명하는 존재로 이해했다는 것을 분명하게 깨달을 때, 그의 사상을 올바르게 이해할 수 있을 것이다.

II. 모방과 발명의 사회학

1. 모방

모방이란 무엇인가? 그것은 인간들 간의 기초적인 관계로

---

7 Gabriel Tarde, *Essais et mélanges sociologiques*, (Paris, A. Maloine. Éditeur, 1895), p. 141.

8 R. E. Park and E. W. Burgess, op.cit., p.21.

서 한 뇌가 다른 뇌에 행하는 멀리서의 작용, 즉 정신적인 영향이다. 모방의 외적인 형태는 유사한 행동, 반복되는 행위로 나타나지만, 그 내적인 성질은 암시, 즉 일종의 최면상태다. 암시란 어떤 관념이 뇌에 들어올 때 그것을 받아들이는 행위로서, 이 암시받은 관념은 감각, 이미지, 운동으로 변하는 경향이 있다. 타르드는 모방을 이러한 암시 작용의 효과로 이해하면서, 최면 상태에서 가장 잘 관찰될 수 있다고 생각했다. 그가 당시의 유력한 최면학파인 낭시Nancy학파를 주목한 것은 그런 이유에서였다.[9] 낭시학파는 그 당시 자신들의 경쟁자인 살페트리에르Salpétrière학파와는 달리, 최면은 정도의 차이가 있기는 하지만 모든 사람에게서 일어날 수 있는 직접 암시의 효과, 말에 의한 암시 작용의 효과라고 주장하였다. 타르드는 이 낭시학파의 견해를 받아들여 종종 암시모방la suggestion-imitation이라는 말을 썼다.

모방은 외부에서 주어진 관념을 따르는 것이니만큼 그 기본적인 성격은 수동성이다. 그렇다면 인간은 모방을 많이 할수록 점점 더 자동인형적인 존재, 즉 더욱더 경신적輕信的이며 동조적인 순한 양이 되는가? 그렇지 않다. 이 의문에 대해 우리는 타르드의 다음과 같은 일장연설을 들어볼 필요가 있다: "여기서 우리는 이미 이 모방이론이 사

---

9 프랑스에서는 1880년대에 최면에 관해서 장 마르탱 샤르코(1835~1893)를 중심으로 한 살페트리에르학파와 앙브로와즈 오귀스트 리에보(1823~1904)와 이폴리트 베르넴(1840~1919)을 중심으로 한 낭시학파 사이에 논쟁이 일어났다. 샤르코는 최면이 히스테리 환자들에게만 일어나는 현상이라고 주장한 반면, 리에보와 베르넴은 최면이 모든 사람에게 일어날 수 있는 현상이라고 주장하였다. 논쟁의 초기에는 살페트리에르학파가 우세했지만, 이들의 연구 결과 중 일부가 조작된 것이라는 사실이 밝혀지면서 1890년 이후에는 낭시학파가 우위를 차지했다.

회적 존재를 자동인형으로 간주하게 하며 그의 개성을 무력화시키기에 적합한 것으로 여겨온 비판가들의 오류를 볼 수 있다. 아이는 사실 태어날 때는 거의 자동인형이다. 미개인이 그러하듯이, 아이도 모방적 암시에 거의 저항하지 않는다. 그러나 모방 연습을 통해 무의식적 자동성automatisme에 뿌리박기는커녕, 모방하는 덕분에, 특히 학창시절에 매일 더 많이 모방하는 덕분에 그는 자동인형에서 벗어나 조금씩 자율적autonome이 된다. 그의 독창성은 이 축적된 모방들로 키워진다. 그 본보기들에 대한 강제적인 선택은 점점 줄어들고 자발적인 선택이 점점 늘어나는 그러한 선택을 통해, 그는 자기에게 그 자신의 독특한 본성이 있음을 깨닫고 그것을 발휘하며 두드러지게 한다. 자유로운 검토와 자유로운 토론이 독서, 응용, 연구, 지적 훈련을 통해 생겨난다. 모든 이설異說 주창자는 동조주의자가 되는 것으로 시작했으며 또 그렇게 시작하지 않을 수 없었다. 모든 학파의 지도자도 제자가 되는 것으로 시작했으며 또 그렇게 시작하지 않을 수 없었다."
(이 책 199쪽)**10**

외부의 어떤 개입도 없는 순수한 최면 상태에서의 모방은 수동성의 성격을 나타내지만, 현실의 사회상황에서 이루어지는 모방은 수동적

---

10 2000년 프랑스에서 타르드에 대한 관심이 크게 고조되었을 때, 사회학자 로랑 뮈키엘리 Laurent Mucchielli는 『인간과학의 역사평론Revue d'Histoire des Sciences Humaines』(Presses Universitaires du Septentrion, 2000, n.3)에 논문 〈타르도마니아? 현재의 타르드 이용에 대한 반성 Tardomania? Réflexions sur les usages contemporains de Tarde〉을 발표했다. 이 논문에서 뮈키엘리는 타르드 이론을 살펴보면 개인에게는 동조주의 이외의 다른 합리성이 없다고 비판하였는데(p.176), 이 인용문을 보면 그렇지 않다는 것을 확실하게 알 수 있다.

인 성질만을 갖지 않는다. 인간은 단 하나의 본보기만 모방하지는 않기 때문이다. 인간은 생활 속에서 여러 본보기를 모방하며 또 시간이 흐르면서 그 본보기의 수도 늘어난다. 그리고 이 본보기의 수가 늘어날수록 그 각각의 암시의 강도도 상대적으로 약해진다. 게다가 개인적인 취향이나 목적에 따라 어떤 본보기는 더 많이 모방하고 다른 본보기는 덜 모방하는 선택성이 발휘되면서 개인의 능동성이 나타나며, 그 결과 개인은 조금씩 자율적이 된다. 요컨대, 모방은 처음에는 수동성으로 시작하지만 그 횟수가 늘어나고 그 본보기의 수가 늘어나면서 기억 속에 축적되며, 또한 그 축적된 모방은 다시 선택성이라는 능동성을 발휘하면서 자율성 내지 독창성으로 개화한다. 여기서 다시한번 타르드의 말을 들어보자: "개성의 강조와 반대되는 것은 단 한 사람을 모든 점에서 본받는 모방이다. 그러나 어느 한 사람이나 몇 사람을 본받는 것이 아니라 백 명, 천 명, 만 명에게서 각각 어떤 특정한 측면을 고려해 관념이나 행동의 요소들을 빌려온 다음 결합시킨다면, 그 모방한 요소들의 성질 자체 및 선택과 또한 그것들의 결합은 우리의 독창적인 개성을 표현하며 증대시킨다. 그리고 이것이야말로 아마도 모방의 지속적인 작용 중 가장 명백하게 나타나는 이익일 것이다."[11]

여하튼 모방은 발명을 모방하는 것이다. 그렇지만 새로운 발명이라고 해서 그 모두가 다른 사람들에 의해 모방되는 것은 아니다. 그중 소수만이 다른 사람들에 의해 받아들여지고 대다수는 잊힌다. 왜

---

11 가브리엘 타르드, 『모방의 법칙』, 19쪽.

그런가? 거기에는 모방 현상을 지배하는 두 개의 일반적인 법칙이 작용하기 때문이다. 하나는 논리적 법칙이고 또 하나는 논리 외적인 법칙이다.

모방의 논리적 법칙은 개인이 어떤 특정한 발명을 선택하는 이유가 그 발명이 다른 발명보다 더 쓸모 있거나 더 옳다고 판단하는 것에 있을 때 작용한다. 이 법칙은 연속적인 세 가지 형태를 취하는데, 그 첫 번째 형태는 집합적 성찰Méditation collective이다. 새로운 발명이 나타났다고 해서 사람들은 그것을 즉시 받아들이지 않는다. 그것을 관찰하고 검토하면서 대화를 통해 서로 의견을 주고받는다. 개인의 경우도 마찬가지다: "어떤 사람이 어느 주어진 주제에 대해 심사숙고하면 하나의 생각이 떠오르고 그 다음에는 또 다른 생각이 떠오른다. 생각을 거듭하고 삭제를 거듭하다 보면 그는 마침내 문제의 해결책을 올바르게 포착하며 이때부터는 희미한 빛에서 밝은 빛으로 달려간다."[12] 이 집합적 성찰에서 두 개의 정신적 반응이 나타나는데, 하나는 논리 투쟁combat logique이고 또 하나는 논리 결합accouplement logique이다. 논리 투쟁은 동일한 목적을 지녔거나 똑같은 욕구에 대답하는 서로 다른 두 발명이 만났을 때 일어난다. 이 투쟁이 자연스럽게 진행되든 아니면 어떤 권위에 따라 다소 강제적으로 진행되든 그 결말은 대체. 논리 결합은 두 발명이 만나 합쳐져서 또 다른 새로운 발명을 만들어낼 때 일어난다. 이 경우 그 결합은 어느 때는 체계화 형태를 취하기도 하고, 어느 때는 서로 옳다는 것을 확인해주는 확대 형태를

---

12 가브리엘 타르드, 『모방의 법칙』, 203쪽.

취하기도 하며, 또 어느 때는 한쪽이 다른 쪽에 통합되는 흡수 형태를 취하기도 한다. 어떤 형태를 취하든 그 결말은 축적이다. 그리고 이러한 축적을 통해 사회생활의 자산은 조금씩 풍부해진다.

그렇지만 모방의 논리적 법칙이 순수하게 작용하는 경우는 드물다. 일반적으로 발명은 발명한 사람의 위세, 그 발명이 생겨난 장소나 시대 때문에 받아들여지는 경우가 많다. 이 경우 모방은 논리 외적인 법칙에 따라 두 가지 방식으로 진행된다. (1) 모방은 안에서 밖으로 진행된다. 언뜻 보기에는, 다른 민족(또는 계급)을 모방하는 민족(또는 계급)은 그들의 취향이나 문학에 깊이 빠지기 전에 그들의 사치품이나 예술품을 모방하는 것 같다. 그러나 사실은 정반대다. 그들의 빛나는 본보기가 먼저 이들을 모방하는 민족(또는 계급)의 마음을 사로잡았다. 예를 들면 16세기에 프랑스에서는 스페인 의상이 유행했는데, 이는 스페인 문학이 당시 스페인의 위세와 함께 프랑스 사람들 사이에 크게 유행하며 이들에게 강력한 인상을 주었기 때문이다. 모방이 안에서 밖으로 진행된다고 할 때, 안은 관념이나 목적을 의미하고 밖은 표현이나 수단을 의미한다. 따라서 관념의 모방이 그 표현의 모방에 선행하며, 목적의 모방이 그 수단의 모방에 선행한다. (2) 모방은 위에서 아래로 진행된다. 본보기와 모방자의 관계는 거의 일방적인 것으로서 사도와 신도의 관계이자 주인과 하인의 관계다. 발명은 하층에서 나올 수도 있지만, 그것이 전국적으로 퍼지려면 그 발명이 먼저 상층에서 유행해야 한다. 그런데 이 원리만이 작용한다면, 가장 상위에 있는 것이 가장 많이 모방될 것이다. 하지만 현실에서 가장 많이 모방되는 것은 가장 가까이 있는 것 중에서 가장 상위에 있는 것이다. 실제로 본보기의 영향력은 한편으로는 그 우월성에 정비례하며 작용하지만, 다른 한편으로는 그 본보기와의 거리distance에 반비례하며 작용한다. 이때 이 거리라는 말은 사회학적인 의미에서의 사회적 거리를 뜻한다. 가장 가까이 있는 것을 모방한다는 이 원리는 사회의 상층에서 시작된 본보기의 전파가 연속적이면서 점진적으로 진행된다는 것을 보여준다.

2. 발명

발명이란 무엇인가? 타르드는 모방의 경우와 마찬가지로 발명 개념에 대해서도 매우 넓은 의미를 부여한다: "이 두 용어[발명이나 발견]는 언어, 종교, 정치, 법률, 산업, 예술 등 모든 종류의 사회현상에서 앞서 일어난 혁신에 뒤따르는 그 어떠한 혁신이거나, 아무리 사소하더라도 향상시키는 것을 뜻한다."[13] 타르드에 따르면, 이 발명이 많은 사람들에게 받아들여져서 사회적인 것이 형성되며 더 나아가서는 사회변화가 일어난다. 따라서 사회적으로 볼 때, 모든 것은 발명 아니면 모방에 지나지 않는다.

그러면 발명은 어떻게 해서 생겨나는가? 흔히 생각하듯이, 무無에서 생겨나는가? 그렇지 않다. 발명은 거의 대부분 다른 사람들을 통해 전해진 지식들의 정신적 만남을 통해 이루어진다: "모든 발명과 발견은 외부로부터의 본질적으로 빈약한 몇몇 기여를 제외하면 이전以前의 모

---

13 가브리엘 타르드, 『모방의 법칙』, 30쪽.

방을 요소로 하는 복합체다."**14** 달리 말하면, 이미 알려져 있는 지각과 이미지로 새로운 조합을 하는 것이다. 가장 독창적인 발명이라도 이전 발명들의 종합일 따름이다. 발명은 언제나 모방 광선들의 교차, 모방들의 독창적인 조합이다. 그렇다면 발명가, 즉 창조자는 독창적으로 모방하는 자다: "이를 통해 알 수 있는 사실은, 창조자 개인은 사회에 빚지고 있다는 것, 아무리 천재적인 개인의 창조라도 거기에는 사회적인 협력la collaboration sociale이 있다는 것이다. 이를 결코 잊어서는 안 된다. 개인적인 것에는 사회적인 것이 있으며 사회적인 것에는 개인적인 것이 있다는 사실을 항상 생각해야 한다."(이 책 217쪽)

그런데 이 모방 광선들의 독창적인 조합은 어떻게 해서 가능한가? 두 가지 조건이 있다: "1. 광선들의 만남이 일어나는 개인의 뇌의 정신상태.(이것은 그 뇌가 모든 점에서 다른 뇌들보다 뛰어나야 한다는 것을 의미하지 않는다. 그것은 단지 그 뇌가 달라야 한다는 것, 즉 그 뇌가 수행할 기능의 분야에 더 잘 적응되어야 한다는 것을 뜻할 뿐이다.) 2. 개인의 뇌가 잠시 사회적 최면에서 벗어나 새로운 관점에서 외부 현실을 전반적으로 직시하는 것. 사실 사회세계는 서로 암시받은 몽유병자들의 엄청난 무리로 간주될 수 있는데, 그중에는 얼마 동안은 반쯤 깨어있는 몇몇 사람이 있다. 그리고 이들은 천재라고 불리는 사람들이다. 이런 사람들은 전통, 진부한 관념, 배운 것을 너머, 잠시 있는 그대로의 현실을 본다."(이 책 219~220쪽) 이 두 번째 조건에 대해서는 부연 설명이 필요할 것 같다. 우선, 사회적인 최면상태에서 벗어나려면 어떻

---

14 가브리엘 타르드, 『모방의 법칙』, 81쪽.

게 해야 하는가? 군중과 공중에서 벗어나 생각해야 한다. 결실을 맺는 창의는 모두 독립심이 강한 개인의 생각에서 나오기 때문이다: "단지 거칠고 국외자적인 정신의 소유자들 몇몇만이 잠수종을 타고 소란스러운 사회라는 큰 바다 밑으로 내려가, 여기저기에서 시사성이라고는 전혀 없는 묘한 문제들을 되새기고 있다. 그들이야말로 내일의 발명자들이다."[15] 그런데 발명이나 발견은 천재만이 하는 일인가? 타르드의 발명이론은 위인이론인가? 그렇지 않다. 그가 천재의 중요성을 말하기는 하지만, 그렇다고 해서 천재만이 발명이라는 작업을 해낸다고 생각하지는 않는다: "만일 [발명이라는] 이 중대한 문제에서 천재만이 문제가 된다면, 우리는 그에 대해 관심이 없을 수도 있을 것이다. 그러나 천재뿐만 아니라 우리의 개인적인 독창성, 우리 모두의 개인적인 재능, 바로 이것의 효력과 그 존재 자체도 문제가 된다. 왜냐하면 어떤 면에서는 우리 모두가 ― 유명하든 잘 알려지지 않았든 ― 모방하는 동시에 발명하고 개선하며 변화시키기 때문이다. 우리 중에, 살면서 언어, 종교, 과학, 직업, 예술에 깊든 미미하든 자신의 주름을 남기지 않는 사람은 하나도 없기 때문이다."(이 책 203~204쪽) 그는 자신의 사상을 위인이론과 혼동하지 말 것을 분명하게 주문하면서 세계를 이끌고 가는 것은 위인들이 아니라 종종 아주 보잘 것 없는 사람들이 지닌 위대한 사상이라고 힘주어 강조한다. 한편으로는 국가 간의 또는 지역 간의 교류증대로 인한 본보기의 확대와 그 본보기들 간의 빈번한 간섭, 다른 한편으로는 개성의 다양성 내지는 개인

---

15 가브리엘 타르드, 『모방의 법칙』, 13쪽.

간의 다른 재능, 독창성이나 독립심을 고양시키는 교육의 확대 등은 일반인에게도 발명에 참여할 수 있는 기회를 크게 늘린다.

발명은 아주 단순한 영감에서 또는 발명의 즐거움에서 생겨나기도 한다. 각각의 발명은 더 일찍 생겨날 수도 있었고 더 늦게 나타날 수도 있었다. 게다가 그 발명은 그것이 실제로 생겨난 곳과는 다른 곳에서도 출현할 수 있었다. 그런데 발명은 일단 그것이 생겨나면 다른 발명에 적응하면서 복잡해지고 확대되며, 또 이를 통해 더 높은 종합에 이르는 경향이 있다. 이러한 경향이 현실화될 경우 두 개의 진전이 이루어진다: "하나는 발명이 모방적 전파를 통해 **외연적으로**en extension 진전하는 것이고, 또 하나는 **내포적으로**en compréhension 진전하는 것이다." (이 책 114쪽) 이 두 진전은 서로 긴밀한 관계를 맺고 있는 것은 아니지만, 지속적으로 얽히면서 진행된다. 그 결과 사회의 자산 — 즉 언어, 예술, 과학, 산업, 행정 등 — 은 풍부해지고 체계화되며 다양해진다.

그렇지만 어떤 광산을 오래 채굴하면 할수록 새로운 광물을 채굴하기가 점점 더 어려워지듯이, 사회가 이전以前 발명들의 모방적 전파를 더 용이하게 할수록 새로운 발명의 어려움도 역시 더 커진다. 따라서 현실 속에서는 문명인이라 하더라도 평균적인 인간이 새로운 발명을 하는 것은 점점 더 어려워진다. 그뿐만이 아니다. 진정한 발명이라고 부를 만한 가치가 있는 진실로 획기적인 위대한 발명도 나날이 더 어려워진다. 그리고 문명의 진보가 일시적으로는 발명의 천재들을 늘어나게 했지만, 장기적으로 보면 발명의 재능을 풍부하게 했다기 보다 오히려 발명을 흉내내는 모방의 재능을 자극했다. 결과적으로는 모방의 능력이 발명의 솜씨보다 더 빠르게 발휘된다. 이러한 현실을 보면서 타르드는 다음과 같이 전망한다: "따라서 진정한 발명이라는 것은 마침내 고갈될 것임에 틀림없다. 왜냐하면 그 어떤 인종의 뇌도 무한히 발전할 수는 없기 때문이다. 그 결과 조만간 아시아 문명이건 유럽 문명이건 그 어떤 문명도 자신의 한계에 부딪혀 원 속에서 끝없이 돌게 될 것이다."**16**

타르드는 역사를 창의와 반복, 발명과 모방의 연쇄로 본다. 발명은 불평등과 차이화 작용을 하는 반면, 모방은 평준화와 동화 작용을 한다. 모방의 지속적인 작용으로 사회적 상이성은 줄어들고 개인 간의 또 국가 간의 유사성은 증대되지만, 발명의 끊임없는 출현으로 사회적 불평등이나 국가 간의 불평등은 줄어들지 않는다. 발명은 귀족적인 특권, 독점의 원천이기 때문이다. 창조적인 정신이 특히 과학과 산업 쪽으로 향하는 오늘날에는 소위 발명 엘리트와 일반 대중 간의 간격이 점점 더 크게 벌어지고 있다. 발명자는 지배계급으로 군림하며 모방자는 피지배계급이 된다. 기업이나 국가의 경우도 마찬가지가 아닌가? 우리가 현재 목격하고 있는 기업 간의 또 국가 간의 치열한 특허전쟁은 무엇을 의미하는가? 그렇지만 오늘의 모방자라고 해서 영원한 모방자가 되는 것은 아니다. 모방이 오래 지속되다 보면 또 여러 본보기를 모방하다 보면 조금씩 독창성이 생겨날 수 있기 때문이다. 게다가 모방의 속도는 발명의 속도보다 훨씬 더 빠르다. 따라서 모방자와 발명자 간의 일방적인 관계도 상호적인 관계로 변할 수 있다.

---

16 가브리엘 타르드, 『모방의 법칙』, 190쪽.

Ⅲ. 발명사회학의 선구자

　　지금까지 우리는 모방과 발명에 대한 타르드의 사상을 개괄적으로 살펴보았다. 우리가 분명하게 알 수 있는 것은 타르드가 발명을 사회변화를 결정하며 설명해주는 주된 힘으로 제시했으며, 더 나아가서는 인류 진보의 진정한 동인動因으로 인식했다는 사실이다. 그리고 타르드에게서는 사실 모방과 발명이 서로 결코 끊을 수 없는 불가분의 관계를 맺고 있다. 모방이 강이라면 발명은 그 원류가 있는 산이다. 그럼에도 불구하고 타르드가 활동할 당시에도 그랬지만, 오늘날에도 그에 대한 일부 논평가들은 그의 사상을 '모방의 사회학' 또는 '모방의 철학'이라고 부르기를 좋아한다. 그렇지만 그런 표현은 반쪽의 진실만을 나타낼 뿐이다. 타르드가 발명보다 모방에 대해 더 많이 말한 것은 분명한 사실이지만, 그가 발명의 사회적 중요성을 부인한 것은 결코 아니다. 그 중요성을 부인하기는커녕, 타르드는 분명히 발명을 사회학의 주요 주제 중 하나로 삼았다. 이러한 점에서는 타르드가 초창기의 고전 사회학자들 중에서는 단연 돋보인다. 그의 "뛰어난 논적éminent adversaire" 에밀 뒤르케임은 발명에 대해 어떻게 말했을까? 뒤르케임이 발명을 주제로 한 글을 발표하지 않아 그의 정확한 생각은 알 수 없지만, 그가 발명에 대해 어떻게 생각했을지는 다음과 같은 그의 진술에서 조금은 짐작해 볼 수 있을 것 같다: "그러나 또 다른 관점에서는 타르드 이론이 과학의 부정 자체인 것 같다. 그의 이론은 사실 비합리적인 것과 기적을 생활의 기초에, 따라서 사회과학의 기초에 놓는다Elle place en effet l'irrationel et le miracle à la base de la vie et, par conséquent, de la science sociale. 왜냐하면 집합적인 모든 실천이나 모든 제도는 어떻게 행해졌는지는 모르지만 사회 어디에선가 이루어진, 순전한 우연의 산물일 발견이나 발명의 일반화에 기인할 것이기 때문이다."[17] 이 문장을 살펴보면, 뒤르케임은 발명을 순전한 우연의 산물로서 비합리적인 것, 기적으로 여긴 것 같다. 그리고 발명에 대해 더 이상의 논의가 없는 것을 보면, 뒤르케임은 발명을 적어도 사회학의 중요 문제 중 하나로도 취급하지 않았다는 것을 알 수 있다. 막스 베버도 게오르그 짐멜도 마찬가지로 발명을 주제로 삼은 글을 발표하지 않았을 뿐만 아니라 발명에 대해 특기할 만한 언급도 하지 않은 것 같다. 이는 이들의 발명관이 뒤르케임의 그것과 큰 차이가 없었기 때문이라고 추측할 수 있다.

그렇다면 발명은 사회학의 연구대상이 될 만한 가치가 없는 것인가? 후대의 사회학자도 그렇게 생각했을까? 아니다. 파크와 버제스의 『과학으로서의 사회학 입문』을 보면, 제6장 사회적 상호작용 제3절 연구와 문제에서 발명을 모방과 마찬가지로 독립된 항목으로 다루었음을 알 수 있다(424~425쪽). 그리고 우리나라의 사회학자 고故 오갑환 교수는 다음과 같이 말하였다: "새로운 사회적 요소와 문화적 요소를 만들어내는 것을 혁신innovation이라고 일컫는다. 그러므로 혁신에는 모든 종류의 발견과 발명이 포함된다. 발명·발견이라고 해서 반드시 자연과학 내지는 기술적인 것만 말하는 것은 아니고 사회

---

17 E. Durkheim, "L'état actuel des études sociologiques en France"(1895), p.13. http://classiques. uqac. ca/classiques/

적, 문화적 발명·발견도 포함된다 … (중략) … 이러한 혁신이 어떠한 사회적 문화적 조건 속에서 발생하는가, 발명·발견 등의 혁신을 하는 개인은 어떤 지위에 있는 사람들인가, 또는 어떤 심리적 내지 성격적 특성을 가진 사람들이 더 혁신적인가 등의 문제는 매우 중요한 연구과제인 것이다. 발명 또는 혁신의 사회문화적 조건을 연구한 학자로는 사회학자 오그번W. F. Ogburn과 인류학자 바아네트H. G. Barnett 등을 들 수 있고 엘리트elite가 혁신의 주동자라는 이론을 제시한 예로는 모스카Gaetano Mosca, 파레토Vilfredo Pareto, 토인비Arnold J. Toynbee 등을 들 수 있으며, 지도자보다는 사회구조 내의 지위가 불투명한 지위에 있는 사람들이 오히려 더 혁신적이라고 주장하는 학자로는 헤이건Hagen 과 만하임Mannheim 등을 들 수 있다."**18**

그런데 문제는 로버트 에즈라 파크(1864~1944)다. 파크는 1904년 독일 하이델베르크 대학에서 『군중과 공중Masse und Publikum』으로 박사학위를 받았다. 그는 이 학위논문에서 타르드를 본문에서는 12번 이상, 각주에서는 18번 이상 언급할 정도로 타르드 사상에 대해 매우 잘 알고 있었다. 그리고 그는 『과학으로서의 사회학 입문』에서는 타르드를 30번 이상 언급하였다(이 횟수는 게오르크 짐멜보다는 적지만 에밀 뒤르케임이나 막스 베버보다는 많은 것이었다). 그가 이 두 저서를 통해 언급하거나 인용한 타르드의 책을 보면, 타르드의 주요 저작은 거의 모두가 거론되었다는 것을 알 수 있다. 『모방의 법칙』과 『여론과 군중』은 물론, 『형사철학』, 『사회학 논문집』, 『경제심리학』, 『사회

---

18 오갑환, 『사회의 구조와 변동』, (박영사, 1975[1974]), 73~74쪽.

논리학』, 『사회심리학연구』, 『보편적 대립』, 『사회법칙』이 각주나 참고문헌에 올라와 있다. 그 외에도 범죄학 관련 논문 두 편과 직업 세습에 관한 논문 한 편도 참고 문헌에 등장한다. 이 정도의 문헌학적 지식과 빈번한 인용이면 당시 프랑스 밖에서는, 적어도 미국에서는 파크가 타르드에 대해 가장 정통한 인물 중 한 명이라고 해도 무리가 없을 것이다. 그렇지만 『과학으로서의 사회학 입문』에서 발명을 다룬 부분을 보면, 타르드 이름이 나오지 않는다. 파크와 버제스가 제시한 참고문헌에도 타르드의 논문 「사회진화의 동인으로서의 발명」은 없다. 모방에 관한 논의에서는 타르드 이름이 빈번히 등장하지만, 발명과 관련해서는 그의 이름이 나오지 않기 때문에, 타르드는 '모방의 사회학자'로서 그 이미지가 굳어졌을 것이다. 여담이 될지 모르지만, 타르드는 『과학으로서의 사회학 입문』에서 그의 이름의 빈번한 등장에도 불구하고 자신의 저작에서 하나의 발췌문도 얻지 못하는 불운을 겪었다. 『과학으로서의 사회학 입문』은 당시 미국에서는 가장 많이 읽힌 일종의 사회학 교과서였기 때문에, 파크와 버제스가 전한 타르드 이미지는 다른 많은 사회이론가에게도 그대로 통용되었을 것이며 또 후대의 학자들에게는 일종의 고정관념으로 작용했을 것이다.

그렇지만 타르드는 발명사회학의 선구자 모습을 분명하게 보여주었으며, 우리는 앞에서의 설명을 통해 그것을 확실하게 알 수 있었다. 따라서 이제라도 우리는 타르드를 모방의 사회학자보다는 '모방과 발명의 사회학자'로 재인식해야 한다. 그렇게 할 때 또 그럴 때에만 타르드 사상의 실체에 올바르게 그리고 더 가까이 다가설 수 있을 것이다. 지금 불고 있는 '타르드 르네상스' 바람 역시 상당한 정도로는 그러한 인식에 기초했을 것이라고 나는 생각한다.

이 책은 프랑스의 사회학자 가브리엘 타르드의 『사회법칙: 사회학 개요 *Les Lois sociales: esquisse d'une sociologie*』를 번역한 것이다. 『사회법칙』은 1898년 펠릭스 알캉 Félix Alcan 출판사(파리)에서 처음 출간되었는데, 여기서는 1999년에 출간된 판 *Les Empêcheurs de Penser en Rond*을 번역의 대본으로 삼았다. 그리고 타르드에 대한 보충적인 이해를 돕기 위해 부록을 네 편 실었다. 책의 부제 '모방과 발명의 사회학'은 원서에는 없는 것이며, 본 옮긴이의 해설에서 따온 것이다. 착오 없기를 바란다.

『사회법칙』은 저자인 타르드 자신이 밝힌 바와 같이, 그가 1897년 10월 파리의 사회과학 자유대학에서 행한 강의 내용을 담고 있다. 그는 이 책에서 자신의 3대 주저라고 할 수 있는 『모방의 법칙』(1890), 『사회논리학』(1893), 『보편적 대립』(1897)의 내용을 요약하고 있을 뿐만 아니라, 그 세 저작 내용 간의 긴밀한 관계도 제시하고 있다. 따라서 『사회법칙』은 자기 사상에 대해 타르드 자신이 쓴 일종의 해설서라고 할 수 있다.

미국의 사회학자 테리 클라크Terry N. Clark는 일찍이 타르드 사상의 의의를 간파하고, 1969년 당시 미국 학계에서 사실상 완전히 잊힌 그를 소개할 목적으로 『가브리엘 타르드: 커뮤니케이션과 사회적 영향에 대하여Gabriel Tarde: On communication and social influence』(Chicago: The University of Chicago Press, 1969[2011])를 출간하였다. 이 책은 클라크가 타르드의 여러 저작에서 발췌 번역하고 그 자신이 70여 쪽의 긴 해설을 붙인 것이다. 이 책에서 그는 다음과 같이 말하였다: "이 저작은 영어로 번역된 첫 번째 책으로 그가 사회학에 기여한 공헌을 뛰어나게 요약한, 영어권 저술가들이 너무나도 자주 인용하는 책이다. 『사회법칙』이 그의 긴 연구들보다 더 큰 통일성을 갖고 있으며, 그 긴 저작들 도처에 산재해 있는 아이디어들을 끌어 모으고 있다는 것은 의심할 바 없다. 그러나 그 책은 피상적인 것에 너무 자주 만족하고 있다."(p.6, fn.6)

독자가 지금 손에 들고 있는 이 책에 대한 테리 클라크의 논평은 일면 수긍이 가면서도, 그의 마지막 문장은 너무 인색하다고 평가하지 않을 수 없다. 물론 클라크가 표현한 것처럼 『사회법칙』은 타르드가 일반인을 위해 자신의 사상을 평이하게 풀이한 입문서Œuvre de vulgarisation이다. 그렇지만 『사회법칙』은 그 나름의 고유한 가치를 갖고 있다. 좀 더 정확하게 말하면, 타르드를 올바르게 그리고 보다 깊이 이해하고자 하는 연구자들의 경우 결코 놓쳐서는 안 되는 중요한 대목들이 여기저기 숨어 있다.

예를 들어, 이 책 29쪽의 각주에서는 타르드가 자신이 스키피오 시겔레나 귀스타브 르봉보다 먼저 군중심리를 다루었다고 주장하는 내용의 발언을 볼 수 있다. 이 발언은 시겔레, 타르드, 르봉 간에 벌어진 군중심리학에 관한 소위 '우선권 논쟁*Priority Debate*'에서 중대한 대목이다. 군중심리학의 역사에 대해서 대단히 뛰어난 연구서를 쓴 미국의 역사학자 배로스Susanna Barrows, *Distorting mirrors: Visions of the crowd in late nineteenth centry France*, Yale University Press, 1981나 네덜란드의 커뮤니케이션 학자 히네컨Jaap van Ginneken, *Crowds, Psychology & Politics, 1871~1899*, Cambridge University Press, 1992 모두 그 대목을 놓쳤다. 이들이 만약 그 각주에 주의를 기울였다면 어떤 식으로든 논평했을 것이다. 또한『군중의 시대*L'âge des foules*』(1981)를 통해 군중심리학을 복권시키려고 한 프랑스의 대표적인 사회심리학자 세르주 모스코비치Serge Moscovici는 비록 타르드의『여론과 군중』을 크게 부각시켜 그의 공중론의 중요성을 학계에 널리 알리는 데 많은 공헌을 하였지만, 모스코비치 역시 그 대목을 놓침으로써 타르드가 르봉이 열어놓은 길을 따라갔다는 잘못된 해석을 제시하였다.

또한 이 책 35~36쪽에 있는 각주에서는 타르드가 자신에게 행해진 비판 중의 하나, 즉 모방 개념을 지나치게 확대해 사용했다는 많은 학자들의 비판에 대해서 적극적으로 반론을 펼친 것을 볼 수 있다. 타르드는 여기서 미국의 심리학자 볼드윈James Mark Baldwin의 이론에 의지하는데, 이때 타르드는 1895년『모방의 법칙』제2판 서문에서 자기변호를 펼칠 때보다 훨씬 더 자신감에 찬 모습을 보여주고 있다. 이 각주 역시 타르드 비판가들이 놓치고 있는 대목이다. 많은 논평가들은 타르드의 모방 개념을 비판할 경우 『모방의 법칙』 제2판 서문에서의 변론만을 문제 삼았는데, 만약 그들이 이 각주도 함께 고려했다면, 그들의 비판이 어떤 식으로든 조금은 달라졌을 것이다. 물론 타르드가 볼드윈의 이론을 응원군으로 끌어들였다고 해서, 그의 확대된 모방 개념이 완전히 정당화되는 것은 아니라 하더라도 말이다. 타르드는 이 각주에서 볼드윈이 1896년에 출간한 책 (이 책의 정확한 영어 제목은 『아동과 민족의 정신발달*Mental Development in the Child and the Race*)』이다)만을 언급하고 있지만, 만약 이때 타르드가 『사회법칙』을 출간하기 전 볼드윈이 1898년 1월 24일 자신에게 보낸 편지의 내용도 함께 공개했더라면, 보다 많은 학자들이 이 각주에 주의를 기울였을 것이다. 볼드윈은 그 편지에서 타르드의 생각이 자신의 견해와 완전히 일치한다고 말하면서 다음과 같이 썼다: "우리는 독립된 길을 통해 사회현상으로서의 모방 원리에 도달했으며 아울러 우리 각자는 별개의 시각에서 기여했기 때문에, 나는 우리가 타르드–볼드윈의 사회학 원리(순서는 먼저 했다는 것을 가리킵니다)라고 부르는 데 동의할 것을 제안합니다."

한편 이 책 130쪽의 각주에서는 타르드가 사회학은 실험과학뿐만 아니라 관찰과학도 되어야 한다고 말하고 있다. 이는 타르드가 『사회법칙』보다 8년 전에 출간된 『모방의 법칙』에서 보여준 모습과는 사뭇 다르다. 『모방의 법칙』에서는 사회학이 이용해야 할 방법으로 통계학을 제시하였지만, 여기서는 실험과 관찰을 권하고 있다. 이러한 변화는 타르드의 관심이 사회학적 통계학으로는 포착할 수 없는 특정 요소들의 공간적–시간적 변화에 대한 분석으로 이동하였다는 것을 보여준다. 달리 말하면, 미시적인 요소에 대한 관심이 커졌다는 것을 말해준다. 실제로 타르드는 말년에 심리학자 알프레드 비네Alfred Binet, 1857~1911와 함께 어린 학생들 간의 상호관계를 실증적으로 조사하려고 한 실험 관찰을 계획하였다. 비록 이 계획은 타르드가 일찍 죽는 바람에 실현되지 못했지만, 그 계획의 바탕을 이루는 방법이 언제 구상되었는지는 『사회법칙』에서의 이 각주가 분명하게 보여준다고 말할 수 있다.

　지금까지 지적한 것들만 대충 보아도 『사회법칙』이 그의 주요 저작들의 단순한 요약에 머물지 않는 내용을 담고 있음을 확실하게 알 수 있다. 이 책을 보다 주의 깊게 읽는다면, 우리는 『사회법칙』만의 고유한 가치를 더 많이 찾아낼 수 있을 것이다. 『사회법칙』이 타르드의 주저 대열에 속하지는 않지만, 그래도 그의 사상을 이해하려면 우리가 결코 소홀히 해서는 안 될 중요한 책이라고 나는 생각한다. 이제 우리에게 남은 것은 세심하게 이 책을 읽는 일뿐이다.

2013년 6월
이상률

옮긴이 **이상률**

고려대학교 문과대학 사회학과와 같은 대학원을 졸업하고 프랑스 니스 대학교에서 수학하였다. 주요 번역서로 가브리엘 타르드의 『여론과 군중』, 『모방의 법칙』, 막스 베버의 『유교와 도교』, 『직업으로서의 학문』, 칼 뢰비트의 『베버와 마르크스』, 장 보드리야르의 『소비의 사회』, 에드가 모랭의 『스타』, 로제 카이와의 『놀이와 인간』, 피터 버거의 『사회학에의 초대』, 마르셀 모스의 『증여론』 등이 있으며, 편역서로 『칼 마르크스와 베버』가 있다.

사회법칙
모방과 발명의 사회학

1판 1쇄 찍음   2013년 7월 17일

1판 1쇄 펴냄   2013년 7월 25일

지은이	가브리엘 타르드
옮긴이	이상률
펴낸이	김정호
펴낸곳	아카넷
출판등록일	2000년 1월 24일(제2-3009호)
주　소	100-802 서울 중구 남대문로 5가 526 대우재단빌딩 16층
대표 전화	6366-0511(편집), 6366-0514(주문)
팩시밀리	6366-0515
책임편집	김일수
홈페이지	www.acanet.co.kr

ISBN 978-89-5733-295-5 93300